U0081676

陳攖寧　著
蒲團子　編

陳攖寧文集・十

答無錫汪伯英
覆蔣竹莊先生
致浙江文史館

心一堂

書名：陳攖寧文集 十 答無錫汪伯英、覆蔣竹莊先生、致浙江文史館
作者：陳攖寧
編者：蒲團子
責任編輯：陳劍聰
出版：心一堂有限公司
通訊地址：香港九龍旺角彌敦道610號荷李活商業中心十八樓05-06室
深港讀者服務中心：深圳市羅湖區立新路六號羅湖商業大厦負一層008室
電話號碼：(852)90277110
網址：publish.sunyata.cc
電郵：sunyatabook@gmail.com
網店：http://book.sunyata.cc
淘寶店地址：https://shop210782774.taobao.com
微店地址：https://weidian.com/s/1212826297
臉書：https://www.facebook.com/sunyatabook
讀者論壇：http://bbs.sunyata.cc
版次：二〇二〇年十二月初版
平裝
定價：港　幣　二百五十八元正
　　　人民幣　一百八十元正
　　　新臺幣　九百九十八元正
國際書號：ISBN 978-988-8583-52-2
版權所有・翻印必究

香港發行：**香港聯合書刊物流有限公司**
地址：香港新界荃灣德士古道220～248號荃灣工業中心16樓
電話號碼：(852)2150-2100
傳真號碼：(852)2407-3062
電郵：info@suplogistics.com.hk
網址：http://www.suplogistics.com.hk

臺灣發行：**秀威資訊科技股份有限公司**
地址：臺灣臺北市內湖區瑞光路七十六巷六十五號一樓
電話號碼：+886-2-2796-3638
傳真號碼：+886-2-2796-1377
網絡書店：www.bodbooks.com.tw
臺灣秀威書店讀者服務中心
地址：臺灣臺北市中山區松江路二〇九號一樓
電話號碼：+886-2-2518-0207
傳真號碼：+886-2-2518-0778
網絡書店：www.govbooks.com.tw

中國大陸發行 零售：**深圳心一堂文化傳播有限公司**
地址：深圳羅湖區立新路六號羅湖商業大厦負一層008室
電話號碼：(86)0755-82224934

揚善半月刊

右任

第二卷第十八期（總號第四十二期）民國二十四年三月十六日出版

國民政府內政部登記警字第一八一七號　中華郵政特准掛號認為新聞紙類　揚善半月刊社　社址上海邑廟豫園路十八號

黃山勝景之一

松鼠跳天都峯

問答專刊

陳攖寧答

本期目錄

出版：每月一日十六日
零售：每期定價大洋五分
預定：全年二十四期連郵大洋一元半年五角香港洋一元五角國外洋二元
編輯：揚善半月刊社
社址：上海邑廟豫園路翼化堂善書局

揚善半月刊登載陳攖寧先生問答專刊書影

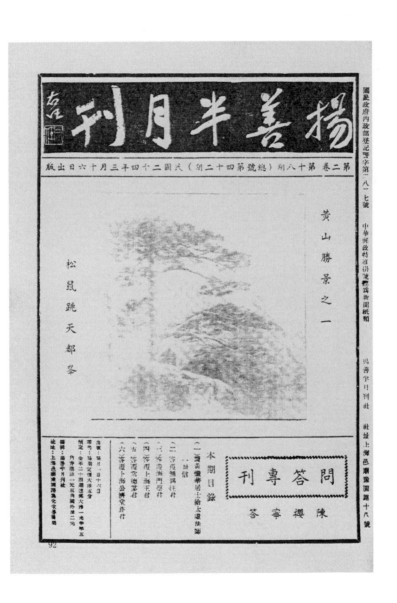

來函問道

張讓軒君來函

攖翁道長鑒察。敬啓者現下人心不古。道德沉淪。世事愈趨愈下。將來不知伊於胡底。殊堪浩歎。（中略）末學業深慧淺。塵緣障道。口雖念佛。身雖靜坐。心不在道。自顧慚愧。不堪教誨。自拜讀圖書。（孫仙詩註）不啻醍醐灌口。甘露灑心。願拜求指教。又恐根基淺陋。有辱訓誨。今蒙
貴刊不棄。示命請益
先生左右。實有幸三生。天賜善緣也。謹以拜問數則。濟呈
先生座下。不棄菲材是禱。
幼時卽有修行心。因入學堂。志向所誤。身體太弱。二十八歲。始求鄉間道士學靜坐。不得法。病作悉輟。三十三歲。得因是子靜坐法書。遂仿行。年內。書中之效。似已得之。
三十五歲。在北平受楊端宇先生。道德社段正元先生。指教竅道。有一日長課。自尾閭第二節內骨間起。似一黍珠。直衝頂上。少停卽降入丹田。
現年四十八歲。功夫未有進步。現相亦惟丹田甚煖。心中常靜。正頂如石壓。有時身忽如無。恐不敢坐。亦有全身如酥如露時。春夏有時閉目則昏沉。開眼景況則清亮。現所守竅在臍腎之中。心中一靜。立現微風拂面。所惜無師。胎息不見。每數十日內尙有遺漏。紅螺山（平北徹祖道場）慕西方丈。教常念一字二字閻羅之法。提氣上行。止漏妙法。未知是否。留
先生與無緣慈。蓮同體悲。指示迷津。出諸苦厄。世世生生。感德無量。敬請
道安　　　末學張讓軒稽首

答覆河北唐山張讓軒君　　陳攖甯

謹覆者。前由翼化堂書局轉到　惠函。辱承過譽。愧悚奚似。僕僅可稱爲好道而已。不敢自命爲得道也。世風愈壞。人心不古。誠如尊論。惟研究道之士日多一日。庶幾可用旋轉乾坤之手段。挽回劫運於無形耳。謹按來函所問各節。逐條答覆如後。

可拘泥天時。免至活法變成死法。若問人身六時何似。仍不外乎神氣動靜陰陽升降之消息而已。休少縱者。卽謂念不可起。意不可散。一綫到底。勿使中間斷續不貫。俟此一段工夫行畢方可自由動作。

接藥　第八

一半玄機悟丹頭如露凝。

神仙全部工夫。到此已得一半。因內丹已結也。露乃地面之水。因熱化氣。騰散於空中。至夜遇冷。遂附著於最易散熱之物體。而凝結成露。丹道亦同此理。可以神悟。難以言傳。

孫不二女丹詩註　陳攖甯述　二五

雖云能固命。安得煉成形。

既已結丹。則一身精氣神。皆完全堅固。決定可以長生。但未能羽化耳。此時可稱爲人仙。仙有五等。有鬼仙。有人仙。有地仙。有神仙。有天仙。鬼仙者。不離乎鬼也。能通靈而久存。與常鬼不同。人仙者。不離乎人也。飲食衣服。雖與人無殊。而能免老病死之厄。地仙者。不離乎地也。寒暑不侵。飢渴無害。雖或未能出神。而能免衣食住之累。神仙者。能有神通變化。進退自如。脫棄軀殼。

（保留板權禁止轉載）

道書十二種　每部二十四册大洋三元一角　翼化堂出版

揚善半月刊登載陳攖寧先生答讀者問道函書影

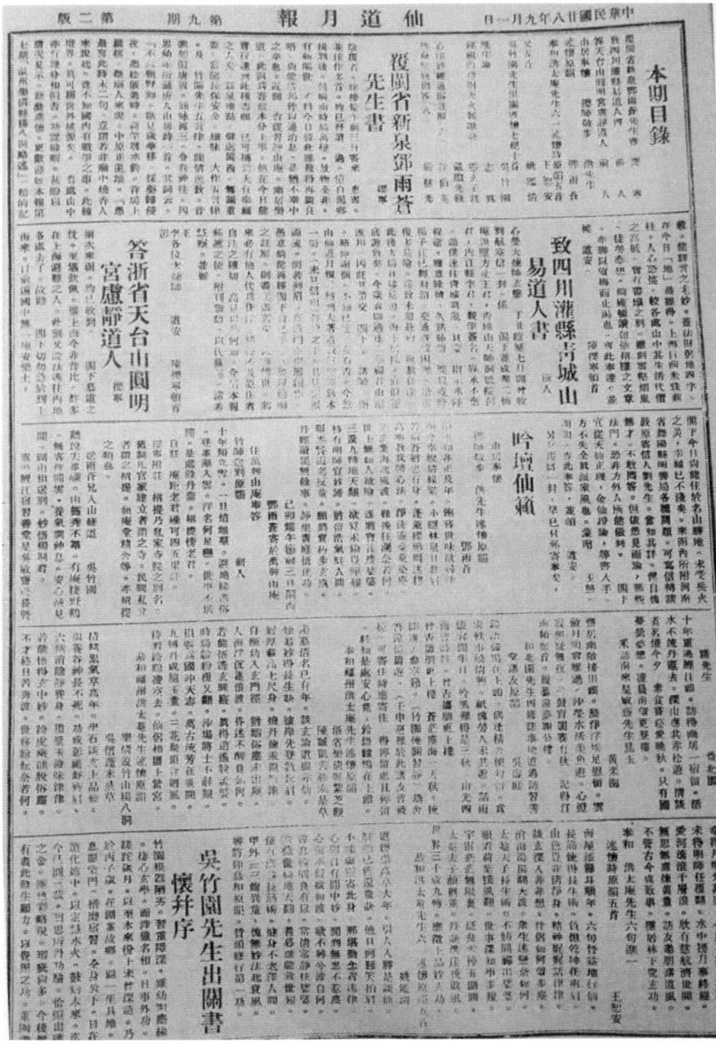
中華民國廿八年九月一日　仙道月報　第九期　第二版

本期目錄

復閩省新泉鄧雨蒼先生書

致四川灌縣青城山易道人書

答浙省天台山圓明宮盧靜道人

吟壇仙籟

吳竹園先生出關書

懷幷序

仙道月報登載陳攖寧先生答讀者問道函書影

竹莊先生大鑒昨接
惠覆敬悉一切服食之方甚多宜擇其價廉物美輕而易舉者用之若價昂而製造手續繁重者則無取也中醫用藥以植物為主體考植物之性不能受高熱度若久蒸久煮則失其本性變成無用之物吃下腹中不足以養生此乃科學家之說中醫都未嘗注意到此膏滋藥亦不免此弊雖有貴重補藥然經過多時火力之蒸熬其生活素消失大半所餘之補力亦有限矣故寧平日不勸人服膏滋藥然丸藥製法亦須精細藥肆中每喜將各味藥片共作一鍋炒枯

陳攖寧先生手書信函書影一

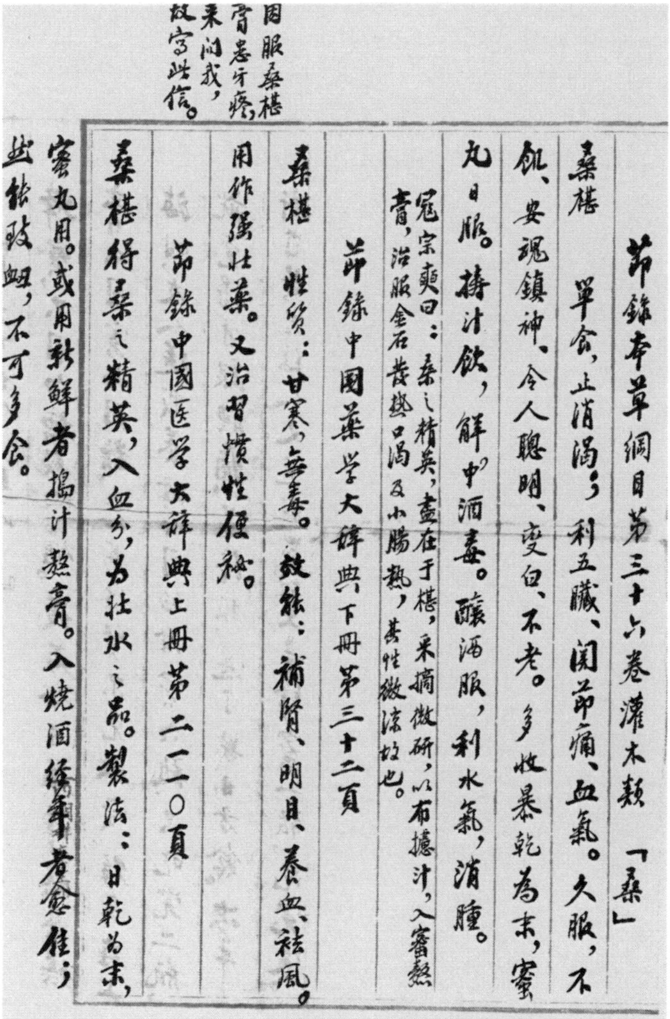

因服桑椹曾患牙疼，來問我，故寫此信。

節錄本草綱目第三十六卷灌木類「桑」

桑椹　單食，止消渴；利五臟、關節痛、血氣。久服，不飢、安魂鎮神、令人聰明、變白、不老。多收暴乾為末，蜜丸日服。搗汁飲，解中酒毒。釀酒服，利水氣，消腫。

寇宗奭曰：桑之精英，盡在于椹，采摘微研，以布擰汁，入蜜熬膏，治服金石發熱口渴及小腸熱，其性微涼故也。

節錄中國藥学大辞典下冊第三十二頁

桑椹　性質：甘寒，無毒。效能：補腎、明目、養血、祛風。用作强壮藥。又治習慣性便秘。

節錄中國医学大辞典上冊第二一〇頁

桑椹得桑之精英，入血分，為壮水之品。製法：日乾為末，蜜丸用。或用新鮮者搗汁熬膏。入燒酒經年者愈佳；然能致衄，不可多食。

陳攖寧先生手書信函書影二

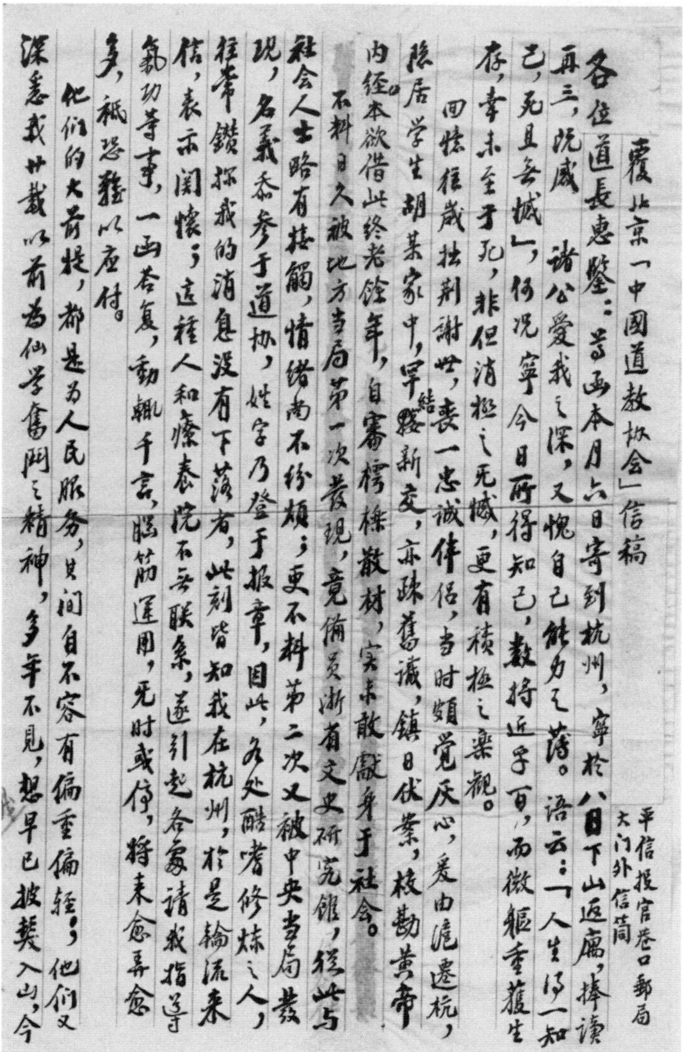

覆北京「中國道教協会」信稿

各位道長惠鑒：：尊函本月六日寄到杭州，寧於八日下山返廬，捧讀再三，既感諸公愛我之深，又愧自己能力之薄。語云：「人生得一知己，死且無憾」，何況寧今日所得知己，數將近乎百，而微軀重獲生存，幸未至于死，非但消極之无憾，更有積極之樂觀。

回憶往歲抱荊謝世，喪一忠誠伴侶，当时頗覺厭心，爰由滬遷杭，隱居学生胡某家中，罕結新交，亦疏舊識，鎮日伏案，校勘黃帝內經。本欲借此終老餘年，自審樗櫟散材，实未敢献身于社会。

不料日久被地方当局第一次发現，竟備员浙省文史研究館，從此与社会人士略有接觸，惜猶尚不够頻繁；更不料第二次又被中央当局发現，名義忝參于道协，姓字乃登于报章，因此，各处酷嗜修煉之人，往常鑽探我的消息沒有下落者，此刻皆知我在杭州，於是輪流来信，表示関懷；這種人和療養院不無联系，遂引起各处請我指導氣功等事，一函答复，動輒千言，腦筋運用，无时或停，將来愈弄愈多，祇恐難以应付。

他們的大前提，都是为人民服務，其间自不容有偏重偏輕；他們又深悉我廿載以前為仙学奮鬥之精神，多年不見，想早已披髮入山，今

平信报官巷口郵局
大门外信筒

三影書函信書手生先寧攖陳

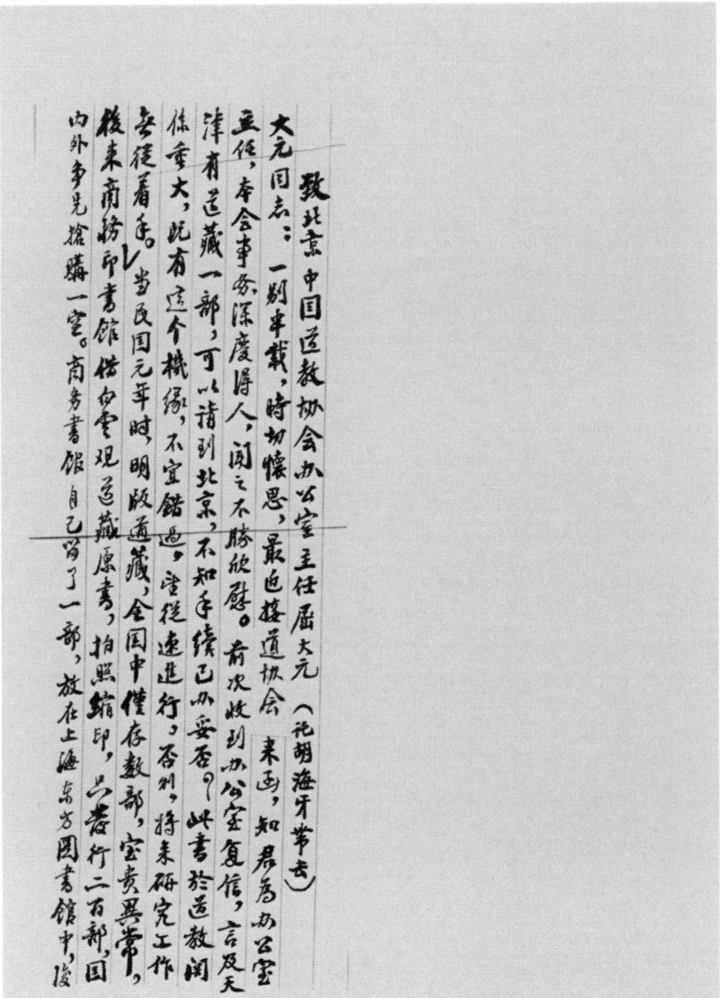

致北京中国道教协会办公室主任屈大元（托胡海牙带去）

大元同志：一别半载，时切怀思，最近接道协会来函，知君为办公室主任，本会事务深庆得人，闻之不胜欣慰。前次收到办公室复信，言及天津有道藏一部，可以请到北京，不知手续已办妥否？此書於道教関係重大，既有这个機缘，不宜錯過，望從速進行，否則，將来研究工作無從着手。当民国元年时，明版道藏，全国中僅存數部，宝贵異常，後来商務印書館借白雲观道藏原書，拍照縮印，共發行二百部，国内外争先搶購一空。商务書館自己留了一部，放在上海东方圖書館中，後

陳攖寧先生手書信函書影四

[redacted]讀大作「呼吸與丹田重心之關係」一篇，理論亦頗為扼要。凡是修養家，都應該注意到此。此是人生命根源，尚別有所在，不僅此也。儒家所謂「道」，是抽象的名詞，不能實指在身中某處。仙家所謂「丹」，乃最精微的物質凝結而成，雖不離乎丹田，但徒此保持重心（中年以後之人欲修養工夫），未必就能結丹。必須將已經喪失之物質（與精神）添補進去，使之凝結不散，方有[redacted]成就。惟禪家所謂「定」，確是與重心有密切之關係耳。愚最近研究有得，即是腦髓中所儲蓄之放射力，與神經上所運用之攝取力，二力分工合作，遂成為吾人之生命力。先有放射，而後有攝取。若放射力一日枯竭，則攝取力亦同歸於盡矣。譬如人家有許多錢財，藏在庫裏，按時搬出若干，放在外面備用，此即所謂放射力也。既有錢財在手邊，即可購買各種日用必需之物，並且可以修理屋宇，裝飾門庭，此即所謂攝取力也。但錢財雖多，經過數十年的消費，總有窮盡；等到錢財用完，購買力亦同時銷滅，於是門庭衰敗，屋宇摧殘矣。放射作用由內而外，攝取作用由外而內。放射是精神一方面事，攝取是物質一方面事。凡眼耳鼻舌身意之活動，五臟六腑之功能，皆放射力於中主持。若夫飲食之滋養，空氣之呼吸，皆攝取力於中主持。無放射力，即無攝取力；無攝取力，即無生命力。雖有飲食空氣並各種補藥，亦不能一日活矣。若要長生續命，須要做一種極玄妙的工夫，添補腦髓中之放射力，方有把握。尋常安定重心之靜功，止能節制身中之放射力，使其慢慢之放射，少少放射，而不能添補已經放射數十年快要放盡之原動力也。尋常導引吐納之動功，止能幫助身中之攝取力，譬如拿錢到外面購買各種日用必需物品，僱舟車搬運到家耳。譬一朝老本錢用完，無力購買時，[redacted]舟車空之搬運，又何濟耶。

陳攖寧先生手書信函書影五

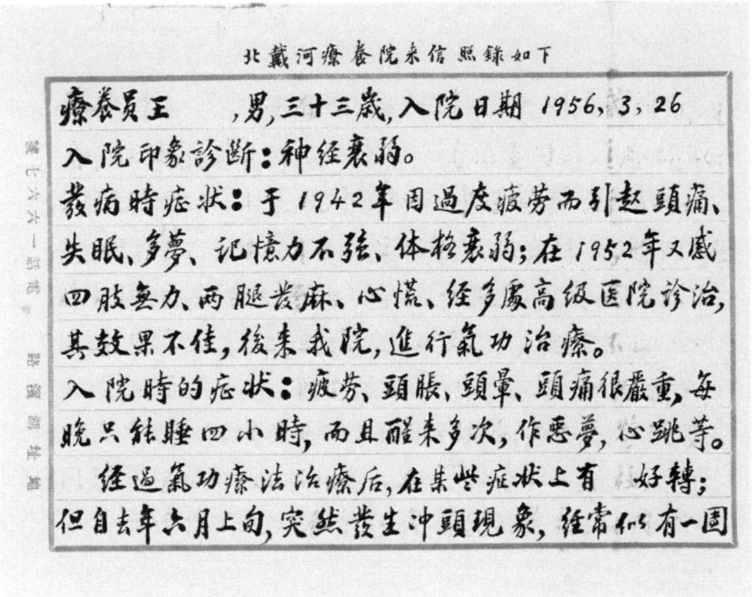
北戴河療養院来信照錄如下

療養員王　　，男，三十三歲，入院日期 1956、3、26

入院印象診斷：神经衰弱。

發病時症状：于1942年因過度疲劳而引赵頭痛、失眠、多夢、记憶力不强、体格衰弱；在1952年又感四肢無力、两腿发麻、心慌、经多處高级医院診治，其效果不佳，後来我院，進行氣功治療。

入院時的症状：疲劳、頭脹、頭暈、頭痛很嚴重，每晚只能睡四小時，而且醒来多次，作恶夢，心跳等。

经過氣功療法治療后，在某些症状上有　好轉；但自去年六月上旬，突然发生冲頭現象，经常似有一团

陳攖寧先生手書信函影六

洛平君来信问针灸八法

ADDRESS PHONE/FAX

问：刺热论有"庚辛甚、甲乙大汗，气逆则庚辛死"，甲乙大汗和气逆，是什么意思？

答：肝在五行属木，庚[illegible]日和辛日属金，金能克木。肝木已经有病，再被金日所克，其病更要加重，故曰庚辛甚。

肝属木，甲日和乙日也属木，与肝是同类，对于肝气有所帮助。若肝患热病的人，遇到甲乙两日，可希望他身出大汗，内热即能随汗出而愈。

虽说肝热病遇到庚辛日，其病更甚，但不能一定就死。如果病人身中之气逆而不顺，遇到庚辛两日，即难免于死亡了。

我认为这些话未必可信，用不着去研究。它

又问：《子午流注法》

其中附有八个问题，今回第一个问题

答：以天干配脏腑，在"黄帝内经"上早有此说，后世各中医书著作，都是根据"黄帝内经"而来。它讲的道理没有

64AD CRAFTED IN U.S.A.

胡海牙先生手錄陳攖寧先生信函書影

陳攖寧文集·十　目錄

書信問答卷

書信問答卷

答覆河北唐山張讓軒君

陳攖寧

謹覆者，前由翼化堂書局轉到惠函，辱承過譽，愧悚奚似。僕僅可稱爲好道而已，不敢自命爲得道也。

世風愈壞，人心不古，誠如尊論。惟望修道之士日多一日，庶幾可用旋轉乾坤之手段，挽回劫運於無形耳。

謹按來函所問各節，逐條答覆如後。

一　「丹田甚煖，心中寧靜。」此種景象甚好，乃坎離已交、水火即濟之效驗。

二　「全身如酥如霧。」此象亦佳，乃身心安靜，筋脈融和之效驗。

三　「有時身忽如無，恐不敢坐。」此種景象，凡習靜坐工夫者，常常遇到，不必驚疑，不過頃刻之間，即又回復原狀。

四　「閉目則昏沉，開眼則清亮。」此乃身中陰濁之氣尚重，故閉目不免昏沉；若工夫圓滿，則身中純是一片清陽之氣，閉目自不覺其昏沉矣。

五　「守竅在臍腎之中。」修鍊下手處甚多，本無一定不移之方位，此守竅法亦可用，即丹經所云「前對臍輪後對腎，中間有個真金鼎」是也。

六 「胎息不見。」胎息之成功有二種：一由於自然者；二由於勉强者。何謂自然成功？即是大周天入定以後，自然能到此地步。何謂勉强成功？即是專從後天呼吸下手，工夫由淺而深，亦可漸漸做到胎息地步。今閣下所以不見胎息者，一由於尚未到大周天入定之程度，二由於下手未曾專做胎息之工夫也。

七 「每數十日尚有遺漏一次。」此種現象，若在普通人不能算病，乃精滿自溢耳，在修鍊家總以長年不漏爲妙。來函所云「提氣上行」之法，亦不妨試做，看其有效驗否。若有效驗，即可一直做下去；若無效驗，可以作罷；若非徒無益，反生他患，則須立刻停止。閣下與僕相隔太遠，其中詳細情形，一言難盡，不能斷定此法是否相宜也。

八 「自尾閭第二節內骨間起，似一黍珠，直衝頂上，少停即降入丹田。」此種景象，若不是因於幻想所造成，乃是由於靜坐時無思無慮自然發動者，可以說工夫大有進步。然不是大藥衝關之象，請勿誤會。

總觀以上各種效驗，雖未造精純之域，然得到如此程度，亦非容易。僕想閣下必是誠篤之君子，方能有此效驗。若能專心努力，持之以恒，將來當更有深造之一日。惟工夫須要順乎自然，不可太執着耳。僕三十年來，所遇同道中人甚多，程度高低不一。有大成者，有小成者，有剛入門者，有終身無成者。彼輩所經歷之途徑，皆曾與僕共同參究，知之甚詳。若儘量披露，寫於紙上，恐數萬言不能畢其說，只好留待他時機緣輳合，再行宣布。

先此奉覆，餘容續談。

張讓軒君來函

攖翁道長慧鑒：

敬啟者，現下人心不古，道德沉淪，世事愈趨愈下，將來不知伊於胡底，殊堪浩歎。中略。末學業深慧淺，塵緣障道，口雖念佛，身雖靜坐，心不在道，自顧慚愧，不堪教誨。自拜讀圓音孫仙詩註，不啻醍醐灌口，甘露洒心。願拜求指教，又恐根基淺陋，有辱訓導。今蒙貴刊不棄，示命請益先生左右，實有幸三生，天賜善緣也。謹以拜問數則，瀆呈先生座下，不棄菲材是禱。

幼時即有修行心，因入學堂，志為所變。身體太弱。二十八歲始求鄉間道士學靜坐，不得法，病作遂輟。三十三歲，得因是子靜坐法書，遂仿行。年內，書中之效，似已得之。三十五歲，在北平受楊端宇先生、道德社段正元先生指教竅道。有一日晨課，自尾閭第二節内骨間起，似一黍珠，直衝頂上，少停即降入丹田。

現年四十八歲，功夫未有進步。現相亦惟丹田甚煖，心中寧靜，正頂如石壓，有時身忽如無，恐不敢坐。亦有全身如酥如霧時。春夏有時閉目則昏沉，開眼景況則清亮。現所守竅在臍腎之中，心中一清，立現微風拂面。所惜無師，胎息不見。每數十日內尚有遺漏，紅螺山北平徹祖道場慕西方丈，教常念一字二字闔闢之法、提氣上行止漏妙法。未知是否？望先生興無緣慈，運同體悲，指示迷津，出諸苦厄。世世生生，感德無量。

敬請道安！

末學張讓軒稽首

載民國二十三年（一九三四年）四月一日揚善半月刊第一卷第十九期（總第十九期）

答覆江蘇海門蔡德淨君

陳攖寧

第一答　此三句，乃排印者稍有錯誤，今特為改正如下。

「且不僅男女之合」一句，「僅」字下當添一「禁」字。「待真永無漏洩而後已」一句，「真」字當改為「其」字。

原文之意，蓋謂男女之慾，應該要禁止，以免漏洩。若徒然禁止男女交合，不用其他方法修鍊，仍不能免漏洩。必要待其永無漏洩，而後方為載道之器。從此用功，成仙成佛，始有希望。否則終日講經說教，都屬空中樓閣，毫無實際，結果仍是老病死而已。

世上人患早洩、夢遺、滑精之病者，十人之中，殆有九人。因為身體不健康，衛生不研究，故爾如此。是乃醫學範圍內之問題，請問醫生可也。

至於講義上所說永無漏洩者，不在醫學範圍以內，是乃仙家築基之工夫，佛家禪定之初步，非一個簡單的法子，可以和盤託出，顯示於人者。譬如現在所流行之太極拳術，不過幾十個架子。若按照書本上圖樣行事，一天學一個架子，不到兩個月，就學完了。然實際上並不如此容易。敝人曾見彼等從師日日學習，三年五載，尚沒有學好者甚多。學道

亦如是也

第二答 佛家有顯教，有密教。顯教是普渡的，是可以公開的，是人人能學的；密教是嚴守秘密的，是不能公開的，是普通人所不能學的。此處所謂密教，不是由日本傳來的密宗，請勿誤會。

仙家亦有顯教，有密教。顯教是吐納導引、鍊氣辟穀、服食藥草、精思存想、清淨坐忘等類法門，數不勝數。凡關於此種問題，敝人知無不言。

至於來函第二條所問者，乃仙家之密教，自古以來，不許寫在紙上，不許妄傳與人。若不謹慎，犯此戒律，必遭譴責。昔者張紫陽真人已親身歷驗之矣。請觀悟真篇後序有云：「三傳與人，三遭禍患。自今以往，當鉗口結舌，雖刀劍加項，亦無復敢言矣。」敝人初不相信，十年以前，曾犯此戒律三分之一，已招引極大之魔難，有五年之久，其困苦非言語所能形容。今實無此大膽敢犯第二次，故對於閣下所問，不能回答，請原諒是幸。

若問仙家密教既不能公開，又何必著書傳世，豈非多事？請觀魏伯陽真人參同契書中云：「若遂結舌瘖，絕道獲罪誅。寫情著竹帛，又恐洩天符。」此四句話，已將必須著書傳世，而又不敢明言之意，誠懇說出，後學更無疑惑矣。

譬如我們有一把刀，善用之者，可以切菜，可以裁紙，可以削木制器，可以禦侮防身，有益於人處甚多。若被小孩玩弄，則斷指流血矣。若被强盜拿去，則殺人劫物矣。將歸咎於刀乎？刀不任咎也。其過乃在有刀之人，不能謹慎收藏，致招意外之禍。仙家密教，亦如是也。

第三答　「男子莖中無聚精，婦人臍中不結嬰」，此二句出於道藏全書中，外面沒有流傳之本；又「男子修成不漏精，女子修成不漏經」，此二句乃普通道書註解所常引證者，相傳爲許旌陽真人之言，其原本亦無處可購。

第四答　閣下所欲解決之問題，總而言之，要得悟大道，超出樊籠，庶免坐待油乾火息，再墮輪迴。志願宏深，可敬可佩。

坊間流行之道書，雖有多種，或嫌理論太高，恐無人講演，不能領會；或嫌口訣隱藏，非明師傳授，不能自悟；或嫌意義淺陋，閱之不免生厭；或嫌滿紙空談，到底無下手處；或嫌宗派不同，對於閣下個人之環境，未必相宜，故不敢貿然介紹。據愚見而論，惟有性命圭旨一書，最爲適用。閣下所急需解決之問題，書中早已代爲解決。自始至終，有條不紊，凡聖賢仙佛，一切大道，一切口訣，無不包羅在內。請熟讀深思，必有豁然貫通之日。所惜者書坊流行之本，大半是洋紙石印，字小難看，且有錯誤。須訪求木版大字本爲要。

再者，翼化堂出版之道書，現在有一百幾十種，鄙人猶以爲不敷應用。曾勸該局主人，勿惜工本，竭力搜求古版道書，刊印流通，以餉學道之士。並擬抽出餘暇，將該書局所有已經發售之道書，分門別類，編成一部書目提要，將其內容大概，以及諸家派別之不同，下手方法之各異，略爲分晰。並某一部書中，其宗旨如何，其精華何在，亦不惜和盤託出，以便學者之參求。將來按期登入半月刊中，請閣下自己選擇性之所好者，購而讀之，無須鄙人之代謀矣。

至於鄙人所以不憚煩勞，盡心竭力，以提倡道學爲己任者，非欲於此中求何利益，實因昔日從師學道時，即發此願。奈人事蹉跎，遷延歲月，未能實行。今幸遇機緣，翼化堂主人，堪稱同志，或可償我宿願，並希望能報吾師傳授之恩於萬一耳。閣下若喜研究道學者，鄙人固甚歡迎也。

先此奉覆，餘容續談。

蔡德淨君來函

敬啟者，前接大札，敬悉一一。今特擬上問題三則，尚祈斧正指示爲幸。

（一）貴刊第十三期黃庭經講義第八章斷欲第九、十行曰：「且不僅男女之合，又用法閉精竅之門，待真永無漏洩而後已。」此閉精竅之法，請示其詳。

（二）第十四期黃庭經講義後「按語」中大意說，已破體之人，欲閉精勿洩，任用何法每感困難無效，有時遺精或反加劇。雖無妨身體之健康，惟修仙志願付於流水云云。後原文說：「當知此事要量體裁衣，因人說法，不可執一以概其餘。傳道者須有超羣之學識，受道者須有天賦之聰明，然後循循善誘，由淺而深，歷盡旁門，終歸正路。不廢夫妻，偏少兒孫之累；不離交合，能奪造化之權。」觀以上所言，既非彭老之法，又不離男女之事，妙至極矣。但敝人雖非利根上智，已久欲想出外尋師訪友，歷盡旁門，終歸覺路，得悟大道，超出樊籠。惜礙於經濟，乏於學識，薄於機緣，以致坐待油乾火息，墮落輪迴，苦不勝言。前接佳音，蒙惠許解答一切，不勝欣幸。故特草上鴉跡，懇祈高明慈悲救苦，指示其中妙訣，則銘感不忘也。

（三）講義後尾又說：「道書所謂『男子莖中無聚精，女人臍中不結嬰』，又謂『男子修成不漏精，女子修成不漏經』。」以上四句，不悉出於何種道書可考？貴局可有出售否？

復次，關係敝人所需解決之問題，書籍上若有所載者，祈介紹數種爲感。

此上揚善半月刊社諸大德先生鈞鑒。

後學蔡德淨謹上

載民國二十三年（一九三四年）四月一日揚善半月刊第一卷第十九期（總第十九期）

答覆安樂醫舍

陳攖寧

接奉來函，知尊意欲參觀敝處乩壇。奈因滬戰以後，敝寓由民國路遷移到南成都路，已有兩年之久，未曾設立乩壇。因爲此處房屋不及民國路房屋之寬大，没有空室可以專作設壇之用者。

從前住在民國路時，另闢靜室一間，供奉諸位仙師香花茶菓，沙盤乩筆，安排妥帖，偶遇天氣晴和，風清月朗，輒聚集一二三同道，虔誠叩請，必有上真臨壇，傳授玄功口訣。若問人世之吉凶禍福，則不肯明言。如此者已經過十載光陰，可惜現在同道諸人大半離散，僕自己又爲境遇所困，日入市場，故無餘暇再集盛會，所以參觀之舉難得如願。或者俟有機緣，將從前歷年以來敝處乩壇所開示之諸仙訓語，擇其能公開者，陸續登入本刊，以便好道諸君之研究耳。

特此謹覆。

安樂醫舍來函

素未識荆，冒昧通函，祈恕不莊。安亦屬揚善半月刊閱者一份子，得悉天仙碧城降壇紀錄，深爲欽仰，未知貴壇許容參觀否？緣安嘗讀内典道經，苦無門徑，今見壇錄，典雅意深，因渴想恭謁，希開茅塞。

上海法租界薛華立路

載民國二十三年（一九三四年）四月一日揚善半月刊第一捲第十九期（總第十九期）

答覆南通楊風子君

陳攖寧

一　普通人頂上皆有氣，並且有各種顏色。昔年曾遇一位道友，善於望氣斷定人之吉凶禍福，屢試屢驗。因爲他的一雙眼睛，生來與衆不同，能於正午時對太陽直視，而目不稍瞬。他的師父見他有此異稟，故把望氣之術傳授於他。他既得師傳，又能刻苦鍊習三年之久，其術遂成。據他對我說，人頭上氣有高低，愈高愈好。雖高而中間有折斷處，亦不好。氣之顏色，黃、白、紫都好，皆是與仙佛有緣者；紅色乃世間富貴中人，但不宜於修道；青色、灰色，都屬凶惡之氣，須防災禍臨身。今觀來函所言，有人看見閣下頭頂上有紅、紫、黃之氣，不知此人的眼睛是否與衆不同，是否曾經鍊習過望氣之術，是否衆人皆不能看見，獨有此人能見。來函皆未言明，故難代爲判定。總而言之，白、紫二色爲上上，若一心修道，今生可望成功；黃色爲中平，乃是品德高上之士，今生安居樂業，無災無禍，來生福報更勝於今生；紅色爲上中，世俗求謀，大吉大利。今閣下自覺頂上爲白氣，而別人見閣下頂上有紅、黃、紫之氣，是四種顏色俱全。雖然都是好氣，可惜顏色太雜，未免美中不足，然比較尋常之人，已勝過多倍矣，可喜可賀。

二　「性命」二字，若細細解釋，縱有千言萬語，亦說不盡。今特簡而言之：　性即是吾人之靈覺，命即是吾人之生機。

三　性命二者不可分離，所以要雙修。但此義頗難明白，今姑作一譬喻，以解釋之。譬如我們有一玻璃鏡子，上面沾染了許多灰塵，把鏡中的光明完全埋没，變成廢物。我們要想鏡子常放光明，必須先將上面歷年沾染的灰塵設法漸漸除去。除去一分灰塵，即現一分光明，除去十分灰塵，即現十分光明。此所謂修性也。雖然時時需用除灰塵的工夫，而時時又要保護這面鏡子，切切不可毀壞。若偶不當心，失手將鏡子打碎，則除灰塵的工夫尚且無從做起，更不必再希望鏡子放光。所以我們先要保護鏡子，不可打碎。此所謂修命也。鏡本有光，因塵埋而光滅；　光不離鏡，因鏡破而光銷。鏡之光明譬如性，鏡之質體譬如命，所以要性命雙修。

四　「道法」二字，範圍亦至廣大，更非幾句話所能說得清楚。簡而言之，道就是吾人返本還原的一條大路，法就是我們走這條路的法子。譬如要從上海到南京，有四種走法：　第一種兩脚步行；　第二種乘輪船；　第三種乘火車；　第四種乘飛機。時間的快慢，雖有分別，而結果皆可以達到目的地。就恐怕是把方向認錯，乘輪船的到了寧波，乘火車的到了杭州，乘飛機的到了北平，兩脚步行的又不知去向，永遠不會有到南京之一日。所以修道首先要研究方法，此之謂道法是也。另外尚有一個解釋，乃道無術不行。術就是法術，可以作爲行道之助。故曰「道法並行」。

附錄楊風子君來函

攖寧先覺有道：

敬肅者，風子自習靜坐數年，後因遺精而輟。好習乩，於習乩期中，常以吾之心神，似與虛空中諸聖諸神相往來。忽一日，有人見吾頂上有紅、紫、黃之氣，驚而告我。我亦自覺其爲白氣，由囟門進出，若呼吸然。於出氣時，似香煙之縹緲，恍惚身登太虛。有人能見此氣，有人不能見之。吾誠不知斯氣也，何氣也？是佳境歟？是幻相歟？務乞先覺破吾疑團爲禱。

再修持人，每以「性命雙修，道法並行」爲口號。敬詢何謂性？何謂命？何謂道法？如何謂爲「性命雙修，道法並行」？均祈一一詳示，以度有緣。

肅此，敬請道安！

後學楊風子啟清明節

載民國二十三年（一九三四年）五月一日揚善半月刊第一捲第二十一期（總第二十一期）

答覆楊風子君

陳攖寧

謹覆者，來函言貴地某女士修道多年，最近忽得瘋病，問有何挽救之方。今特依愚見答覆如左。

一　女嫁男婚，乃人倫之正軌；　陰陽交感，亦天道之常經。修行法門甚多，不必定要禁絕夫婦之事。倘有生來根器，與眾不同，情慾之念，甚爲淡薄者，則實行斷絕房事，未嘗不好。設若慾念頗旺，難以克制，而又不能遂其願者，必須用種種方法，調和身心，使慾念漸漸淡薄，而後達到自然無慾之境界。切不可勉强壓迫，違背人情，致滋流弊。

二　因爲打坐鍊工夫，而生各種奇怪病症者，時有所聞，試列舉如下：　或哭或笑；見神見鬼；　自言自語，歌唱不休；　手舞足蹈，全體摇動；　胸腹脅肋之中，結成痞塊；印堂山根之内，如多一物；　肝火太旺，常常動怒；　終日憂悶，愁眉不展；　眼中看見各種幻相；　夢中現出各種異境。諸如此類，不可勝數。有終身不愈者；　有服特别方藥而獲愈者；　有用精神治療法而獲愈者；　有停止坐功，從事遊戲散心而獲愈者；　有因做此種工夫受病，改做他種工夫而獲愈者。　病之情狀，各不相同，故治法亦不能一概而論。

三　某女士環境如何，程度如何，僕皆不知其詳，故對於其致病之由，不敢妄發議論。果如來函所言，的確是因修道做工夫而得此病，則必須改變其舊日之習慣，停止一切坐功。最好令人陪伴他出門，到山林清幽之處遊玩，尋一點樂趣，使其心懷開暢，或可望有轉機。至於繩綑索縛，禁止自由，大約是出於無可奈何之舉動，不得已而爲之耳。

四　修道雖是美事，但非人人能做的，必須上根利器，方可成就。普通人走這條路，常常走不通。世間上智少而中材多，與其勸人修道，不如勸人修慧，果能福慧兼全，修道自然易易。若有福無慧者，雖其人環境甚佳，而不能辨別是非邪正，難免盲修瞎鍊；若有慧無福者，雖其人能聞一知十，徹悟玄機，而爲環境所困，不能實行修證。此二種皆有缺憾。若福慧兩門俱不足者，今生更無希望，只好守戒持齋，積功累德，清心寡慾，讀書窮理，以待來世之機緣而已。故僕平日雖提倡道學，亦聽人自己發願，自己研求，決不勉强勸人修道。蓋深知此事之不易也。

先此奉覆，餘容續談。

七月中旬

附錄楊風子君來函

攖寧先覺有道：

敬肅者。敝地有先天道者，其教義爲男不婚、女不嫁。既婚嫁者，禁絕房事。一般因環境之逼迫而入道者，頗不乏人。近來掘港永貞堂有一女弟子，其修持之久，已歷十餘年，現年三十餘歲，忽於去腊思想錯亂，似瘋非瘋。其老師季某，無法治之，迄今更劇。其老師竟以繩背梏其手，兼桎其足，禁其自由，以免意外。

風子有感於中，夫學正道，所以求真自由、尋真快樂也，而某女弟子竟因學道失自由快樂，吾恐使後學者，視修持爲畏途，則其阻道之罪不淺。吾固有救正之心，奈無救正之力，素仰先覺抱濟世渡人之宏願，故敢冒昧直陳，請求挽回之方，以便轉告而救正之。如能詳述其致病之由，則更爲美滿矣。

肅此，敬請道安！

後學楊風子泐

二十三年四月十三日

載民國二十三年（一九三四年）八月一日揚善半月刊第二卷第三期（總第二十七期）

覆武昌張化聲先生函

常遵先　陳攖寧

化聲先生慧鑒：

接奉來函，敬聆宏論，並蒙惠贈自叙小册六份，拜讀之餘，至深欽佩。承示三種主義之不同，結果贊成道家之生本主義，精粗咸備，心物俱融，最合實用。今當舉國若狂之際，乃有人具此卓識，發此大願，不可謂非豪傑之士也。

弟等愚見，嘗謂道體本一，而其用萬殊，從流溯源，則萬殊復歸於一本，無所謂心物之差別、釋老之異同。若因時制宜，隨機應變，非但道家與佛家二者之間有所取捨，即在道家範圍以內，法門甚多，亦豈能漫無別擇？由博返約，先知後行，乃弟等之素志也。

歐美偏重物質科學，中毒已深，無可救藥，殺人利器，層出不窮。飛機炸彈，可以使都市頃刻作坵墟；毒氣死光，可以令全球人類成灰燼。彼等自作自受，猶有可說，獨憐吾華夏良善之民族，與此等惡魔同居一世界内，受害豈能倖免？中日衝突，已小試其端，百倍殘忍將繼續而至，佛教慈悲，徒喚奈何？若借助於物質科學，殺以止殺，更滋荒誕。現在希望只有從道家入手，合精神與物質，歸一爐而冶之，將來或可以達到自救救他之目的。但是功業艱鉅，成就非朝夕可期。學理固應提倡，實證尤爲急務。

道家工夫，首重效驗，若能說而不能行，雖行而不能證，其弊亦與今世僞教徒相等耳。弟等愚拙，頗欲力矯此弊。先生明哲，諒有同情，尚望常錫嘉言，以匡不逮。

肅覆，並候道安！

常遵先、陳攖寧同頓

附錄張君原函

攖寧、遵先兩先生道席：

弟曾謂世界文化可分三派：（一）物本主義，即現在常行之歐化也；（二）心本主義，即天竺之佛化也；（三）生本主義，即我國道家之文化也。物本太粗，心本太細，深能得環中以應無窮唯有生本，蓋粗之可以融洽物質，深之可以啟發心靈也。奈何舉國若狂，拾他人瓦礫而喪失自家珠寶，真堪痛哭。得兩先生登高一呼，庶有豸乎。弟久有同心，奈自證未深，不便以空言炫人。今因門人輩編輯舊存文稿付印，於自叙中略露端倪，寄來十部，贈先生各三部，祈加印證指正是荷。

此請著安不一。

廿三年九月二十六日　張化聲

再者，貴半月刊提倡道教，可謂知本之務，而中國人眼光能到此者，只有貴局。今特寄來自叙十份，以四份贈貴局，以六份分贈貴刊撰文之陳攖寧、常遵先兩先生，以表示同情。將來於兩先生及貴局所商量之事甚多且大，特此先呈，餘容後續。

載民國二十三年（一九三四年）十月十六日揚善半月刊第二卷第八期（總第三十二期）

答覆蘇州張道初君

陳攖寧

第一問　可否能將却病攝養之真功詳賜指授？

答曰　普通方法，請閣下注意本刊每期中所登載「延壽須知」一部。特別方法，要看各人身體之現狀及環境之適宜與否，故難一概而論。

第二問　初學之人，須先守何戒？

答曰　學佛有佛家之戒律，學仙有仙家之戒律，此皆門內人所應當遵守者。閣下現在尚未踏進修行一門，故不必問戒律之事。至於世上做人的道理，請注意本刊每期所登載「先哲格言」「名賢模範」兩部。

第三問　攝養期內，必須茹素否？倘茹素不便，尚有通融之法否？

答曰　按照仙佛二家的戒律說，是定要茹素；按照醫藥衛生的學理說，不必一定吃素，有時吃素反不相宜。故此事只好隨緣而已。

第四問　讀書有明理之益，但不知何書爲最詳、最完備、最明顯、最有裨於初學？

答曰　坊間通行之道書，以及道院秘藏之道書，僕歷年以來，皆已閱遍。能稱完備者，即不明顯；能稱明顯者，又不完備。都有缺點。若再求有益於初學之道書，更難之又難。

僕當年學道之時，就與閣下心理相同，想覓得一部完備明顯而又便於初學之道書，俾可作爲入門之一助。直到今日，已經過三十五年矣，尚未覓得，只好不辭僭妄，親自動手，編輯幾部道書，以慰世間好道之士。

已經出版者，有孫不二女丹訣詩註、黄庭經講義二種。未曾出版者，有仙學入門、口訣鈎玄錄、女丹訣集成、仙學正宗、五祖七真像傳數種。雖不敢說最完備明顯，但比世間通行之道書，切於實用，請閣下注意。

第五問　呂祖詩解中，每言詳註於六部經中。但不知此六部經是何書名？

答曰　呂祖詩解，是常遵先君所作，故我不能回答。

第六問　道藏百種精華錄一書，內容詳備否？有裨於初學否？又金笥寶錄一書，現有出售否？

答曰　百種精華錄，既然有一百種之多，內容當然豐富。至於是否能有裨於初學，這句話我不敢說。好在所收的都是古書，學道的人，把他當作參考之用，未嘗沒有益處。但其定價太昂，頗以爲憾耳。金笥寶錄，外面沒有出售。

第七問　太乙金華宗旨，下手工夫，與他書稍異，何故？

答曰　此書是從上丹田下手，別種道書，或從中丹田下手，或從下丹田下手，地位不同，自然有異。

第八問　修佛教淨土宗者，如現在閉關於姑蘇穿心街報國寺中之印光法師，及海上太虛法師，與丁福保先生，佛學半月刊社中之范古農老先生等，將來修至若何地步，方稱得道生西？吾人能證明否？

答曰　印光法師，年齡已經不小，快要往生西方了，這是當然的結果，用不着什麼證明。太虛法師，恐怕未必是純粹的淨土宗。我看他人很聰明，或者有點別的花樣，不過局外人無從知道罷了。至於丁福保、范古農二位大居士，此刻尚在世間，並未到西方去，閣下何妨直接通信去問一問，請他們自己回答比較確實些。我們非淨土宗，說出話來，總不免隔靴搔癢。

連載民國三十四年（一九三五年）一月一日、十六日揚善半月刊第二卷第十三、十四期（總第三十七期、三十八期）

答覆無錫汪伯英

陳攖寧

古語云：「人之患，在好爲人師。」余雖學道有年，實未嘗敢以師資自命。因爲自己曉得功修欠缺，不免內心慚愧。縱然偶爾弄幾本書，塗幾篇稿子，也不過是提倡的意思。眼見得中華民族自古相傳之道術，快要没落盡了。都市中人，一天到晚，酒色財氣，妻子衣食，忙得腦筋昏亂，無暇顧及此事；巖壑中幾位先進老前輩，又絕塵逃世，不肯出來負荷此等責任。把這個千斤重的擔子，壓在我微弱的身上，如何能承受得起？黄庭講義、不二詩註，僅僅發揮一點學說，也算不得什麽著作，汪君推獎太過，我覺得慚愧十分。至於我心中的志願，現在尚未達到萬分之一。因爲此等重大事業，本不是個人所能包辦，必須多結識幾位同志，都有犧牲精神，並超等天才，大家組織一個團體，然後做起來纔有幾分希望。汪君以爲然否？

來函稱呼，太客氣了，下次請改口爲妥。所有各種問題，限於篇幅，不能作答，留待次期可也。

附錄汪君原函

夫子大人慈鑒：

久失禀候，抱罪殊深。此次接奉來諭，辭旨懇切，擬意周到，雖慈君之訓，無以踰此。敢不書紳勒銘，五中敬佩？

弟子前次想到上海暫居之意者，蓋一方面得親近左右，一方面可入室行功。積數載辛勤，鍊到不食不睡地步，然後再在社會做事。家中衣食，暫賴先君擔負。其實不自量德力，癡心妄想。

先君於八月中忽然棄養，抱恨終天，年僅知命，遽爾委化。雖修短有數，然安知非小子無狀積孽所致耶？茲則家中惟老母弱弟，仰事俯畜，不可復辭。遠遊之念，從此消滅。學道名山，只得期諸異日。苟或壽夭不測，惟有聽天由命，修身以俟之耳。

再者，半月刊上種種文字，雖皆是仁者之言，琳琅滿目，無美不臻，其中或含玄義，或係格言。而能雅俗共賞、智愚咸明者，厥惟夫子之文章。昔人稱白香山詩，老嫗多解，對此猶有遜色矣。

弟子自恨無力，爲衣食所困，俟後倘稍有餘款，定向翼化堂將黃庭經講義並孫不二詩註，購買數十部，或數百部，公諸同好，願天下有心人都成了仙佛也。

茲有幾種問題，關於道學前途者甚鉅，擬懇夫子在半月刊上不吝賜教是禱。

載民國三十四年（一九三五年）二月一日揚善半月刊第二卷第十五期（總第三十九期）

答覆無錫汪伯英君儒道釋十三問

陳攖寧

第一問 佛道兩家，都有顯教、密教，儒家是否有顯教、密教？再顯教、密教，到後來是否可以融通？

第一答 儒家亦有密教。論語上說：「夫子之文章，可得而聞也；夫子之言性與天道，不可得而聞也。」所謂「可得而聞」，就是儒家的顯教；所謂「不可得而聞」，就是密教不能公開之意。中庸上說：「君子之道，費而隱。」這個「費」字，就是顯教；這個「隱」字，就是密教。顯教與密教，在理論上，本來是融通的，沒有什麼衝突。其所以分爲顯密兩派者，就是公開與不公開的緣故。

第二問 黃庭、參同、悟真，都是屬於密教一類。何種書籍，是完全屬於顯教？

第二答 參同、悟真，完全是密；天仙正理、金仙證論，大半是顯，而小半是密。參同、悟真之密，是故意不肯明說；正理、證論之密，是玄微處不能用語言文字形容。另有陳希夷、邵康節一派，非顯非密，亦顯亦密，程度高者見爲顯，程度低者見爲密。若問完全是顯者，可謂絕無。因爲人的程度有高低不同，此人見爲顯者，他人或又以爲密耳。

第三問 各種書籍，諸家的註解，多是不同。固然仁者見仁，智者見智。有的書籍，本來明暢，一經註解，反而隱晦； 有的書籍，始則隱約，一經註解，便能了徹； 有的註和不註，相差不遠。雖然註者和讀者的意見，各有不同，是要憑自己的理智去測度，再將近取諸身、遠取諸物、日用尋常之事去印證。但是弟子有一個疑團，最不能打破的，便是口訣。譬如書上所說的「一貫心法」「直養無害」「惟精惟一」「致中」「致和」，弟子認爲亦是修養的秘訣。照此做去，施於外，則天地位，而萬物育； 施於內，則精神寧，而魂魄安。久久行之，肉體上一定會起變化。始終抱定這個主意，積之又積，從微而著，由色身透出法身，養剛大充塞宇宙，乃是道體的自然，極淺顯易明，何以總說當日孔門弟子除顏、曾而外，性天之道，鮮有得聞？ 但是弟子認此種亦是顯教，悟則可以頓悟，證則非積久不可。至於顏、曾所聞者，或亦是密教。顯教積久自悟，密教非師莫明。書上沒有說破，想來大約如此。但是此種密教，與黃庭、參同、悟真的理，是否相同？

第三答 君所說的「一貫心法」「直養無害」「惟精惟一」「致中」「致和」「天地位，

萬物育」「精神寧，魂魄安」，這些都是理論，不是口訣。請問「一貫」如何「貫」法？「直養」如何「養」法？「致中和」如何「致」法？「惟精惟一，允執厥中」如何「執」法？這些實行的法子，纔可以稱得起「口訣」二字。

儒家顯教，亦有口訣，請看我所作的口訣鈎玄錄，將來就能徹底明了，現在不必着急。儒家的密教，完全在一部易經上面。參同契就是從易經中脫化出來的，悟真篇又從參同契中脫化出來的，如何能說是兩樣？

第四問 黃庭、參同，是古人修養的秘籍，其中詞多譬喻，本不易明。經諸家註解，便能懂得許多。至夫子的講義，是完全成了顯教。雖一毫不懂的，看了亦能懂得。照如此說，何以前人要隱約其辭，不肯直即說出？若說懼洩天機，則後人難道不懼？若說文化理智不同的關係，及天然的時運氣數，故書上每每說「以俟以後之君子」，則將來的天機，或者要完全洩盡，和盤託出，不能寫的，也能寫在紙上，亦未可知。是否？請示。

第四答 黃庭經與參同契，這兩部書中間的作用，有相同者，有不相同者。我的黃庭經講義，是把可以公開的道理與方法，直說出來。至於參同契書中的作用，一大半是不能公開的。所以參同契的講義，到現在不能落筆。將來何時可以公開宣布、和盤託出，我現在不敢預言。

口訣不肯輕傳的理由，有許多關係，並非懼洩天機。請看拙作口訣鈎玄錄，就明白了。

第五問 悟真篇是講男女陰陽逆行造化之事，便是最上者，人己兩利，與三峯採戰，截然不同。若此法通行，最便利於世俗男女，因世間人大多是一夫一婦。何以天不肯將此法普遍流通，度盡無量眾生？豈非與「天不愛道」之說相矛盾乎？

再者，既是如此，釋、道兩家，何以或山中習靜，或寺內參禪，多是一己孤修，致虛守靜，藏器待時。靜極而動，一陽來復，以後天攝先天，借先天御後天，恍惚之中尋有象，杳冥之內覓真精。逮夫內真外應，地天交泰，上降下升，水火既濟，陽不亢而陰不極，鉛不走而汞不飛，魂魄相拘，精神固結，金情自戀木性，離女自交坎男。久而久之，一身濁陰，並無絲毫走失，但悉爲清陽所化，變爲純陽，而不是亢陽。因爲陽中有陰，剛中含柔，純粹以精，的是陰化於陽，不是陽埋於陰。

弟子始初認悟真篇，也是這個道理。其他一切丹經，多認他是這個道理。便是夫子的詩註、講義，弟子多認是這種道理。但執此以觀彼，一則是男女雙方之事，一則乃自造自化之機。二者相較，大有逕庭；二者混淆，未免大錯。這也是弟子一個絕大的疑團，未知夫子能否破格開恩，略示一二？不然這個悶葫蘆，實在難以捉摸。至禱至禱。

第五答　悟真篇的作用，不是人已兩利，乃是有利於己，無害於人；不是上上等的法子，乃是上中等的法子。三峯採戰，結果兩敗俱傷，乃是下下等的法子。人己兩利上上等的法子，向來是口傳，不載於書中，故世間莫曉。

世上人雖然多是一夫一婦，但是小人多而君子少，所以他們不能行君子之道。中庸上雖然說「君子之道，造端乎夫婦」，但又說「君子之道，費而隱，夫婦之愚，可以與知焉。及其至也，雖聖人亦有所不知焉」，「夫婦之不肖，可以能行焉。及其至也，雖聖人亦有所不能焉」。聖人尚且不知、不能，何况愚夫愚婦？

獨坐孤修，致虛守靜，這個法子，比較容易實行。自己要做就做，不必徵求對方之同意，也不必定要廢棄人事，見效雖遲，流弊較少。我所提倡的，就是這一派。此派最要緊的，是「玄關一竅」。既不是參同、悟真之法，亦不是冲虛、華陽之法，乃是陳希夷、邵康節他們傳流下來的。你將來看拙作口訣鈎玄錄，就可知其大概矣。

這三種不同的法子，他們用的名詞，彼此都是一樣的。我當年初學道時，弄得頭腦發昏，寢食俱廢。幸遇明師，始能打破疑團。今特公開發表，以度有緣，免得作書的人、看書的人、傳道的人、學道的人，都在悶葫蘆中打滾。詳說見口訣鈎玄錄中，今不贅述。

第六問 顯教是可以普度，密教是不能普度，大約因資格關係。但不知要有怎樣的資格，方能受密教真傳？倘使心誠力久，能否有豁然貫通自悟的一日，還是究竟非師莫明？

第六答 普通的人，都不合密教的資格。若問怎樣資格，就可以得密教真傳，此層將來可以發表，現時不能奉告。因爲說出來，文字太長，沒有許多工夫寫。

顯教可以普度，這句話也不能一概而論。佛家顯教，只有淨土可以普度，其餘各宗就不能普度；儒家顯教，只有論語可以普度，別種經書就不能普度；道家顯教，只有感應篇一類的文章，勉强可以普度，其餘的修鍊方法，雖然可以公開，未必就能普度，因人類知識高低萬難平等之故。

至於豁然自悟，不要師傳，恐怕自古至今，沒有此例。只有雖得真傳而不能全懂者，雖能全懂而不能實行者，雖能實行而不能成功者，今世尚不乏其人也。

第七問　學仙者，仙道已成，則遊戲人間，和光混俗，施符咒水，濟困扶貧，度脱眾生，積累功德，甚屬易易。如昔日傳記所載許真君、呂祖師等，斬妖除邪，則爲人所畏；神通變化，則爲人所羡；講因說果，則爲人所信；崇善黜惡，則爲人所尊。而今乃不此之圖，惟憑乩訓，没有善根者，何能相信？未免不爲其易，而爲其難。不知神仙何故如此？令人疑惑不明。

第七答　君若是個聰明人，就用不着發此問；君若是個書獃子，我就回答你，仍舊是不能醒悟。所以此事只好作爲疑案而已。

第八問　現在有許多道門，出來的乩訓，都説關聖現任玉帝，彌勒業已降生。但徵之經典，未免矛盾。故佛教徒一概斥此種爲外道，或曰靈鬼憑藉。但不知雙方孰是孰非？然無論真假，總有一方免不了誣聖之過。

第八答　這些婆婆媽媽的問題，恕我不能回答。佛教徒斥他們爲外道，還是一句客氣話；「靈鬼」之説，亦不徹底。總而言之，人的知識程度，高低不同，斥者自斥，疑者自疑，信者自信。

第九問　北平乩訓，內有阿彌陀佛向釋迦佛叩頭。弟子曾以此致問，據施君來信，謂係禮敬使然。但照佛經上說，釋迦在娑婆成佛，係此土佛；彌勒係西方佛祖，先釋迦而成佛，爲觀世音菩薩本師。今以世間理解，何以先佛向後佛禮拜？譬如三皇五帝向孔子禮拜，似乎不順。

第九答　俗語有云：「行客拜坐客。」阿彌陀是西方極樂世界的佛，釋迦牟尼是此土娑婆世界的佛。阿彌陀由西方世界到此土來，可算是行客；釋迦原在此土不動，可算是坐客。不是先佛拜後佛，乃是行佛拜坐佛耳。按世間俗例，亦無不合。君謂此言有理否，實在講起來，可以說根本不成問題，那裏值得研究？

第十問　敝處的同善社，他的內容，不能深悉，只是他的書籍，還覺得不錯，事情也很爲合理。有一部書叫毅一子，是宿儒楊某所做。書中的道理，與夫子之言很爲合拍，所講的完全是孔門一貫心傳。惜乎此人聞道之後，已與道合真了。現在又非常秘密，甚少傑出人才，得不到他們的真消息。所以此時鄉間，感覺知音稀少，孤掌難鳴。

第十答　同善社不過是一種機關，若有人材，他就會興旺；若無人材，他就要衰敗。並非同善社本身有什麼講究。當日同善社極盛的時代，有許多社員拉我進去，我笑而不答，蓋意在言外矣。

第十一問　凡誦經咒，有說冥中可當錢用，有說超度亡靈。如今且休論他誰是誰非，總之清心懺罪，消孽去戾，默合陰陽於無形，也是情理之當然。不過經義易明，咒語難懂。然而誦咒愈病等事，每有靈驗。弟子也曾經試過，果然有效。照此看來，當誦咒時，暗中神靈，究竟得到什麼好處？又有誦此咒則靈，誦彼咒則不靈者，豈亦「聖而不可知之之謂神」乎？是即所謂不可思議者乎？

第十一答　誦咒這件事，常有靈驗，其中有個所以然的道理，並非不可思議。因爲這個道理最深奧，最難解說與普通人聽聞，只得用「不可思議」四字搪塞而已。

第十二問　書上口訣，很多很多，苟悟其理，可隨便拈來作自己修養的方法，或印證自己的經驗。如此則人人可以自悟，人人可以修爲，不假外求，本來自有。這是弟子一向的觀念。但既是如此，何以又有不能公開的秘訣、懼洩遭譴的天機？而這種秘密天機，是否即是「一見黃龍後，始悔錯用心」與「聰慧過顏閔，不遇明師莫强猜」的呢？若是，則以呂祖、顏、閔之天資，尚不免「錯用」「强猜」，况其下者乎？或者黃龍明師，原是恍惚杳冥中的一物，仙師故作此寓言乎？ 倘若是，則至顯便是至密，至密便是至顯，疑團就容易解散了。

夫子說參同、悟真，非得人傳授，自己決不能了解。 照如此說，一定另有一種密教，自己決難自悟。 但弟子不求急悟，能否請夫子將不能自悟之理由略示一二？

第十二答 秘訣的確是有的，遭譴的事也不是欺騙人的。 但是否因爲洩露天機而後遭譴，則無從證明。

聰慧人，只能自悟其理，然而究竟如何做法，難以自悟。 呂祖參黃龍一段公案，所以表示既完命功之後，尚要繼續做性功，不可自滿自足，半途停止。「黃龍」二字是否寓言，尚待研究。

明師是指人而言，不是譬語。 性功可以自悟，命功不能自悟。 而且性功定要自悟，言語文字，都不相干，如何可以傳授？ 命功是有作有爲的事，雖得傳授，尚未必能實行，況無傳授乎？ 請看世上一切學業，如工程師、電機師、化驗師、藥劑師、照相館、汽車夫等等，若無人傳授，能自悟否？

第十三問 慧過顏閔，不能强猜，如以天縱之聖人生而知者，若不得傳授，是否可以自悟？

第十三答　假使聖人可以生而知之，則黃帝何必求道於崆峒，仲尼亦不起老子猶龍之歎矣。黃帝、孔子，且不能自悟，况不如黃帝、孔子者乎？所以說「慧過顏閔，不能强猜」，蓋實語也。

釋迦牟尼，在這個世上，可算是絕頂聰明的人，尚且非師不能自悟。他的師父，就是外道仙人。佛經上說得很明白，他初次出家，就跑到跋渠仙人苦行林中，一心求道；再至阿羅邏大仙處，學習禪定；復以爲未足，又至迦蘭大仙處，更求深造，反覆論議。得傳以後，還要在雪山六年苦行，日食一麻一麥，身形消瘦，有若枯木，不得已方受牧女乳糜之供，坐菩提座，降伏魔軍，入四禪定，斷除業種，然後方能廓然大悟，覩明星而成正覺。普通一切凡夫，他們的資格，比較釋迦牟尼如何？若要無師自悟，豈不成爲笑談？有師尚且未必就能自悟，况無師乎？

載民國二十四年（一九三五年）三月十六日揚善半月刊第二卷第十八期（總第四十二期）「問答專刊」

答覆寶應石志和君十問

陳攖寧

一問　俗云：「男爲八寶之軀，女係五漏之體。」究竟何爲「八寶」？　何爲「五漏」？敬祈開示。

答曰　八寶者，乃金、銀、珠、玉、珊瑚、瑪瑙、水晶、琥珀之類，皆是珍重的東西，比喻男子身體之可貴；　五漏者，乃眼、耳、鼻、舌、身五根，一遇色、聲、香、味、觸五塵，即不免有漏。　又中國醫書謂女子有五種帶下病，亦可以說是五漏。　此等俗語，乃舊日重男輕女之習俗所造成，不合男女平等之原則。　老實說一句，女子有漏，男子何嘗不漏？

二問　永明禪師之四料簡，可否信從研究？

答曰　此乃淨土與參禪二者之比較，是佛教内部之問題。　閣下若爲佛教之信徒，自然應當研究，否則可以不必注意。

三問 庵廟皆爲圓門，設方門者，則非僧尼之所居。此種風俗，不卜出自何典？

答曰 佛典中常有「圓融」「圓成」「圓明」「圓覺」「圓頓」「圓滿」「圓寂」等名詞，故僧尼所居之房屋，皆做圓門。一者所以顯揚佛教之義旨，二者所以表示不同於在家之俗士也。

四問 佛教興旺，道教反而晦暗，不卜何故？

答曰 閣下所謂興旺與晦暗，皆指其外表而言，與根本問題，毫無關係。至其表面上所以有盛衰之別者，則因彼二教信徒，一善於宣傳，一不善於宣傳之故耳。

五問 無家業之人，發心學佛，即入寺廟，發心學道，不卜可有地方安插？

答曰 發心學佛之人，若不願做和尚，僅以居士身，入寺廟中白住，恐怕出家人未必能容，只可充當寺廟中齋公、香伙、雜役之類而已。若是有資格負重望之大居士，暫時借寺廟養靜，他們當然十分歡迎。至於普通學佛之人，不能援以爲例。

學道之居士，門路更窄，除了出家做道士而外，不能久住道觀中。只有三種資格之人可住：一者是某道觀的大施主、大護法；二者能按月津貼膳宿費；三者與方丈當家有特別交情，或密切之關係者。

在家修道之團體，各埠雖不在少數，大半是經濟困難，無力安插閒人。因爲這個年頭，比較往日太平時代，真有天地之別。

六問 六通中有「漏盡通」者，竊謂若將精漏盡，其人已死，乃說得道，不卜怎解？

答曰 「漏盡通」這個名詞，出於佛教經典中，凡是讀過佛書的人，皆能了解，不是說將精漏盡。若如來函所言，真要變成笑話。茲特解釋如下。

六通者，一如意通；二天眼通；三天耳通；四他心通；五宿命通；六漏盡通又名「無漏通」。何謂漏？一者欲漏；二者有漏；三者見漏；四者無明漏。以不取彼四種漏故，乃名遠離諸漏，所以叫作「無漏通」。無漏者，即諸漏已盡也，故又名「漏盡通」。

現在一般學道的人，不懂佛經，偏喜歡用佛經中名詞，望文生義，强爲解釋，笑話百出。曾見有一種書上，解釋「阿彌陀佛」，謂「阿彌」是一個人的名字，如「阿寶」「阿福」「阿金」「阿根」之意；陀佛者，是把佛馱在背上。真可謂破天荒的大笑話。

七問 現今道門林立，有所謂東正、西乾、中州、無極、玄修等等門頭，不知何邪何正？

答曰 這些名目，都是在家修行人們結合的團體，無所謂邪正，全視乎各人信仰與不信仰而已。

八問 八十尚可還丹，道書每有載錄。小子意中，若遇老者，擬勸其修淨土，不卜可否？

答曰 隨緣說法，亦無不可。

九問 佛教中之弘化社，實爲佛教中之一大組織，不卜道教中可有如此團體？

答曰 道教中秘密團體，雖亦不少，但公開組織的，尚無所聞。

十問 佛教雜誌，價目俱低，揚善刊漲價，不卜何故？

答曰 僕只管撰稿之事，並學理研究、通函問答等類，至於漲價與否，歸發行部負責。他們或者有一種理由，僕概不過問。

載民國三十四年（一九三五年）二月十六日揚善半月刊第二卷第十六期（總第四十期）

答覆江蘇海門縣蔡君四問

陳攖寧

第一答 救荒本草，上海各家書店皆無此書。僕於三十年前，見過一部農政全書，內有救荒本草。

第二答 辟穀經驗良方，另外鈔錄附寄。

第三答 拜師之舉，愧不敢當。僕自審沒有爲人師之資格，還是隨便談談爲妙。敝寓地址，恕不奉告。

第四答 入道門是否與信佛條件有礙，這個問題，若以宗教家狹隘之眼光看來，一定說是有礙。譬如天主不信耶穌，耶穌不信回教，回教不信佛教，依此類推，自然佛教不信道教，亦無足怪。若按照修菩薩行當學盡世間一切法的大悲大願看來，又可說是無礙。此事全在閣下自決而已，他人不能阻止，亦不能勸駕也。

僕幼讀儒書，二十歲學道，三十歲學佛，四十歲又學道，今年過五十矣。回憶四十年間，於三教中，出入自由，不見其有礙也。假使信佛者不可以入道，則信儒信道者，亦不可以入佛矣，何其見之小哉！要知三教不外一心：儒曰仁心，道曰道心，釋曰菩提心。名雖異而實則同。「紅蓮白藕青荷葉，三教原來共一根」，佛與道有何界限可分別乎？閣下的眼光，要放開遠大。看他們和尚道士，彼此早已化除界限，視同一家，我們在家人，反而强爲分別，豈非多事乎？

釋迦牟尼的師父，豈不是外道仙人麽？彌勒菩薩，豈不是住在天宮麽？龍樹菩薩，豈不是專修長生之術麽？楞嚴二十五聖，位位圓通，善財五十三參，門門解脱，敢謂世出、世間，有一法而非佛法乎？釋迦說法，四十九年，都無一字；達摩東來，傳佛心印，不立語文。敢謂三藏十二部中，有一法真是佛法乎？是法非法，尚不能言，有礙無礙，又何必問？

雖然，以上所論，亦僅發表我個人之意見，破學者之執著而已，不是引誘閣下棄佛學道，幸勿誤會。

蔡德淨君原函附後

攖寧道長慈鑒：

頃接大札，承示辟穀救荒要意，不勝感佩，諒區區鄙懷，屆時或可如願也。但救荒本草與驗方新編，不悉滬上何處有售否？倘尊處有餘本者，或祈照鈔一份，或煩代購寄下，書款補上，定爲不誤也。

敬禀者，明年古曆二月初，後學兼爲他事，欲赴申一行，屆時意欲詣仙府行拜師禮，懇祈慈悲收爲門下，指示大道，度出迷津爲感也。但後學乃一貧困凡夫，雖懷好奇心勝，欲遍訪高人，惜力不從心，徒勞惆悵耳。目下就職於本縣佛教淨業會，蒙推爲理事兼會計職，並非越分而棄佛就道，據已往之愚見所得，凡法若能合當人之機可助緣向上者，一切法無不是道也，不悉高明以爲然否？

後學慚入佛門已十年矣，曾參過數位佛門大德，合機者亦甚有，而再欲參道門高人者，亦是素願耳。揚善刊出世，乃鄙人入道門之良緣也。見大著並承開示一次法語後，即私慕吾公道學高上，願心深廣，令人傾倒無加矣。漸因經濟關係，第二卷揚善刊雖未續定，然渴慕吾師之念，無日不呈露也。

今次又偶發救荒之微意，用辟穀法者，諒可補當局賑濟之不足。假此並勸災民回頭向善，亦化導法中一方便法也。惟進一步想，吾人日在聲色名利場中，雖衣食住完美，而無出世之志能者，亦屬枉爲人也。思念及此，恐時不待人，以致訪道之念，愈加勇猛也。本不當以石混玉，妄想爲大德之弟子，因見吾公懷平等濟世之願，故敢大膽冒昧呈草叩求耳。不悉可能通融薄福人皈依座下乎？

後學不知仙府高居何處，再祈示當赴滬時先於何日、何時、何處可以拜見尊顏，以成全後學千載難逢之良機也。入道門是否與信佛條件有礙？祈一並示知，不勝翹勤叩禱之至。

此上，敬頌道安！

後學蔡德淨頂禮

二十四年十二月七日

載民國三十四年（一九三五年）三月十六日揚善半月刊第二卷第十八期（總第四十二期）「問答專刊」

答覆上海王君四問

陳攖寧

第一問 金仙證論及天仙正理之作用，是否完全？專鍊自己身中之神炁，不賴身外之物資助，是否即可以成天仙之果？

答曰 未破體之童身，修鍊道功，見效甚速，不到百日，已得到大周天之景象。此人乃昔日安徽師範學堂畢業生，名李朝瑞，我親自同他談過話，工夫的確很好。他是從清淨法門靜坐調息入手，並不需外物資助。若已破體之人，就難一概而論。年老者更覺費事。南派返還工夫，見效雖捷，但未必就是閣下第一次來函所說的辦法；北派中雖重清淨，但亦不是專靠打坐就能成功，外界資助，當然不可少，却是從虛空中尋求，不是在人身上討便宜。證論、正理兩書，不能就算完全，然而必須要看。

第二問 有工業之人，不能每日限定時刻鍊習，亦能有效否？

答曰 先看是何種工業，對於道功上有無妨礙。再看每日工業完畢後，到自己家中，可能得一間靜室，足爲安神養氣之用？可有閒雜人等煩擾？可有塵俗之事縈心？設若永遠斷絕色慾，不親婦女，自己妻室可能同意？以上種種，皆是應有之問題。否則，實行試驗，尚且不能，有效無效，更談不到。

第三問　先生是邱祖門下第幾字派？

答曰　僕正式之導師，前後共有五位：北派二位，南派一位，隱仙派一位，儒家一位。現在我自己竟不能說是專屬於那一派。若論到龍門派，僕算是第十九代「圓」字派。以上各派，都是在家人傳授，只重工夫，不重儀式，故與出家人不同。另外尚有乩壇傳授，未免類乎神話；江湖傳授，又嫌落於旁門，故皆不願奉告。

第四問　可否能收爲先生門下？

答曰　孔夫子說「人之患，在好爲人師」，我最佩服這句話。歷年以來，實不敢妄自尊大儼然以師資自命。所以常在揚善刊上發表幾篇文字者，有三種原因：一則，看見今時修行的人們，除了念阿彌陀佛而外，竟不懂道是何物，故本我的夙願，來試爲提倡；二則，看見少數學道的人們，偷懶者大半無所成就，用功者甚或做出毛病，恐怕他們半路上灰心，並使反對者有所借口，故本我的經驗，鼓勵他們前進；三則，揚善刊宗旨，是貫通三教的，儒教、佛教的材料，非常之多，而且流行的出版物，到處可以購得，但是道學仙術的材料，最感缺乏，書籍亦寥寥無幾，相形之下，未免偏枯，故自告奮勇，幫助編輯人盡一份義務，不是想於此中得何種利益。至於收門弟子這件事，僕恐怕自己沒有資格做人家師表，只得請閣下原諒，勿生誤會。雖然有幾位好道的同志，如汪君伯英之輩，他們稱呼我過於客氣，反而令我難受。閣下不必學他們的樣子。

總而言之，僕既發願提倡道學，凡有人肯研究者，都可引爲同志。揚善半月刊社，可作爲學道的同志們互通聲氣的一種機關，下次若有問題，請直接寄與該社轉交於僕可也。敝寓地址，不是固定的，隨時可以遷移。

再者，傳道這件事，要看人的德性品格，是否稱得起載道之器，不管他貧賤不貧賤。越是富貴人，越難得入門，因爲他的習氣太深，有道之士，都是望望而去。況且道不是貨物，不是拿錢可以買得來的，閣下不必自恨無錢不能學道。你要曉得，秦始皇、漢武帝，貴爲天子，富有四海，畢生求神仙，尚不得遇，僅僅求到幾個方士而已。所以呂純陽祖師曰：「堆金積玉滿山川，神仙冷笑而不睬；直饒帝子共王孫，須把繁華挫銳分。」可知這件事，是品德優劣的問題，不是富貴貧賤的問題，凡世間好道的人，千萬注意及此。

附錄王君原函

攖寧先生鈞鑒：

前次各問，諸蒙析解，恭讀之下，敬勒五中。現經久未候教，時深懷溯。竊思光陰之速，如弓發矢，人生斯世，轉瞬已休，所有一切情境，皆磨滅人生之利器。如貧者，謀衣覓食，扶老哺幼，東奔西走，勞如牛馬，晨昏設想，心若亂絲，直待至精盡氣竭，一命嗚呼，毫益未見，惟罪披身，真乃空勞一世； 即如富貴者，豐衣足食，居處華堂，童僕侍奉，但身雖逸樂，而心則爭名奪利，思彼慮此，富欲再富，貴欲再貴，一事尚未告結，一事又涉胸中，千方百計，日夜籌謀，一口氣在，誰肯放讓，必待至死方休。且在陽間積成萬貫家財，死後分毫不能攜帶，惟平日所積之罪，盡歸本人，毫無折扣，如數擔當。敝人每思及此，不勝心寒膽裂。但敝人學識全無，福德俱乏，故雖時刻留意，各處探訪，欲求明師，終難得遇。索閱各書，竟至頭腦脹痛，目光花黑，仍茫茫無緒。且每看書至一二小時，必發現上言之病，更復毫無記憶。故雖用苦心研究，終無所得。

前閱揚善刊二卷十三期，有劉海蟾祖師之像及傳略，以下並有張紫陽、石杏林、薛道光等各位祖師之像及傳略，均係先生登刊。敝人一見，正如嬰孩見父母之像，而不得晤之，心中更添焦熬百倍。按仙派源流，自正陽鍾離祖得青華帝君之傳，鍾祖傳吕祖，吕祖傳王重陽、劉海蟾二祖師。海蟾祖傳張紫陽，張傳石杏林，石傳薛道光，薛傳陳翠虛，陳傳白玉蟾，爲南宗五祖；王重陽傳邱長春、劉長生、譚長真、馬丹陽、王玉陽、郝太古、孫清靜等各祖師，爲北宗七真。邱祖師爲北宗第一祖，但未知先生是邱祖門下第幾字派仙師傳授真訣？敝人願求一聞。

敝人久抱慕道之心，無處尋訪正門大路，雖時欲叩進先生門下，自問分功未具，貧寒陋賤之極，妄投燦爛高門，非但有辱尊教，且被旁者之譏。自知慚顔，未敢啟齒。奈因人生在世，猶如露空之燈，風臨即熄，故不得已而上此函叩，密以商酌，免使人知。伏祈先生大發慈悲之心，廣施救度之德，允敝人之求，而收敝人爲先生門下，救敝人出離苦海，則不勝二天之戴。敝人必遵守戒律，恭聆道訓，决不敢違。

敬此上呈，伏祈勿以鄙棄，是爲至幸。

附列問題數則，叩求指示，並候玉音。

載民國三十四年（一九三五年）三月十六日揚善半月刊第二卷第十八期（總第四十二期）「問答專刊」

答覆常德電報局某君丹訣八問

陳攖寧

一問　退符到第六規後，尚須吹嘘之火，方算歸根否？

答曰　吹嘘之火，此時雖未全停，但不可著意，因爲此時乃休歇之時也。

二問　子時當爲活子時矣，但不知卯酉午三時沐浴之久暫，有一定之度數乎？　或待時而動，亦如活子時順其自然之機乎？

答曰　子時既活，則其餘各時俱活，故不能拘泥一定之度數。

三問　小周天以十二時爲火矣，大周天以十月爲火矣。　十月之内，時刻不能離間，而三四月内，尚須飲食。　飲食之際，豈不大有妨礙乎？

答曰　此等見解，不免有誤。　君既知小周天子時當活用，則其餘十一個時辰皆活用矣。　小周天十二時，既可活用，則大周天十個月，何故不能活用乎？　須知丹經所謂十月，其意即等於十二時，不是從初一到十五，從十五到三十的算法，所以飲食、行動、休息，沒有什麼妨礙。

四問 採大藥時，呼吸之火，自能內運，此時豈不損傾已成之丹乎？或者此時之火已無時無位乎？

答曰 火之作用，有種種不同，未可一概而論。大周天火候，與小周天火候，頗有分別，決無損傾之患。若有損傾者，必是他種原因，非火之咎也。

五問 丹熟止火雖不行升降，時刻不可離火，離則丹走，此不可離火，是否指陽光二現之前，及陽光三現之前乎？或三現後仍須如此乎？或三現後即可不如此乎？

答曰 「丹熟止火」之說，是止小周天升降之火；「時刻不可離火」之說，乃不可離開溫養之火。若要速成，自然一刻不能間斷；若不要速成，雖偶有間斷，亦無大害。走丹別有原因，非必關於離火之咎。陽光二現、三現之景象，乃伍真人自己之經驗，不是人人一定都有這個樣子，可不必拘泥。

六問 外丹成後，平日不用吹噓溫火，可保不傾走否？

答曰 你若採取純潔的先天炁，煅鍊成功，保你不會傾走；你若夾雜後天的濁氣在內，縱然勉强維持，難免得而復失。火之用與不用，尚是第二個問題。

七問 「終脱胎，看四正」，遷神於上田，僅以一陽寂照於上田即可乎？

答曰 「寂照」二字不錯，「一陽」二字，未免頭上安頭，文辭欠妥。

八問 五龍捧聖，過關服食，除動而後引外，尚有别法否？

答曰 别法都是揠苗助長之類，所謂「非徒無益，而又害之」，以不用爲妙。

又問 家母患水腫病，年餘未愈，三日即需西醫打針一次。晝夜無睡，咳嗽氣喘，痛苦幾逾地獄。某某每日泣求諸佛諸大菩薩，誦經懺悔，毫無效果。某某擬求老師發大慈悲，定中作念，令其全愈，則感戴恩德於無盡矣。

答曰 定中作念，是否就能愈一切危險之病症，此事亦無保證。現在有所謂精神療病、心靈療病，據他們自己誇張，可以遠隔千里萬里，都能使病者全愈。我想，近在咫尺，尚不見功效，何況遠在天邊？這些都是營業的性質，故神其説而已。我是一個脚踏實地不說假話的人，定中作念這個事，我做不到。因爲我的環境，我的職務，不能容我入定。今體念君是一個孝子，又是一個好道之人，願爲君犧牲若干時間，每日代作解劫消災之法一句鐘，共計二七日，從陰曆二月初六日起到二月十九日止。靈與不靈，難以預料。有效我不居功，乃君之孝思所感應；無效也是意中事，用不着懊惱。因爲本人之定業，照理論上說，他人不能强爲改變，此事只好盡爲子者之心而已。

再者，收門弟子這件事，我現在不能承認。因爲君與我乃第一次通信，彼此未曾謀面，君既不知我的程度如何，我亦不知君之履歷如何，此事宜慎重爲要。況且我數十年來，就没有收過弟子，蓋自審資格不足以爲人師也。

特此答覆。

附錄常德某君原來函

攖寧老師尊前：

敬禀者，年來徧閱全國各家修行言論，無一當意者，心竊疑焉，豈出世真傳，天竟閉而不宣乎？前見揚善半月刊廣告，心甚喜之，八百之期已至，必有真人主持其間者，遂請而敬誦之。一展之下，即知天仙正傳彙萃於斯矣。迄今雖未及請誦尊著，然於師所取捨編訂者，則邪正則之判，燎如指掌之間矣。

竊某某生性慕道，幼年以來，悲憫衆生，痛苦失聲，一蟲一蟻，愛逾己身，發深誓願，普爲救度。不料災難横生，宿志難酬，嗜慾漸盛，然根種既深，真心固未嘗汨没也。始究佛經，粗通大義，然其結果，理明而事暗，仍無下手處；繼考道書，亦乏貫澈。

自數載前，先父去世，偶閲諸籍，忽而會通，始知内丹、外丹之同異，大藥、小藥之别名。外丹雖從外至，却從内生；内丹雖從内有，却從外來。乾坤爲體，坎離爲用，黄婆爲土，性淨玄關始生，火候不離六十四卦。太極立，然後水中金生；凡念靜，火内始有木興。運行分子午，節序合時令，沐浴爲閏餘。四者混沌爲内丹，六候分布是有爲。似此信之無疑，考之詳明者，蓋先父在日，曾行其略，悉合節符。某某數載淨心求玄關而不得者，先父嘗於半月中即得顯見，乃不料家計艱困，時作時輟，功業未成，竟爾去世。至今思之，心如刀刺也。

伏思生死事大，無常迅速，百藝小流，尚賴師傳，況乎天地之大道，佛仙之偉業乎？然出世之法，尋師最難，非無師也，非師之吝教也，奈其屢教而不生效驗何？環觀國内名人，可以師事之者，竟不能得。蓋彼等或枯坐盲修，或尋聲覓色，不著於無，即著於有，既罔知性命雙修之妙旨，遂偏執一己之成見，不知改悔，深可哀憫，於是更見尋師之難也。

今者欣逢老師應運而興，指導羣迷，賜我良機，曷勝慶幸，特謹齋心沐浴焚香，專書奉懇，拜爲門下，不識老師不以爲愚頑肯賜收錄否？倘承允可，乞即諭知，俾某某一心歸依誨訓，務求不負大慈恩德也。

專此，敬請道安。

附陳數問於後，恭候開示。

載民國三十四年（一九三五年）三月十六日揚善半月刊第二卷第十八期（總第四十二期）「問答專刊」

答覆上海公濟堂許君學佛五問

陳攖寧

第一問　敝人性頗好道，而我的朋友，多數是信佛念佛的，他們常常勸我一心念佛，不要學什麽外道，恐怕將來要墮落。敝人疑惑莫定，左右爲難，請高明有以教之。

答曰　念佛的居士們，我也不說他們是壞，但可惜他們眼光太淺，竟不認識道是何物，所以說出話來，總是小家寒氣。我勸他們先用三十年讀書窮理的工夫，然後再開口說話，或者不至於大錯。何以要三十年的光陰讀書呢？因爲儒、釋、道三教的書籍，合起來計算，差不多有兩萬卷，起碼要讀一半，每日讀一卷，須一萬日方可讀畢一萬卷，所以說要三十年。假使他們没有這許多工夫，就以十年的光陰，專讀佛教大藏經亦可。將佛教的三藏讀完，雖然不認識道的全體，也可以認識一部分，並且可以曉得印度的外道，與中國的道學，絶對不同；又可以曉得「道」這樣東西，是其大無外，其小無内，没有界限的，儒、釋、道三教不過是道中的一部分，耶穌、天主、回回也是道中間的一部分，宇宙萬物以及我們人類也不過是道中間的一部分。他們果能到了這個程度，自然就不敢開口，曉得一開口就錯了；他們若不能到這樣程度，最好是止管自己念佛，犯不着管別人的閒事，免得說錯了話，種錯了因，自己將來不免墮落，那裏顧得及別人墮落不墮落。

第二問 設若敝人聽朋友的勸誡，棄道學佛，先生以爲如何？ 贊成乎？ 反對乎？

答曰 這句話的意思很難解。中庸上說：「道也者，不可須臾離也，可離非道也。」天地人物，生於道中，滅於道中，何嘗一時一刻離開此道？ 道既不可離，如何能棄？ 究竟閣下所指的道是什麼東西，我不明白，贊成、反對如何說起？

第三問 設若敝人專心學佛，當從何入手？ 念佛好還是參禪好？ 誦經好還是持咒好？

答曰 這些問題，都是枝葉，不是根本。佛教根本要義，在於先發菩提心。你若不肯發菩提心，學道學佛，皆無著落； 你若真發菩提心，學佛亦可，學道亦可，聽憑自由，至於念佛、參禪、誦經、持咒，更不成問題，隨緣可也。

若問佛教所說的菩提心如何解釋，這個名字，是印度的梵音，中國無適合的譯語，只有拿儒教中「仁義禮智信」五字並「忠恕」二字一總去解釋，大約相差不遠。蓋道之極者，稱曰「菩提」，華語不能翻譯，若定要翻譯，只有一個「道」字可用。所以前代諸師，皆稱菩提爲大道。雖然，以體而言，菩提心即是道心；以用而言，菩提心又可說是大慈悲心。華嚴經云：「發菩提心者，所謂發大悲心，普救一切眾生故；發大慈心，等祐一切世間故。」若問已發菩提心之後，又作麼生？那就要你自己去參學，我那裏說得盡呢？

總而言之，氣量要放大一點，不可入主出奴，不可是此非彼，不可妄發議論，不可執著門庭。請觀華嚴經善財童子五十三參，天上人間，何處不到？仙神外道，何法不求？結果是百城煙水，彈指開彌勒之樓；行願無邊，一毛現普賢之海。豈目下鈍根凡夫所可思議耶？

第四問 揚善刊標明宗旨，是儒、釋、道三教平等一貫，先生獨要提倡道教，豈不與宗旨相衝突乎？

答曰 並無衝突。請看我本期答覆上海王君第四問，就明白了。況且我所提倡的，是道學，不是道教。請細看揚善刊上面所登的道學小叢書以及女子道學小叢書「編輯大意」，內中是否有宗教的氣味？閣下看書，須要細心方好。

第五問 現在世界潮流，似乎是趨向佛教一方面，所以佛教居士林上頭亦冠以「世界」二字，中央政府現在也提倡佛教，先生獨要提倡道教，豈不違反現代之潮流乎？豈不虞佛教徒羣起而攻之乎？

答曰 我提倡道學的意思，是一種補偏救弊的作用，就是你們佛教所說的行菩薩道。現在運我的悲心毅力，逆潮流而向前進，將來自然有一種結果。他們順潮流而行的，難免附帶幾分投機的性質，我不願做這種人。

民國二三年間，月霞法師在上海哈同花園辦華嚴大學，他所作的維摩經講義，都是我一手替他鈔寫。關於義理上事，像我這種外道，當然不能贊一辭；關於文字上事，區區未嘗不稍效微勞。又如高鶴年居士之名山遊訪記、黎端甫居士之法性宗明綱論，中間也許有一二句屬於我外道的手筆。因爲大家天天見面，不能不互相參酌也。哈同印行的一部佛教大藏經，我雖然没有在上面用過苦功，却是從頭至尾翻了一遍。月霞法師，以禪門之宗匠，闡賢首之玄風，在當代法師中間，總算是第一流角色。我在他面前，自認爲外道，而法師亦未嘗輕視我，明眼人畢竟不同。

現在若想弄幾部佛家的著作，取材既易，銷路又廣，豈不大妙？何故不爲其易，而爲其難，定要逆世界潮流行事，難道是個傻子麼？ 我原來是拼着犧牲的，那裏管得到別人攻我不攻我這許多顧忌。 越是學問大的人，越曉得自己的欠缺，越不敢輕發議論。 所有胡亂批評人者，都是一知半解之徒，又何必計較？ 聽之而已。

載民國三十四年（一九三五年）三月十六日揚善半月刊第二卷第十八期（總第四十二期）「問答專刊」

答覆濟南張慧巖君問雙修

陳攖寧

來函問清淨獨修及運用琴劍二法優劣之比較，若詳細說明，非片言可盡，今姑作簡單之答覆如下。

一身之陰陽，見效甚緩而力薄，但易於實行；　彼我之陰陽，見效甚捷而力厚，但難於實行。

況且，雙修法中，復有種種不同。

（一）有人己兩利者。

（二）有大利於己而絲毫無害於人者。　此二種口訣，乃歷代神仙家秘密傳授，永不公開。

（三）有人己利害互相調和者。　此乃古代知識階級男女養生之術。

（四）有損人利己者。　此乃江湖術士不顧道德之行爲，亦是妖魔精怪等類之修鍊法。

（五）有損己利人者。　此乃對方程度比自己高强，我雖欲借助於彼，無形中反被彼所利用。

（六）有人己俱損者。　此乃學術不足，性情不純，未得真訣，錯走旁門之故。

世人徒聞雙修之名，罕能了徹其內容與實際，故讚美者等於隔靴搔癢，而毀謗者亦是李戴張冠，都嫌墮於捕風捉影之病。必得上智之士，方得問津，非普通人所能勝任。僕平日勸人，總以清淨獨修爲本，久矣不談此調，今承垂詢，故略言之。

陳攖寧覆　二十四年五月

載民國二十四年（一九三五年）六月一日揚善半月刊第二卷第二十三期（總第四十七期）

答覆浦東李道善君問修仙

陳攖寧

道善先生鑒：

昨日由西湖山中返滬，得讀惠書，深悉閣下好學之誠，曷勝欽佩。今人見解，大都不甚高明，每將儒、釋、道、仙四者混爲一談。僕無可奈何，亦只得隨聲附和。其實，所謂神仙者，必有確鑿之證據，要似來函所云「許旌陽拔宅飛昇，王子喬跨鶴而去」，方可稱爲真正神仙。但今世未能一見者何耶？蓋今之修法已非古之修法，自然今之神仙不及古之神仙矣。

數日前，在杭州與友論道，伊等戲稱我爲「神仙復古派」，或稱我爲「科學化唯物派的神仙信徒」，我均笑而受之。今敢謂，苟欲拔宅飛昇，非全家服食天元神丹不可，僅恃自己一身鍊就陽神，無濟也。苟欲跨鶴而去，非身外有身、陽神出現不可，僅學老莊之清淨無爲，樂天安命，無濟也；再學孔孟之誠意正心、修身養氣，亦無濟也；更進而學釋氏之參禪打坐、念佛作觀，仍無濟也。因爲這些工夫都偏重於心性方面，對於生理上不起變化，且容易令人固執「貴心性而賤肉體」之偏見。到了結果，肉體老病而死，心性亦無存焉。故以上各種工夫，只可以修佛修道，爲聖爲賢，斷斷乎没有做神仙的資格。

蓋神仙者，乃精神與物質混合團結煆鍊而成者，彼偏重心性如儒、釋、道三教，偏重肉體如醫藥衛生體操運動，皆不足以達到長生不死、白日飛昇之目的。充其量，則心性工夫僅能坐脱立亡，肉體工夫僅能延年却病。至於拔宅飛昇、陽神冲舉之實事，於古則有徵，於今則無據。

僕嘗謂，神仙家之方術，乃三教範圍以外獨立的一種學問，自從好事者將儒、釋、道經典中的名辭義理，附會到神仙書上，致使天下後世學仙者，一誤再誤，指鹿爲馬，歧路亡羊，甚可歎也。在附會者之意，以爲非如此不足以表示玄妙，非如此不足以令人尊崇。豈知，理論愈玄妙，則去實際愈遠；地位愈尊崇，則真面目愈晦。於是乎，昔之白日飛昇者，今則爲死後生天矣；昔之口傳面授者，今則爲乩壇降筆矣；昔之仙壽過千年者，今之仙不滿百歲矣；昔之仙採藥鍊丹者，今之仙靜坐止念矣；昔之仙出神尸解者，今之仙無疾而終矣。種種考證，種種比較，皆是今不如古。倘吾人自甘暴棄則已，設有上智之士，懷抱大願，不惑於清淨之空談，不墮於寂滅之幻海，而欲抗追往哲，開示來茲，捨三元大丹而外，豈有他道哉？

現因急須赴山，故不及約期相晤，異日若遇機緣，再圖良覿。

手此奉覆，言不盡意。

載民國二十四年（一九三五年）六月一日揚善半月刊第二卷第二十三期（總第四十七期）

答覆石志和君八問

陳攖寧

一　七真傳之「孫不二勵夫」一節，閱之足打破無子觀念。然世俗每以「不孝有三，無後爲大」相責，在認道未真之人，每爲此所惑，遂致衰老病死。小子雖有志於道，尚恨未能決烈，敢祈夫子一指示之，俾得把握。

答曰　有後無後，不是自己可以做主。世上人不生兒子，就硬派他一個不孝的罪名，未免不近情理。蓋因爲中國古時人口太少，所以造出這種議論，使大衆努力製造小國民，希望能達到强國强種之目的，並非是什麼天經地義。歷代以來，從没有把這個罪名定在國家法律條文上，可知此説是行不通的。

現在國内一般人民，屢受災禍，家家破産，處處逃荒，弄得自身都要餓死，那裏再有餘力養育兒女？若再迷信無後不孝之説，真可謂自尋煩惱。

二　學道者是必脱却情枷愛鎖，方許進步。若以堂上衰老、房中弱小所留戀，是否違反割愛學道乎？

答曰 割愛果能保證成道，則不妨暫時割愛。俟將來自己道成之後，再來救度他們，未嘗不好。但怕割愛未必就能成道，徒然惹起家庭之怨恨，而且自己心中亦有所不安，還是維持現狀爲妙。

三 歷古仙佛，莫不從靜坐中來。然有被俗務牽纏，終日不暇休息，若於臨寢時坐一二小時，不卜可否生效？抑照子午卯酉四時以坐乎？敬乞示知。

答曰 普通在世上混俗之人，若要按照子午卯酉四個時辰專做工夫，恐難如願。只得於臨睡坐一二小時，晨起坐一二小時。雖無大進步，然比較不坐總好些。

四 釋教坐關者，可惜多屬拜經之舉。茲有一學道廿載、年逾四旬之真姑，客歲爲環境所迫而削髮，今年擬作求戒坐關之舉，不卜有無損益？統乞詳示。

答曰 求戒坐關之舉，雖不敢說一定有益，但亦不能說一定有害，聽其自然可也。至於將來之結果如何，則視乎本人之福慧而已。

五 多少箴中之「多梳頭，少洗浴」二句，竊常誦之，蓋因浴後每患遺滑耳。然在衛生家，則非沐浴不可。兩說似皆有理，致未能決擇，幸祈釋之。

答曰　浴後患遺滑，這是因爲自己身體太虛弱，不是人人都如此。假使本來身體健康，則愈洗浴而精神愈旺矣。

衛生家贊成冷水浴，此法頗有效，可惜虛弱者不能用此法。但水太熱亦不相宜。浴後常患遺滑者，水太熱之害也。

六　體質薄弱，學道維艱。劍俠事跡，令人神往。曾聞古代係先授術而後學道，近代係以學道得證而法自通。此論可確否？體弱可醫否？

答曰　體弱之人，最要得適宜之運動，切不可整日的枯坐室中。最好是學練太極拳，身體將來可望轉弱爲强。若要學劍俠之工夫，醫身體之虛弱，未免小題大做。劍俠門中，決不肯收這樣徒弟。他們皆是師尋弟子，不許弟子尋師。練劍與學道，本是兩條路，不可混爲一談。

七　「氣足不思食」，的爲至論。然有所謂辟穀者，不卜功夫到何地步方可以行？史載張良歸隱，即辟穀學道。殊屬不解，此莫非是仙傳乎？

答曰　氣足不思食，是自然的辟穀。張良之辟穀，是人爲的辟穀，即是專做一種辟穀的工夫，或是不吃煙火食而吃別的藥草菓實等類，這也叫作辟穀，蓋謂不食五穀也，非謂一概絶食。

至於氣足不思食者，乃真能斷絶一切食物，而無須用他種食品代替。此則非修道功有成就者不能。

八　閲息戰論，得悉江神童希張其人。竊謂在儒則謂之聖，在道則謂之仙，在釋則謂之佛。然而五教行持，將來超證時係何種名稱乎？

答曰　五教調和，在事實上辦不到，僅成爲理想而已。世間篤信一教者，尚且難得成功，何況五教混雜？故超證後如何名稱，可毋庸問也。

載民國三十四年（一九三五年）六月十六日揚善半月刊第二卷第二十四期（總第四十八期）

答覆北平學院胡同錢道極先生

陳攖寧

道極先生惠覽：

按六月八日來函，備悉種切。

所言注重實行，不尚空談，此意正合下懷。又言某某社傳道，以金錢之多寡，而定階級之高下。非但貴省如此，該社之在他省者亦不能免除此等陋規。請問：道若可以拿金錢購買得來，尚成其爲道乎？大題目已經弄錯，小關節毋須再研究了。

「死後成就」這句話，在世界各宗教中皆如此說，我偏不肯附和他們。若果一般修道的人們，對於自己的肉體，尚且無法安排，仍舊與普通人同樣的結果，妄說死後上天堂，死後生西方，死後免除輪迴，豈非天下死屍個個都成了道果麼？將誰欺？欺人乎？欺己乎？

從前有許多人常常勸我念佛求生西方，我說西方雖好，我不願去。他們問是什麼意思。我說這就是吳子玉先生不住租界不出洋的意思，你們若能懂得吳先生的意思，就懂得我的意思。無奈他們仍舊不能明白我的苦心。今試設一譬喻以明之。我們所居之世界等於中國，西方極樂世界等於歐美，我們既生爲中國人，沒有本領將中國改造完善，徒然羨慕外人，個個都想拋棄本國，往外國跑，試問成何體面？我們已經生在這個世界，總算與此界有緣。若嫌此界不好，何不拿出實力來再改造一下？個個人搖頭歎息，束手無策，個個人希望死後往生西方極樂世界，不必說他是一種夢想，就算成爲事實，亦是表示我們自己毫無能力，完全要仰仗他力指阿彌陀佛而言來救拔我們。較之仰仗國聯，仰仗歐美，來幫助中國，同是一種幼稚的思想，可笑又可憐也。故我發願，決不求生西方，更不求生天堂，定要永久長住在這個世界上，改造此世界，方見得道家真實的力量比任何宗教爲偉大。

來函又云，得純陽祖師修舍秘訣，係「借鏡調神，陰神出殼」之法。此言恐誤。純陽師決不教人出陰神，若果教人出陰神者，亦不得稱爲「呂純陽」矣。非但呂祖如此，即張紫陽亦不贊成此法。請觀悟真篇云：「鑑形閉氣思神法，初學艱難後坦途；倏忽縱能遊萬國，奈何屋舊却移居。」此詩所謂「鑑形」，即是來函所云「借鏡調神，陰神出殼」之法也。

辟穀之方甚多，將來擬在揚善刊上陸續發表，以便同志之研究。

修行人爲實行簡單生活之故，常有不論四季只穿一件衲衣者，取其便也。若來函所云夏衣棉而冬衣紗，似乎是有心賣弄，非出於自然。高見以爲如何？

此覆，餘容後叙。若有疑問，請儘量的發揮出來，當本我素願，一一答覆，決不嫌煩。

至於來滬面談，刻下尚非必要，俟將來機緣成熟，再議可耳。

載民國二十四年（一九三五年）七月一日揚善半月刊第三卷第一期（總第四十九期）

覆南京立法院黃懺華先生書

陳攖寧

懺華先生：

接讀六月十八日惠函，辱承雅意，示買山偕隱之方，强我著書，以關尹、老聃相比。竊思合作同參，本是當年之定議，今日重提，理應踐諾。然而事有礙難遵命者，敢爲君約略言之。

回憶同遊廬山之日，距今已十有六年。當日除君與我堪稱健步而外，崔女士與彝珠，皆習於都市生活，向不徒行，乃亦鼓其勇氣，竭力追攀。從蓮花洞直上小天池，陡絕踰十五里，雲路崎嶇，幾經喘息，居然樂而忘疲。次日復相隨跳澗爬嶺，捫松滑石，而達三叠泉。日當午，衆都饑渴，一罐菠蘿，爭食賽瓊漿甘露。歸途已屆深夜，雖手足胼胝，而樂且未央。此景此情，恍惚如夢。記得君等下山時，我送至巖畔，相去數十武，崔女士掉頭仰視而呼曰：「買山計劃，勿忘勿忘。」我亦因風報以回響曰：「不敢忘不敢忘。」日後又接彝珠自滬寄數封書，無非促成此事。故我住廬山，爲時最久，自秋徂冬，結果竟無所獲，僅做得一卷山居同樂會章程，並幾幅造屋圖，幾張調查表而已。對於崔、吴二人，固不能無歎。乃曾幾何時，一則是金粉埋黃土，一則是紅顏易白頭矣，能毋起令威化鶴之感乎？

君等當年旅滬，屈居敝舍，親見我闢室兩間，燒鍊外丹爐火。工作亘晝夜，砂汞銀鉛，鼎池灰炭，常堆積盈庭。彝珠性復好客，逢星期日，大有座上常滿、樽中不空之盛概。如黃邃之，如謝季雲，如高堯夫，皆此道中堅份子。鄭君鼎丞，雖蟄伏京門，未及參加，而與有助焉。彼時君對於此道，固未遑討論，但每值文字餘暇，亦輒從容下樓，袖手旁觀我等丹爐中所變化之景象以爲快，然乎否乎。

試問聚六人鄭、黃、謝、高、陳、吳之財力，費十載之鑽研，所爲何事？豈不欲重濁點金，輕清換骨，剖三元之秘鑰，吞九鼎之神符「神符」乃外丹專門名詞，學黃帝之騎龍，效旌陽之拔宅？當時豪氣，誠足以薄孔顏而抗老釋，超五祖而駕七真。孰料兩次垂成，皆因兩次滬戰而遭破壞，馴至藥材散失，同志流亡。謝、鄭、黃三君於數年間先後辭世，高君遠適他方，音書斷絕。五人僅剩一我，如何能勝此重任耶？惟以多年苦心，並數百次之實驗，證明古神仙所遺留各種外丹口訣，確有可憑，決非欺罔，庶幾不致被一般空談心性、賤視物質之假道學先生所迷惑，是則萬分不幸中之一大幸耳。從此改變方針，另起爐竈，將曩日外鍊精神轉而對內，同時並發三大願，以爲自己長劫修持之準鵠。第一大願，擬以三十年完成之；第二大願，擬以三百年完成之；第三大願，擬以無限量時間完成之。溯自民國創造以來，轉瞬已二十四年矣，有何功績可見？今限三十年短促光陰，完成偉業，若不廣遭魔難，誓作犧牲，豈得有些微之僥倖乎？孟子曰：「故天將降大任於是人也，必先苦其心志，勞其筋骨，餓其體膚，空乏其身，行拂亂其所爲，所以動心忍性，增益其所不能。」故每當百無聊賴之時，撫膺痛泣，未嘗不慷慨迴環誦此章書以自慰也。

昔者孔無黔突，墨無煖席見淮南子，釋迦雪山枯坐，老子西走流沙。彼四聖哲，雖身世出處不同，而志行堅苦如一。我雖不敏，何敢後之？將來縱使入山，亦不過崖沿棲身，蒲團永夕，饑餐柏葉，渴飲寒泉而已。若夫購地卜居，煙霞嘯傲，水邊林下，歲月優游，此則達官名士之清標，非所論於我之今後矣。

來函謂當年既爲呂碧城作女丹詩註，復爲王聘老作黃庭講義，故今亦援例要求將鈎玄錄再作鈎玄，以「玄之又玄」之道相授。夫道乃宇宙公物，本無所私，然非遇其人，不可妄授。當日呂女士對於道學，實無所得，若果有得者，後來必不至改而學佛；王聘老雖或聞知，亦僅十之一二，又爲逆境所困，禮教所拘，既未曾超脱於凡塵，豈能逃大化之洪冶？君之爲人，我所素稔，才情雙茂，顯密圓通，閱世不爲不深，而本來面目始終未變。品格如斯，可謂無憾矣。道不傳君，將誰授乎？惟是默察機緣，猶有所待耳。

我今希望於君者，即從速尋得一名山勝地，作爲君等他年修道之根據。更於近處築石室數方，供我藏書之用，並須能經久遠，足避三災。書雖不多，要皆仙學之精華，人間之孤本，輾轉傳授，而及於我。歷年以來，因無法保存，已嗟零落。今欲急於整理，重行校勘，親任抄胥，俾成一部有系統的天府奇觀、瑯嬛秘典。然後藏之石室，以俟有緣，且爲名山生色不少。果能助我了此志願，則平生所學，當與君共之矣。

夫以道而言，愈融和則範圍愈廣，儒、釋、道、仙，四者原可互攝；以術而言，愈分晰則畛域愈嚴。我既專弘仙學，則凡儒、釋、道三教教義有不能苟同者，皆在排斥之列，然對於三教聖賢，固未嘗失其敬仰也。彼禪宗之訶佛罵祖，亦猶此心耳，豈真狂妄哉？君本達人，必能領悟。

謹布區區，未罄衷曲。

載民國二十四年（一九三五年）七月十六日揚善半月刊第三卷第二期（總第五十期）

劉仁航先生來函

陳攖寧　附白增批

攖寧道兄大鑒：

久違德範，思共時積。偶閱揚善半月刊大著，於我心有怦怦焉，用敢貢其愚於左右，請在貴報發表，以共有志有緣者之研究。

（一）化聲何人？是否前曾投稿於佛化新青年雜誌之張化聲？若是，則弟亦曾見過。其所論從動物冬眠，爬蟲及下等動植物生理變化，以考究人在母體胎盤中生活狀態，證明人類生理生態，決非如常人迷信永不可變化者，其論正合科學。弟之大同學案，述新大同學有六綱：一曰新物質；二曰新人種，即用優生學汰人類劣種；三曰坤化世界，復母性以袪雄殺；四曰美藝世界，建美藝以代惡劫；五曰諸天物質交通世界；六曰即身成仙佛游神，十方與各界交通，其根據亦建設於生物學進化論。因由進化論證明極小動物與極大動物乃至植物，均非如人肉眼所見永不變化者，而可以互相變化以至無極也。如熱帶有肺魚，濕季則爲魚而游，乾季無水，難得生存，則變成有肺，而又能呼吸生存於空氣之沙中；南冰洋之企鵝，在飛、游與走之間；澳洲駝鳥，在禽與獸之間。均同。爬蟲類亦能走能游，因生理習慣適應於環境也。又如龜可以不食不動，爲若干年之生存。

又有冬蟲夏草，產於四川，各省藥鋪皆有賣者，其蟲羣居，長二三寸，冬爲蟲而動，夏則變爲草，入藥用作補劑。凡此皆足證明動植物生理可隨環境意志爲變化，乃進化論之根據，而人類肉眼所能見者也。

（二）若本此例以論却病、長生與成仙之三級，今各國用無藥却病者甚多。最近數十年，日本有一女宗教家，爲大本教主，專以祈禱創一教，有三四百萬人。上海有數處傳教堂，各國人皆有。又如宗教哲學會，以祈禱却病，愈者極多。又如弟之以心力哲學療病修養，雖萬里外可治愈。**陳攖寧增批** 此等事乃偶然的，非必然的。昔南洋中學學生戴臣清雙目失明十年，滬上醫院治遍而無效，在敝處三月全愈，王校長奇之，爲登報宣揚。但此皆仙家原理中極平常之事。試觀歷代方術傳，許多奇事，常與帝王有關，史家秉筆直書，固非民間迷信或小說造謠所可比擬也。

（三）論及長生，尊述舉龍樹事，究竟遠隔印度，難得其詳。今舉印度仙人來中國者言，秦漢間有千歲寶掌菩薩來華，至唐時始滅度，已千二百餘歲，載於指月錄。再論人人共知之達磨，來華時已百四十歲，又面壁九年始西歸。但此皆古人也。近人如四川之李青雲，前年始死，各報載其照片，爲二百五十六歲，其友數人，均二百餘歲。又弟之友人李芳孝，常來余家，並給小兒錢，今年百十四歲，去年在杭講演，省政府曾獎勵之，舍間尚有伊像片，至今手不帶杖，眼不帶鏡也。又據理門韓雲波，述其師某氏爲明天啟元年人，至今尚在，住古北口，數年前曾到普陀。將來若再來滬，韓君許爲我介紹，蓋三百餘歲人也。

陳攖寧增批　李青雲，得力於草藥；李芳孝，得力於回教之修養法；理門祖師謝君，相傳是明朝人，但考其實際，亦不過百餘歲，傳言者故神其說耳。

（四）成道一事，仙佛似不相同，而能解脱則一。如何是解脱，雖無定義，然往往修道者屍體不壞，當可作一種證據。如五祖之屍體今存於黄梅，六祖之屍體今存於曹溪，何仙姑之屍體今存於羅浮，玉女仙姑之屍體今存於嵩山玉女峯。友人見之，雲極美妙。余得便當託人攝其像片，以供眾覽。此皆不用埃及之木乃伊化學法而千年不壞，非修道解脱之證據乎？

以上所述，聊舉數例，以爲吾兄作註脚，容或有一當耶。兄本有仙骨，更加多年學養，弟望塵莫及，何能測其高深？不過欲聯合同志，組織新村，解決大眾之生活，並欲供養真人，以爲師表。特苦此願未遂，嗟如之何？仍希吾師悲誨，即頌福。

老友學人劉仁航再拜

愚意對於靈華兄見解，亦甚贊同，惟如此稱呼，愧不敢當，望老友勿作過分之舉。

弟陳攖寧附白

載民國二十四年（一九三五年）九月十六日揚善半月刊第三卷第六期（總第五十四期）

答覆河南安陽縣周緝光君

周緝光　陳攖寧

河南安陽縣周緝光來函

十月十一日到社。

攖寧道長先生賜鑒：

承賜惠示，莊誦之餘，撥開雲霧，如見天光。多蒙提挈，感激無似。竊以向道之士，苦無門徑，徘徊歧路，終老無成，可爲太息。後學既蒙指示，知所適從，不敢自秘，辜負鴻慈，擬請將上次函稟連仝惠示，一併登載揚善刊，以供學者參考，諒爲我鈞長所樂許也。

昔年後學在甬江時，結識林君子貞，謂係唐道宗別號三復子再傳弟子。依他所說，分性命爲兩途，先由性功下手，非深造至八九分，不能談命功。自云前在漢口遇一徐先生，係鄂北人，結爲忘年之交，授以黃白之術，已鍊至三周天。而徐臨爐時，忽然尸解。草草成殮，惘然若失。謂徐係唐人李道賓弟子，現李尚住世，昔年曾在黃鶴樓鍊丹，功成九轉云云。

今按三復子，係蜀人，著有聖賢實學一書。所云專重中和工夫，似乎儒家一派，理論尚屬正大光明，不過學聖賢則可，求保形軀，恐未足恃也。

林子貞君又謂三復子有十二大弟子，均已大成，先後上昇。其住世立功者，尚有一位陳先生，現在南洋，有時亦來上海。

三復子著作鈞長曾否寓目？其人之成就如何？林君所謂黃白之術有無其事？李道賓有無其人？是否尚在世間？頗滋疑惑，伏求鈞長明白指示，不勝感禱之至。

專肅奉陳，敬叩道安！

後學周緝光拜上

十月八日

茲鈔呈前次所上蕪函，並先生惠示，共二紙，請轉付揚善刊編輯部照登爲感。

上陳攖寧先生書　周緝光

攖寧道長先生賜鑒：

敬肅者，竊後學最近於揚善半月刊中獲讀「問答專刊」數則，仰見鈞長學通三教，道貫人天，秉如椽之大筆，闡揚道要玄微，翻蓮花之妙舌，力闢旁門曲徑，正義昭然，玄風丕振，厥功之偉，蔑以加矣。

後學奔走衣食，逾二十年，雖身在名場利藪之中，而心無日不求了達性命之學。尋師訪友，十有七載，迄今一無所成。歲月蹉跎，逝水興歎。今者幸逢鈞長宏宣玄旨，誘掖後進，爰不揣冒昧，謹將所學經過情形，掬誠奉陳，就正有道。伏祈垂鑒愚忱，不吝教誨，感且不朽。

後學係浙東黃巖人，歷代信仰呂祖。後學幼年具有向道出世思想，因人事未盡，不獲如願。嗣以沾染破除迷信之說，隨波逐流，造孽不少。幸根性未昧，尚知自反。於民國八年進入雙流劉止唐先生之門係再傳門人同里鄭文易先生代授，恪守門靜條戒，不敢踰越。當時以求道急於謀食，閉坐，足不出户者，三載有餘。嗣爲饑驅，仍廁身警界，雖在繁劇之中，而靜功未敢少曠。如是者繼續五六年。鄭師謂後學功進三步，但終不敢自信。

後遇伍師子淵黃巖人，法名誠鼎，係龍門派下。幼年出家，蒙呂祖乩筆傳授，於民國十六秋間，初入大定。閱二十一日，蒙呂祖攝引，朝參上清，勸勉有加，嗣後元神出現。俗眼親覩，亦有數次。伍師言語謹慎，救世度人之願，無異鈞長，此爲後學所深悉，以後學向道情殷，親爲傳授。點破一竅，即覺法輪自轉，與前之枯坐導引，迥乎不同。於七日內，既不思食，又不思眠，具見六通妙用，落髮重生。私心竊喜，以爲道在是矣。伍師曰：「未也。道本由後天返先天，應從築基下手，未可躐等。吾傳爾者，係開關展竅先天制伏後天之法。今根基未立，所見無非心光透露變化之妙用耳，毋以此爲道也。」叮囑後學先須培養元氣，待來復時自有採取烹鍊一段大功夫。且云學有所得，肉體變化，自然神妙不可測度，長年駐顏，亦爲尋常之事。按諸先哲丹經，與鈞長闡發妙旨，若合符節。但劉門同參諸友，以伍師採取之說，未免涉及後天，而乩筆傳授，尤爲惝怳無憑。聚訟盈庭，莫衷一是。惟事關性命玄微，自應辨別邪正。神人降筆傳道，古來有無其事，非請鈞長大發慈悲，儘量指示，不能了此公案。如蒙賜教，請逕寄河南安陽督察專員公署爲禱。

專上，敬叩道安！

後學周緝光頓首

乙亥年八月

陳攖寧先生覆函

周緝光 鈔寄

上略。前接八月二十一日惠函，所詢各節，因僕之行蹤不定，久羈作答，尚祈原諒。

來函中所謂雙流劉止唐先生，僕深知其爲人。他在四川頗有大名，可惜早已化去。聽說此刻是他的孫子繼續傳道，比較前輩的工夫，不知如何？

所謂伍師子淵，是否即黃巖玄都觀之伍止淵道人？我也聽人說過，他是龍門派第二十四代，在當今玄門中，亦是不可多得之人才。

劉止唐一派，是儒家工夫，專講究正心誠意，他目的重在先天；伍止淵一派，是仙家工夫，專講究採取烹鍊，他下手是從後天漸漸的返還到先天。若講理論，劉派較高；若講效驗，伍派較快。

閣下立志若要學聖賢，請棄伍從劉可也。若立志要學神仙，請以伍傳爲主，以劉傳爲輔，先求堅固色身，然後再說明心見性，否則心性工夫尚未透徹，而這個肉體早已朽壞，今生休矣，來世又無把握，將奈何？至於大徹大悟之人，當然不在此例，但非可以教初學也。

辱承垂問，敢伸一得之愚，其餘各種理論，具見於每期揚善半月刊中，茲不贅述。再者，閣下不必問神人降乩傳道之事是真是假，只須自問他傳你的口訣，做起來有效無效，對你身體有益無益。這就是實在的證據。若問古來有無其事，這些話太長，非數語所能盡其意，留待他日討論可耳。

此覆，並頌道安！

陳攖寧

載民國二十四年（一九三五年）十一月十六日揚善半月刊第三卷第十期（總第五十八期）

告蘇州張道初君並全國同胞患肺病者

陳攖寧

閣下往日來函，問治肺病方法，此事我時刻留心，奈無良法可以報命。今幸得二法，一爲外國醫學家所發明，一爲中國民間所傳授。二法分用，皆有特效，何況兼而用之，豈不更妙乎？若問什麽理由，暫時無暇詳說，惟望信受奉行，結果必定圓滿。至於普通衛生修養等法，諒閣下早已深知，毋庸贅述矣。

第一法　每日飲食中，絕對的禁用一切鹽類，須要淡而無味方好（此法乃西人發明），切不可信普通人胡說什麽人身血分中不可無鹽。我曾見理教前輩謝老先生，他一生就不吃鹽，年齡已有幾百歲了。據别人家說，他還是明朝的人。蘇州人習慣，喜歡吃糖，須知糖也不是好東西，以少吃爲妙。

第二法　每日必須以山藥爲主要食品。至於如何吃法，不必拘定。但求保存山藥之本性，不可燒得太熟。因爲植物受最高或最久之熱度，則失其本性故。藥店裏所賣之淮山藥價值太貴，不便常服，可購鄉下人家種的土山藥日日服之。不可視爲平淡無奇，須知此中大有精義。閣下來函問病，是民國二十三年冬季事，遲至民國廿五年一月方作此書，可以見得我不是草草塞責。

除遵守此二法以外，並須忌食一切發病之物，如螃蟹、竹筍、蘑菇、鮮菌以及現時流行的調味粉等類。又須忌食一切興奮刺激之品，如煙酒、胡椒、咖啡、咖喱、壯陽藥等類，數不勝數。最好是自己去研究，寫一張表貼在牆上，觸目驚心，庶免貽誤。

以上二法，凡有肺病的人皆可用。果能深信不疑，永久奉行，無不愈者。至於因爲家庭煩惱，環境惡劣，經濟困難，而又兼患肺病者，此則出乎醫藥範圍之外，不可錯怪此法之無效也。

閣下玉照，曾在常遵先君處見過，確是早慧之像，然而貴恙就根於早慧而來。所幸地閣頗長，尚爲壽徵。現既一心向道，望好自爲之。

載民國二十五年（一九三六年）一月十六日揚善半月刊第三卷第十四期（總第六十二期）

答覆江蘇掘港楊逢啟君三問

楊風子　陳攖寧

第一問　後學前肄業蘇州工業專門時，曾入某社學靜坐法，得聞初步上守玄關，二步下守丹田，三步小周天功夫。自己勤行無間，覺得心膈間有涼風，丹田内有煖氣。氣由三叉路而至尾閭、夾脊、玉枕，三關皆開。惟至任脈，則無感覺。不識此種景況對否？

第二問　有一次在讀書時，忽覺腹内煖氣四散上炎，心中恍惚，不知如何是好，惟覺周身愉快，不知何故？

第三問　後忽患遺精，停坐可不遺，常坐則常遺。詢諸某社之開師，只云少坐，不言理由。又求常州某社之功深者解釋，則曰去濁留清。後學奇之，蓋因凡精乃元精之變相，凡精濁而元精清，此濁既去，則清從何留得住耶？後因常熟同學袁允中之介紹，至蘇州閶門外旅舍中，訪晤黄邃之先生。彼時尚有女修士在焉。據云年近六十，而僅有三十許容顏。渠云：「此功不宜於做，停坐即可止遺。」南京少年犯此病者亦夥。後學遵命行之，果驗。但不知其理由安在？祈指教之，以爲同病者告。

右之問題，敬祈詳答於揚善刊中，後學固感恩，而同病者亦感恩不淺矣。

第一答　背後三關皆有感覺者，因脊骨乃神經之總系也。一到前面任脈部位，便無感覺者，因任脈部位非神經樞紐，故感覺遲鈍，必俟真到大周天工夫，方有感覺。行小周天時，無感覺者甚多，不足怪也。

第二答　此乃身中玄關觸機發動之現象，不必一定要在打坐時，隨時皆可顯露也。

第三答　不做工夫不遺精，越做工夫越遺精，許多人都犯此病，自然有一種理由。但這個理由很複雜而費解，要幾百字方能說明，此刻無暇詳釋，請原諒之。去濁留清之說，未免强詞奪理，不足爲訓。

袁允中君與常熟蔡君相友善，我以前曾在蔡家中住過幾天，是偕黃邃之君同去的。蔡君本是做同善社的工夫，後來身上做出大病，無可奈何，跑到上海孟德蘭路關帝廟中拜希一子張君爲師，另求口訣，由此認識黃邃之君。言談契合，遂結爲道友。黃君先教蔡君去病之法，行之有效。蔡君很誠懇的欲以師禮事黃君，而黃則堅持「自己不成功，決不爲人師」之說，常常因此事糾纏不清。余當日亦預聞其說，爲彼二人定一折中的辦法，即昔賢所謂風義在師友之間者是也。今者張、蔡等既皆逝世，黃亦歸道山，回想前塵，不勝悵惘。

所謂某女修士者，此人姓陳名端書，原籍杭縣，年齡已屆六十，面容不過三十許，的確不錯。她爲未出嫁的女子，所以佔大便宜。後來此人到海門去了。惜其智慧欠缺，道力亦不足，將來希望可以做到無疾而終，或能預知死期。若要坐脱立亡如古代龐居士一家門樣子，我想她難以做到。至於白日飛昇如謝自然女真人者，出神超脱如孫不二女真人者，更望塵莫及矣。

愚意擬將本刊作爲全國研究仙道同志們的一種介紹物，如某人做工夫有何種效驗，某人做工夫有何種弊病，皆可在本刊上發表，以便互相研究，利己利人。而且全國可以聯爲一氣，師友如在目前，免得同志們中跋涉山川，長年參訪，白費光陰，徒勞心力。不亦善乎？高見以爲然否？

載民國二十五年（一九三六年）一月十六日揚善半月刊第三卷第十四期（總第六十二期）

答覆湖南常德文仰山君

陳攖寧

答來函第三條　此種玄妙機關，非圖畫所能表明。來函列（一）母腹先天呼吸圖、（二）後天呼吸圖、（三）先後天呼吸交合圖，大致不差，姑存其說，亦未嘗不可。並請參考揚善刊總號第五十一期讀化聲叙的感想第十七段。此段對於胎兒在母腹中如何生長，說得頗明顯，比較他種道書模糊影響之談，似乎切實一點。千祈注意。

答來函第四條　伍冲虛、柳華陽二位所做的工夫，下手着重在調息，而不在乎守山根。「心息相依，神氣合一」是他們最要緊的下手訣。

答來函第五條　性命圭旨的特長，在他每篇之理論，頗有透闢精湛之處。至於書中所附載種種圖式，皆是由各處採集而來，無足重輕。那些行氣導引小法子，利少害多，毋須研究。秘訣應當於普通讀性命圭旨之人所最易忽略處求之。

答來函第一條　令堂大人病有轉機，乃是偶然的感應，不足以爲典要。總而言之，遠隔數千里，精神療病，頗難有把握。

附錄文仰山君來函

（一）前奉諭示，焚香恭誦，只覺老師慈悲愛護之心，有如父母。緣是感恩戴德之功，涕淚横生，莫之能已。當就室中淨手焚香，遥爲叩首致謝，想師慧眼明察，定能洞鑒也。事務稍暇，並當籌薄款寄上，以表奉事之專虔，譬如孝子之奉慈母，惟誠而已，無他意也。

昨自家中來，老母之病，果蒙老師法力，得以減輕。去歲通夜不能睡者，今年乃得常安矣。嗚呼！老師慈悲，竟至如是；爲人謀忠，一至如此。仰山又安能不五中感激，涕泣不已耶。

（二）頃敬誦半月刊所答各諭，足見老師諸宗各派，無所不通。而仰山信仰之篤，毫無謬誤，於兹益信；前所大疑大惑，亦因老師各諭，得以瓦釋。信夫金丹之道，非經口授，差之毫釐，必遠千里也。

（三）兹就所知，繪爲五圖，不知有誤否？乞慈開示。

（四）平日靜坐，總覺得非將守山根之法做好，則氣不下沉，而元關之氣難於會合。但金仙證論等書，對此法均從簡略，不知何意？

（五）性命圭旨所言通關蕩穢玉液鍊形法，如依其言做去，則既不成功，復覺不妥。不知是否指第二圖所言法則否？或另有秘訣乎？乞慈並予開示。

載民國二十五年（一九三六年）一月十六日揚善半月刊第三卷第十四期（總第六十二期）

答覆上海南車站某君來函

陳攖寧

原函云　敝人閱各仙經聖典，所著靜坐修養法，各式不同，難以盡述。現將敝人所習華北哲學會還陽修法，略言初節於下：　趺坐身直，口目微啟，存想丹田，調息勻細，以心覺察真息。所謂真息者，即凡息吸入，丹田息升；　凡息呼出，田內息降。日久則丹田內覺熱，漸有美快發生，即注意口中津液，嗽而嚥之。此爲第一節證驗及練法。敝人照法行之，數年無效，且有時努力用功，竟覺頭昏目眩，神志模糊。未知何故，祈先生指導，而賜一靜坐修養妙訣，不勝感德。

答曰　某君之病，在於勉强造作，不合自然之法度。此後應當改良，勿求速效。每天抽出閒工夫，早晚靜坐各一次。只要靜坐時身體端正不摇動，就算是好，不必在靜坐中又要播弄什麽呼吸，以致畫蛇添足。須知道家所謂真息者，另有景象，另有玄機，決不是日本岡田氏逆呼吸的做法。

載民國二十五年（一九三六年）一月十六日揚善半月刊第三卷第十四期（總第六十二期）

江浙黃巖周敏得君來函

陳攖寧先生賜覽：

敬啟者，敝人於二月間在上海雜誌公司，無意中購到三十八期揚善刊一册。稍稍注意，又於友人處借來該刊十數期，近方定閱半年。嗣又購到先生所著黄庭經講義、孫不二女丹詩註，並天隱子、五息直指等書。反覆披覽，迴環想像，不覺引人入勝，如飲甘露瓊漿，身心爲之啟發不少。尤以五十期所載先生答覆黄懺華君一書，令人不禁作萬分同情之熱念者也。

竊敝人久欲作書叩詢先生，只以俗務繁冗，意念不純，屢次遷延，心中莫名焦灼。茫茫世態，倏忽流光，如此人生，真意義何在？一誤再誤，將何以堪？

蓋敝人幼入舊塾，母親早亡，父親熱念爲敝人讀書，不以貧寒廢學。十年窗下，半由塾師教法不良，半亦由於自己心中不知學書之真味。自五歲入學，讀至十四歲止，尚不能執筆寫數行書；所有童稚無賴之行，不學而會，應有盡有。其時家中依然貧困，難以繼續讀書，因轉習商業，依人糊口。涉足世途，忠厚之天性，尚能漸漸地揮發。平時渾渾噩噩，讀過之經書，至此中心猶能連續體念其一二。而求學意趣之導源，却肇始於嗜看一般之小說家言，以開吾人無盡量知識海之先河。時當鼎革之初，敝人年齡正二十上下，已畢業本店，出爲支店司帳。滬地新書競出，雖心喜物理化學，亦不拘科哲宗教。固曾盡力購讀，但身處商界，職務紛繁，偷看各科書籍，雖不以爲苦，但各科有各科專門名詞，亦即有各科專門壁障。未有師承，限於光陰，加以魯鈍的心思，無端的雜念，止能得其大概，約略體會。然而心志異常發揚，求學之念如火如荼。

時值歐戰初起，影響我國貨物來源，敝業首當其衝。貨價提漲，如染料、洋鍼等，一倍漲至數十倍，爲空前所未有。店東夥友，無不競獲厚利，惟敝人不名一文。蓋彼時心目中只有各科學術問題，漲價賺錢之熱浪，固熟視而無覩也。未幾，乃隻身偷渡日本，欲度其半工半讀之計劃。無如人地生疏，目的難達，老父促回之信繼至，孤注一擲之經濟又漸告竭，不容爲小販、爲苦力，以糊口求學。自違初願，僅僅走馬看花，作數月間之遨遊，領略異國風光。慨彼物質之盛，徒喚負負，於是趨回故里，依舊過其店夥生涯。從此乃有家室之累。嗟乎！環境限人，如褲中跳虱，將永無出期乎？一時之急慨固如此，事實之體驗則不然。蓋天下事不能一蹴即幾，而一身之力量又必須株積寸累。若逞一時之意氣，而未有黽勉之行，辛勞之費，暴虎憑河，殆未見其可也。但無情之光陰，異常捷迅，自店夥而改事結造洋襪工業，忽忽迄今，又已十餘年矣。雖本業尚未有盛衰之見，而慚愧之年齡已達四十。求學之概念，則愈積愈堅，愈想愈急。曾子「吾日三省」之「省」字，二十年來，臨事接物，固曾時刻體會。歷世漸深，尚喜初願未泯，天真具在。縱學問未常實踐，自修失其苦功，依過去長時間之觀察，此後求學之途徑，却已明達透徹，無所遲疑。即了脱家累，願事苦行，憑我剩餘二十年光陰以赴之，數十年不變之思想，終必有之歸宿。精誠所至，金石爲開。

竊以天地未有窮期，人生未有止境，惟人之靈與學，乃能追溯之，體驗之，解析之耳。否則徒然其爲天地，徒然其爲天地間之人類乎。吾人惡可溷溷然空過，不復善自勉勗之乎。

今先生堅决提倡仙道，發振神秘之天人絕學，將見莊嚴大白，光輝燦爛，春風加被，大地融和。敝人何幸，得聆教誨，中心實在爲之啟發不少。孔子云：「四十五十而無聞者，是亦不足畏也已。」斯言也，吾人讀之，寧不驚心動魄，躅躅彷徨乎？悃悃下情，拳拳叙述，先生可肯鑒其愚誠，格外提攜，不以敝人爲不可教，俯賜曲引，准予拜列門牆？謹當專一受教，苦志修持，誓不負訓。先生或不以素昧平生而見拒乎？不勝引領翹企之至。

謹此，叩頌德安！

敝人周敏得拜上

通信處：浙江黃巖大中華襪廠。

來函備悉，具見至誠，不忍拒絕。將來若有機緣，當圖良晤。先此奉覆。

攖寧子白

陽曆十一月

載民國二十五年（一九三六年）一月十六日揚善半月刊第三卷第十四期（總第六十二期）

答覆山西襄垣崔寓麒君

陳攖寧

謹覆者，接讀來函，敬悉閣下好道之誠，曷勝欽佩。承詢入門口訣，此事頗感困難。一則未嘗晤面，二則初次通函。交淺言深，昔賢所病。況且程度高者，每厭聞簡易之談；程度低者，又莫識精微之義。所以自古至今，凡傳授口訣，皆是因人說法，不可先存成見。來函既稱學道多年，豈能說毫無所得？若有所得，豈肯置之度外，竟不一試？果曾試行，短期數月，長期數載，無論成功與否，其中利弊情形，必有可供研究者。何妨將親身實驗之狀，略爲吐露，亦如楊逢啟君之直言無隱，庶幾人己兩蒙其益。寧忝屬同志，苟遇相當機會，願貢一得之愚，幸辱教焉。

再者，來函云：「慈善刊物，不爲世人重視。」此意敝社編輯諸君久已知之，現在正思努力改進，務求適合時代之需要。將來縱不免登載此種文字，亦趨重積極一方面。至於消極勸誡文字，雖有佳作，不能不割愛矣。並以奉告。

附錄崔君原函

攖寧先生道鑒：

久仰高風，叩謁無緣，恭維道履吉祥爲頌。敬肅者，不佞傾心道學，業有年矣。所恨未得其門而入，遂致抱憾終天。間常瀏覽三教經典，最喜讀仙道諸書，或亦性之所近耳。

頃閱第六十二期揚善半月刊，見有先生答楊逢啟之函，末尾有「擬將本刊作爲全國研究仙道同志們一種介紹物，如某人做工夫有何種效驗，某人做工夫有何種弊病，皆可在本刊上發表」等語。此舉誠爲切要。尤其注重仙道，更屬空前盛事。每觀近來各種慈善刊物，大半登載千篇一律、平淡無奇之勸誡文字。一般人士醉心塵事無意於道者，固多不看，即在慕道之士，尤覺老生常談，更不願看。況此種勸誡文字，古今人佳作甚多，印行亦廣，何待刊物之宣傳？所以慈善刊物，不爲世人重視者，職此故也。先生此意，果能見諸實行，將來揚善半月刊必能一新閱者眼目。前途之光明進步，正未可量。

不佞猶有懇者，先生道德崇高，如蒙大發慈悲，不棄微末，將仙道入門口訣，慨予見賜，則不佞感恩圖報，誓以畢身。

專此，敬頌道祺！

不佞後學崔寓琪頂禮

載民國二十五年（一九三六年）三月十六日揚善半月刊第三卷第十八期（總第六十六期）

北平學院胡同錢道極君致陳先生函

錢道極　陳攖寧

攖寧老師賜鑒：

不聆教誨，又是一年。光陰如箭，世事日非，救國無方，徒深歎息。頃閱揚善半月刊總號第六十三期所載敝同宗錢心君之仙佛判決書、編輯先生之會議錄及吾師之覆函，始悉該刊近來之經過。

前以該刊材料日少，精神日頹，尚疑創辦人無恒心，非真能立志宏道者。今讀吾師之函，始知其中真相，又不禁爲編者諸公惜，更歎其太無勇猛之氣。凡世間創業，尚須要有堅忍不拔之恒心，况欲作砥柱而挽狂瀾，更非有絕大之毅力不可。當年各教主創教時，誰不是在艱難困苦、遭人極端反對中過來者？編輯諸公當創行半月刊時，曾未慮到當此他教盛興，道學衰微時，而作此大聲疾呼之先導，定惹起他教反對，而必有一應付之方乎？何今一遇小波折，而即逐漸退步，甚至凡關於道功道學之一文一字亦不敢登刊耶？况揚善刊所提倡者，乃我中華民族固有之實踐實證真功夫、真學識。吾以爲刊中若登載虛僞之學理，欺人之功夫口訣，則可怕他人之指責。若果皆是真實功夫，遇到反對者，則正是發揚之好機會。計不出此，而反畏縮，使人得機以乘，吾甚爲刊中諸公所不取。俗所謂「道高一尺，魔高一丈」，更所謂「道由魔中成」，諸公學理宏深，豈不知此乃必經之階級耶？吾以爲編輯諸公，今既得此宏揚之好機會，更應犧牲一切，廣搜古聖先賢及當代有道高士之真學識功夫，提起精神而奮鬥，終有功行圓滿之日。若如前數期刊物，而故意敷衍，不但爲揚善之遺羞，且恐爲大道之障礙。切望編輯諸先生提起真精神，拿出真學問，打破一切虛僞空談，以慰閱者之望，定可博得多數讀者之同情。但不知揚善主人及編輯諸公有此勇氣否？

道極並非反對他教者，乃係尚實踐實證，不尚空談者；乃係有志自立，而不作依賴者；更是欲長生而濟世，不欲早死而作自了漢者。故而歡迎實在的功夫，絕非有門户之見而盲從者。吾特爲揚善刊掬此熱血，不知該社諸公以爲然否？依弟子愚見，尚望吾師作一興奮劑，與揚善刊諸公注射一下，以慰衆讀者之望。是所切叩，專請道安。

弟子錢道極頓首拜

攖寧曰 錢道極君，我未曾見過面，此信稱呼太客氣了。雖然稱呼一層，是各人的自由權，我無法可以阻止，但總覺得心中不安。我是個學仙的人，不是個學佛的人。佛教徒最喜歡收人做弟子。譬如一個法師，有一萬人皈依他，他也不會拒絕；有十萬人皈依他，他也不嫌多。自古至今的神仙家，都沒有這種習氣。假使有這種習氣，必定是宗教家而非神仙家。至於普度眾生之說，也是宗教家口吻。後人七扯八拉，把神仙學說混入道教之中，又把道教混入佛教之中，又把佛教同儒教聯合起來，於是乎三教一貫的招牌就出現於世了。一方面學仙，一方面講教，到了結果，仙也學不成功，教也講不圓滿。自北七真祖師王重陽以後，皆是如此，非自今日始。因爲那個時候沒有乩壇替他們宣傳，所以三教一貫之勢力，尚不十分發達。今日一般壇弟子們，還要五教一貫，將儒、釋、道、耶、回五個教主，列於平等地位，又弄出一個老祖，駕於五個教主之上。自以爲這種法子很高明，其實是出了大門一步行不通。若關起門，在房間裏，鬧鬧沙，尋尋熱鬧，混混無聊的光陰，却是未嘗不可。錢君既是一位研究家，對於神仙與宗教的分別、宗教與乩壇的分別，當然看得很清楚，我不過順帶的說幾句，好讓大眾心裏明白而已。

本刊編輯諸公，雖有時採納我一部分意見，然亦不能完全犧牲他們自己的意見。錢君叫我做一興奮劑與編輯諸公，恕我難以應命。我不知興奮劑如何作法，只有將錢君原函轉寄與本刊編輯部，我的義務就算盡到了。編輯諸公若有高見，尚望隨機發表，以釋羣疑。

攖寧附白

編者按　錢君函中之意見，我們可以完全接受，用不着再注射什麼興奮劑。然而意見是理想，辦事是實行；　理想最容易，實行頂困難。本刊因種種關係，不能充分發表我們的意見，這是毋庸諱言。但比較別人家千篇一律的勸善文章，滿紙空談的心性文章，五教混雜的乩壇文章，總覺得切實一點。除却本刊而外，遍國中定期刊物，不下數千份，若要像本刊這樣切實論調，極力提倡道教與仙術，爲黃帝、老子並歷代神仙揚眉吐氣者，恐怕沒有第二份吧。外面來稿雖多，都是些消極的勸善文章，已爲山西襄垣崔寓淇君所不滿見第六十六期本刊；　調和派一類的文章，今又爲錢道極君所厭觀。我們做編輯的人，既不能自己杜撰幾篇聊以責塞，更不能把抬高佛教壓倒道教的文章胡亂登出，因爲怕閱者罵我們無識。陳先生不常在上海，他目的重在實修實證，不喜歡做文章，被我們催逼再三，方有稿子送來，中間難免有斷絕的時候。此事須得請錢君並閱者諸君諒解。

再者，陳先生常言，若有人能够代替他盡這份義務，他自己就預備實行做工夫去，不願意長久的與人辯論事非，到了結果，都是空談，於事無濟。奈目前尚未覓得可以代替陳先生的人。不是說没有人能做佛教、儒教的文章，乃是說没有人能做道教與仙術的文章；也不是說絕對没有人能做道教仙術的文章，乃是說没有人能做抬高道教地位的文章，更加没有人能做把仙術立於宗教之外，與科學相接近的文章。舊腦筋的人，只曉得三教一貫；新腦筋的人，無論什麼教都不信；壇弟子們，只講迷信，不辯真僞；佛教徒、耶教徒，更不必談了。所以專門講道教與仙術的稿子，十分缺乏。吕祖參黃龍的事，若非陳先生極力挽救一下，幾幾乎弄得不能下臺。各省各縣吕祖乩壇中的壇弟子不下數十萬人，全真派的道士亦不下數萬人，千百年來試問可有一個人像陳先生這樣出力爲吕祖作辯護？僅此伍冲虛仙佛合宗上說了幾句，尚且牛頭不對馬嘴，其餘的都是默認吕祖真有此事。道教徒這樣没出息，佛教徒自然得意洋洋。請問錢君，假使陳先生那幾篇稿子不來，我們做編輯的應該如何辦法？並非是我們没有勇氣，因爲這種文章，不是尋常人所能做得來。假使人人會做，則吕祖參黃龍公案老早就推翻了，何必等到今日，纔覺得根本動摇。

再者，唐朝以前，道教與佛教之爭論最盛；宋朝以後，道教勢力漸漸衰微；明清以來，只看佛教徒摇唇鼓舌，道教徒一聲不響，噤若寒蟬。實因人材缺乏，並無其他之原因。今日道教已不成其爲教了，若再不提倡，恐怕就要銷滅。敝社同人，心雄力弱，孤掌難鳴。素仰錢君熱心爲道，品學兼優，參訪多年，必有所得，務祈根據來函之宗旨，發揮護教之精神，闡揚仙道之真詮，恢復仙道之名譽。若蒙每期惠撰稿件，投登敝刊，豈但敝社同人之幸，實亦千百讀者之幸。請勿珍惜，是盼是禱。

編者寫至此處，適值本刊創辦人張竹銘醫師到來，知錢君要注射我們興奮劑，張君笑曰：「打針的事，我也算老內行，我常常替人家注射興奮劑。可是興奮劑的性質各有不同，要因病而施，不能隨便亂用。醫家興奮劑，有强心臟的，有强神經的，有强肌肉的，有强生殖器的。用之得當，固然是好，用之不當，反而害人。世上辦事，亦復如此。過於頹喪，固然不足以有爲；過於興奮，也不能維持長久。揚善刊社，就是興奮劑製造廠，但其性質是和平的，而非激烈的。因爲有時要容納讀者的意見，並須顧及大眾心理，雖不能面面俱到，然範圍總須放寬廣些。範圍一寬廣，態度自然就和平了。於是乎講儒、釋、道三教的文章，我們都歡迎。惟獨對於推崇佛教藐視道教的文章，不合我們的胃口。若果有此種稿子寄來，本刊也只好照登。倘若不登出，反而見得我們器量太小。是非公理，全靠大家平心靜氣研究出來的，不是摩拳擦掌鬪罵出來的。時至今日，道教本身衰弱到了極處，國人腦筋，對於道教，麻木也到了極處。揚善刊鼓吹了三年，用盡心力，大家纔曉得我們中國尚有個最古的道教，稍稍有人注意，稍稍有人研究，現在也有幾處道教會，稍稍舉辦，未嘗不是本刊一點微勞。所以本刊就是閱者諸君的興奮劑，用不着諸君再拿什麼興奮劑注射我們。雖然，錢君須知，興奮劑要有好材料，方能製造；揚善刊要有好文章，方能動人。好文章不能保每期必有，中間偶然缺乏，鬧着稿荒，也是常事。譬如第六十五期呂祖參黃龍那幾篇，和本期中華全國道教會緣起一篇，都是最有效力的興奮劑，都是最難下筆的大文章。請別人做，料定他們做不出；請陳先生照樣再做一篇，料定陳先生也做不出。因爲應該說的話，已經說盡，再說就嫌重複無價值。若要將原文全部推翻，另做一篇，又尋不到材料。所以做興奮劑容易，收集材料真不容易。錢君若能按期供給本刊最有價值的材料，可保我們的興奮劑層出不窮，豈但無須陳先生替我們注射，我們正想替閱者注射呢。錢君能助我們一臂之力麽？」

載民國二十五年（一九三六年）四月一日揚善半月刊第三卷第十九期（總第六十七期）

答覆某居士七問

陳攖寧

今接翼化堂轉來手書一紙，承詢却病延年當先學何功。愚見以爲，從易筋經、八段錦、太極拳等類入手，比較有效。或者像學校中普通柔軟體操亦可。至於坐板瘡，宜求外科醫生用藥治之自愈。未愈時不可打坐，恐有妨礙。既愈後，雖可續行坐功，然坐處宜用軟厚之墊子，方免復發。並答去歲九月廿一日各問題如左。

一　出家人自幼至老，不犯女色，亦不能長生者，其原因在只守戒律，而不懂修鍊的工夫。譬如一枝蠟燭，點在風中，則消滅得快；點在室中，則消滅得慢。然其結果，總歸消滅而已。俗家人，風中之燭也；出家人，室中之燭也。況且年幼者多犯手淫，年長者不免遺精，雖不犯女色，而其害更甚於女色。此等出家人與俗人又何異乎？

二　古代養生家，一方面不斷絕塵俗之事，一方面仍可維持其身體之健康者，蓋因伊等善於運用其精力。譬如經濟人家，將祖遺財產謹慎保存，而不敢浪費，僅用自己在外面所賺得之金錢，故無憂貧乏。今之衛生家，則儘量揮霍，連本帶利，一概用光，故不免破產耳。

三　「守屍鬼」之說，乃佛家罵仙家的一種醜名詞，我已經將他痛駁，請看揚善刊第六十五期呂祖參黃龍公案，就可明白。這件公案，從唐朝以來直到如今，没有人敢去摇動，現在總算是把他全部推翻，爲修仙學道的人出一口悶氣。

四　黄白點金術，我雖曾試驗過，但手續太麻煩。紅銅變白銀，雖是可能，而不免虧本。故勸閣下不必學此術。

五　南派丹訣，當此時代，極不相宜。我現在與同志諸君所討論者，皆北派清靜之法，將來擬在揚善刊上公開研究，請注意可也。

六　去歲秋間，曾三上黄山，本想覓一修鍊之勝地。然事與願違，徒勞跋涉。在黄山時，展轉接到大函，彼時曾作覆書，由山中郵政代辦所寄奉，未知此函達到否？我今歲不住上海，已遷移到鄉村。此處未通郵政，信札往還，甚爲不便。雖可由翼化堂轉交，但日期躭擱多矣。亦無可奈何之事也。

七　養生術自然是很重要，然欲精於此，必須先有醫學知識。自古修道之人無不兼學醫，葛洪、孫思邈其尤著者也。

載民國二十五年（一九三六年）四月十六日揚善半月刊第三卷第二十期（總第六十八期）

答覆江陰汪潤才君

陳攖寧

請問修仙能說不是迷信麼

江陰汪潤才

讀貴刊仙佛判決書之後，已知現在的佛法，都不過是唸經拜佛。自己沒有真工夫，而乞靈於泥塑木雕之偶像，到老來終歸一死，與平常人絲毫無異，的確是愚夫愚婦的迷信。但是要希望成仙，難道不是迷信麼？若說不是迷信，請問有什麼證據？至於以前書上所載的，雖然是好像真有其事，但終不能給我親眼看見，我終有些疑惑。況且我中國四萬萬同胞中，修仙學道的人也不少，何以總不聽見有白日飛昇的活神仙，在空中行走，像現在的飛機一般？到了結果，也是和唸經拜佛的人同歸於盡。假使要說修仙的不是迷信，最好請介紹一位白日飛昇的活神仙，給我看看。如其不能，或者將人何以能成仙的緣故說明。要淺顯透徹，有充分的理由，用確切譬喻，使普通人都能了解。那末我也肯承認仙道的確不是迷信。

編者按 汪君所發之問題，是由於讀本刊第六十三期仙佛判決書而來。但此書乃錢心君所作，照理應該請他自己回答。不過錢君曾經有一句話：「雖說仙與佛都是渺茫無憑，但是把兩家的理論和宗旨細細比較一番，吾寧願學仙，而不願學佛。」據此可知，錢君對於佛固然不信，對於仙也是懷疑。他的判決書僅憑兩家理論與宗旨，比較的作幾句斷語，未必有深切之認識，長久之試驗，全部之參求。因爲他到底是一位青年的思想家，而非專門的實行家。余等以爲請錢心君回答，或不能令汪君滿意。故將此稿送與陳君，請陳君回答，免得錢君弄出許多疑惑之言，反而失却汪君之信仰。望錢君原諒是幸。

答覆江陰汪潤才君

陳攖寧

愚按，汪君問題雖只一個，若要回答，必須分爲若干條，方容易了解。今逐條說明如後。

一　「迷信」二字，乃人類所不能免的。假使沒有迷信，無論何種事業皆做不成功。現在一般知識階級，自己以爲很聰明，極力在那裏破除迷信。請問什麼法西斯主義、□□□□□、帝國主義、無政府主義、資本主義、勞農主義，是不是迷信？又如愛美女、愛金錢、愛洋房汽車、愛珍寶古玩，花天酒地，如醉如癡，死而不悔，這種人是不是迷信？因爲各人見識不同，所以各人志願不同。他們有他們的迷信，我們有我們的迷信，我們既不去管他們閒事，也不許他們胡亂批評我們。故「迷信」二字簡直不成問題。我就是個迷信大家，別人罵我迷信，我認爲他是我的知己。

二　成仙的證據，在書上多得不可勝數。道書上所紀載，若怕他說謊，請看歷代以來的稗官野乘筆記類文章；若再疑惑這些文章是空中樓閣，請廿四史列傳及各省府縣志；若再不相信，請各人到本族祠堂中翻一翻本族家譜，前代總有幾位祖宗事跡與史志各傳相符合。設若連自己的祖宗都不信，請問世上還有什麼事可信？

三　親眼看見，自然是好，可惜古代神仙已經過去，只有與他們同時的人可以親眼看見，後來的人就難得看見他們。況且同時的人也不是個個都能看見。譬如此刻蘇州出了一位神仙白日飛昇，蘇州人自然可以親眼看見，你們江陰人只好得之耳聞。等你趕到蘇州來看，他老早飛到天空中去了。你若問，他究竟到何處去？我可以說，他高興到什麼世界，就到什麼世界，天空中一個星球就是一個世界，世界正復無窮無盡。你若問，他去了爲什麼不回來？我就問你，他爲什麼要回來？你若說，他應該回來度眾生。我就說，與他有緣的眾生已經度完，與他無緣的的眾生，他要度也無法可度，只好丟着不管。你若問，現在的眾生，有誰來度，豈非絕了希望麼？我就要笑你沒出息。老實對你說，自己度自己，倚賴人家是没有用的。

四　四萬萬同胞，慕道的人固然不少，真心學道的人却少。各省市，各山林，雖偶爾有幾位知名之士，點綴其間，不嫌寂寞，但他們是否真心學道，亦未敢斷定。就算是真心學道，也不能白日飛昇。蓋修鍊到飛昇之地步，必要經過種種歷程，他們所做的工夫，常不合於這種歷程，所以我不敢十分恭維他們。學仙、學道、學佛，本是三條路徑。現在人把三樣混而爲一，又添些儒教名詞在內，等到結果，自己也不知走到那一條路上去了。這就是不能成功最大的原因。

五　世間學術，本有普通與專門之別。普通的人人皆能了解，專門的須要高等程度方許入手研究，不能令大衆皆知。仙道亦復如是。若要說得明明白白，顯示充分之理由，雖亦未嘗不可，但究竟還是一種空談。縱使普通人都能了解，他們仍舊不能實行。我今日所以提倡仙道，因爲此種法門快要斷絕，想勸化幾個有大志願、有大力量、有大學問的人，共入此門，承擔大任。一千萬人中能得一人，四萬萬人中能得四十人，就不算少了。這是驚天動地的事業，决非庸碌之徒所能做到，所以我不望普通人都能了解，讓他們鑽入別的宗教門中去罷。

六　凡是就前人已經有過的事實，繼續研究而倣傚之，這種人只能算第二等脚色，尚不能稱第一等天才。我希望諸君要有創造的精神，同上帝創造世界一樣的偉大。不必問前人已經做過没有，只問我自己願意做或不願意做。設若願意，就立刻做起來。果能一朝跳到地球之外，看一看别的星球上面是什麼情形，豈非大家都贊成此舉麽？古人做不到的事，不敢説今人一定做不到；今人做不到的事，不敢説後人一定做不到。現代若有第一等的天才，能竭力奉行本刊封面所標題十條真義，無論何種奇怪事情，没有做不到之理。自己就是活神仙，何必再要看别人家呢！

載民國二十五年（一九三六年）五月一日揚善半月刊第三卷第二十一期（總第六十九期）

揚善刊編輯部代答陳淦樵君五問

揚善刊編輯部

甲 張紫陽之悟真篇，凡屬研究仙道者，幾於無人不讀。然其秘旨，不經傳授，鮮有能自悟者。紫陽真人在悟真篇上已經說過：「饒君聰慧過顏閔，不遇明師莫强猜。」蓋實語也。至若青華秘文一書，又名金笥寶錄，其中作用與悟真篇不同，是否爲紫陽真人親筆，尚難斷定。然其立論，則較之悟真篇易於明了。今查「青聰載取青娥去」下文數圈，第一圈是代表陽宮；第二圈是代表意；第三圈是代表玄珠；第四圈中有一點，是代表陰陽二氣交會於中宮，結成一物；第五圈中亦有一點，是代表一點落黃庭。按此數圈，均可於文中求其意。全書若此類圈子，極多極多，皆可類推。

乙 金華宗旨，雖云爲呂祖所作，但是後來的乩筆，其方法是從上丹田守眉心入手者。所論守中、調息、差謬、證驗、活法諸節次，尚覺透徹。然種種方法，必須活用，若死守之，則甘露變成毒藥。今人修道，未得大效反而做出毛病，其故皆由不知變通，死守一法，不能心領神會耳。至於兩部中以何本爲詳，則當然以多數行者爲詳矣。

丙 北派先性後命，南派先命後性。入手雖有先後不同，及其成功則一。至於實行的方法，貴在得真傳。僅僅看幾部道書，固然無濟於事，若看書太多，又容易令人墮入五裏霧中，愈看愈糊塗。「採藥」之名詞，乃數十個名詞中之一個；「採藥」之工夫，乃十餘段工夫中之一段。姑勿論口訣要人傳授，紙上難以顯言，即使勉强在紙上寫出，亦似隔靴搔癢，閱者仍舊莫明其妙。故來函所問少壯與老年採藥之作用，未便用簡單之語回答，祈諒之。

丁　三丰全集「禮斗法」中，「貪狼」二字，照字義解，是象人心如狼之貪。其禮斗所謂志心朝禮，要教人朝禮身中北斗，默照本命元神。故謂其含有命功在內，亦未嘗不可。但此種作用，決不是南派的命功，與三丰全集中之玄要篇、無根樹詞比較，其意義迥不相同，請分別觀之。

戊　大洞經種類頗多，版本亦不一律，符籙有完全者，亦有不完全者。至符籙治病之事，一半雖在於法，一半實由於人。即如道術中之五雷訣，集罡炁、咒法水以及其他的誦經、拜斗、禮神、請聖，皆有種種儀式，種種方法。然同誦一經，同習一法，有靈有不靈，有驗有不驗。其過不在經與法，乃在於人。亦猶同一題目，而做出來的文章却各有不同，或紙貴洛陽，或名落孫山。所以凡習一藝，學一術，或祈禱，或請聖，苟能以真精神赴之，必有成就，亦必有效驗。若反之，便不相應矣。故凡習一切符籙等法術而得靈驗者，可一言以蔽之曰：精神之感應耳。

附錄湖北蘄春陳湰樵君來函

陳湰樵

攖寧先生有道大鑒：

竊湰樵因避鄉亂，授徒邑城。頃在友人處得閱揚善月刊，袛領先生之論道，源源炳炳示人以金火返還秘要，不啻南北宗紫陽、長春真人之慈悲矣。

維湰樵耽此亦有年，民元初曾購得蜀二仙庵道藏輯要廿八函，再三瀏覽。旋以被人借閱，書已散而難聚。特楚弓楚得，固仍在吾邑也。每念此道之難，以白龍洞主知藥有年，而紫陽仙翁尚有「風燈滅，難怨天」之警告。況樵者老來鉛汞少，又無力衝破塵網哉！近年稍稍讀性、相二宗之書。舊歲在京，亦常接善知識受明金剛上師，尤愛歐陽老居士各經論序要。謂抱此精研，已確信於悟性爲有益矣。特是命要師傳，古人得之皆有仙緣，不可强耳，宜有俟焉。

先生提倡金粟玉田之書，披露銅符鐵券之旨，傳宗不離於孝悌，返本畢萃於坤乾。以此授人，師資當世，亦膺籙受圖有準矣。湰樵慕仰玄風，無階登進，頗欲如盲問道於貴刊，諒必不吝教焉。謹此先通下衷，再聆後誨，無任屏營之至。

蘄邑後學陳淦樵拜啟

肅頌道祺！

敬詢數則，懇爲指教是幸。

（甲）張紫陽之著作，除悟真篇外，似應以青華秘文爲最顯露。因已奏表天庭而允爲指教。但「青驄載取青娥去」數句下，書刻只有數圈。是否可以指明？希勿吝教。

（乙）金華宗旨譚迴光最詳，然有友言此書有兩部，一部至某某處多數行。是否確實？請指示以何本爲詳？

（丙）有人言南派北派，或先命，或先性，起手各有不同。究竟採藥少壯、老如何可以得手，希略披露如何？

（丁）張三峯祖師集中「禮斗法」，貪狼指人心之貪，如諸連珠字，是否含有命功在內？又如蜀新刻九皇經註中，多含俗喻，是否亦即命詮？希爲指徑。

（戊）大洞經有籙無籙？後學於道藏輯要見二部，却有籙。然原書宜有符有籙，藏本無符。後於敗簏中得符一本，此三宗於治瘟疫云有效，是否可學？希指示之。

此上攖寧老師，勿吝教爲禱。

後學陳淦樵附呈

附錄陳攖寧先生致揚善刊編輯部函

陳攖寧

揚善編輯部諸位先生鑒：

蘄春陳君問題五則，本擬親自作答，奈僻處鄉村，無書可供參考，請諸君代答爲荷。再者，道書中託名古仙著述甚多，學者不察，奉爲至寶。此事只許吾輩知之，若一旦揭穿，難免令人駭怪，存而不論可也。略。

載民國二十五年（一九三六年）五月十六日揚善半月刊第三卷第二十二期（總第七十期）

答覆上海錢心君八問

陳攖寧

第一問　世界上究竟什麼是絕對的真理？

答　有口不說話，有心不起念，這個就是絕對的真理。你若一開口，一動念，就落到兩邊了，就變成相對而非絕對了。所以在語言文字上求真理，都是白費精神。君是研究哲學的，大概因爲在哲學中尋不出真理，故發此問。老實說，世界上本來没有真理，犯不著再去研究。縱然被你把真理研究出來，請問有什麼用處？遇到生老病死，衣食住行，感受痛苦時，真理能代你解除麽？

第二問　儒、釋、道三教書上，都不注重長生，何以貴刊上專要講長生之術？

答　因爲他們不講，所以我們要講。假使他們肯講，我們就不必再講了。儒教是講普通做人的法則，生老病死，乃人之常理，故不講長生。釋教偏於唯心，若講肉體長生，即與他自己所標榜的宗旨相衝突，難以自圓其説，故極力反對長生。這是印度人一種習氣，傳染到中國來，實不足爲訓。若考吾國道家歷史，則與彼等不同。黄帝騎龍上昇，羣臣葬其衣冠於橋山；老子騎牛出函谷關，西走流沙，不知所終。這兩位道祖道宗，皆不現衰老病死等相，雖不注重長生，却是實證長生。孔子只有七十三歲，釋迦牟尼也不過活到八十歲左右，都與普通人無異，比較黄老，差得遠了。况且我等今日是研究仙學，不是弘揚宗教，如何可以混爲一談？

我們注重長生的意思，不是貪戀這個地球上有何等快樂，要永久享受，實在因爲將來全地球人類，都不免恐怖與痛苦。想救拔他們，非有神通不可；想感化他們，亦非有神通不可。空口說白話，是無濟於事。但是修鍊神通，必定先經過長生這個階段。倘若不能長生，决没有真實的神通發現。辰州符、喇嘛咒、催眠術、紅槍會那些小玩意兒，也不能說全無效驗，遇到大事，他們就抵擋不住，結果定遭失敗。只有仙學這一門，是脚踏實地，一步一步做下去的。果能把自己肉體上普通生理改變過來，神通自然就易於成就了。

現在這個時代，你僅僅有法子免除老病死，仍舊是靠不住。因爲殺人的利器層出不窮，一個人没有特别的本領，請問以後如何能整理這個世界？任便他是大宗教家、大科學家、大政治家、大教育家、大慈善家、大實業家、大軍事學家，只要有像筆管長一支手槍，蠶豆大幾粒子彈，就可以把他們一齊送上西天去，何必要勞動外國人再搬弄什麽炸彈、毒氣、電柱、死光這些法寶？若把這一類的厲害東西全套表演出來，豈但肉體變成灰燼，就連靈魂都要粉碎不能團結，豈但送上西天，並且還要請他們入大涅槃呢。假使一個人没有神通，還是早點死了罷，免得將來身歷其境。

第三問 佛教書上所說的無量壽與種種神通變化，都是人們所看不見而無從證明的。如今貴刊宗旨，既然專注重神仙家的長生，但長生是要能够給人家看得見，又要自己可以作主，要活一千歲就一千歲，要活一萬歲就一萬歲，不高興活就立刻化去；並且要做人就做人，要變物就變物，要做佛菩薩就做佛菩薩，要做天尊上帝就做天尊上帝。都是自由作主，而不受造化驅使，又要能與衆共見共聞。如現在天空中飛機、人家裏無線電等類，使凡有耳目者，都不能否認，這方纔是真實的神仙家。貴刊同志，能有力量做到這種地步麽？

答 雖不敢保證我們一定可以做到，總是努力向這條路上走，别人家也不敢小量我們一定做不到。我們抱定本刊封面所標題十條真義，永遠做下去，終有一天做到的希望。至於佛、菩薩、天尊、上帝種種名稱，我們都不敢接受。因爲佛、菩薩是釋教，天尊是道教，上帝是耶穌教。我們没有資格做教主，用不着這許多官銜。

第四問　長生不老，變化莫測，神通廣大，法力無邊，唯心唯物，皆能解決，度人度我，盡可如願。若果真如此，我敢說無論富貴貧賤、男女老幼，全球上的人類，沒有不歡迎、不贊成的。所慮者，就是神仙事業，也是虛空而渺茫，也同生西方、生天堂一樣，不能給人看見。於是乎人們就不願注意這一點了。然乎否乎？

答　所慮者亦近乎情理，然只能代表一部分人意思，即是受過新教育一類的人。至於普通人，非是不相信，乃是不敢承當。他們以爲自己沒有這種資格踏進神仙門檻，所以就懶於問津了。另外尚有一種人，本來是想學仙的，無奈看丹經既看不懂，尋口訣又尋不着，雖然學到些小法子，等到做起來，若不是無效驗，便要出毛病。弄得他們漸漸灰心，結果鑽到釋氏門中去，看看經，念念佛，了此殘年罷。可見神仙法門不是普渡的東西，請你勿在普渡上着想。

第五問　若要引起人家注意，愚見以爲，現在只有兩條路：（一）將世界上的事，暫時丟開不管，比如我已經死了，再儲蓄二三年乾糧，當作喪葬之費，於是尋一處清淨地方，實行修鍊。成功之後，再出現於世，自然能引起全球人類的注意，大家爭相倣傚。若此庶幾可以解決唯物唯心的問題，達到度人度我的志願。(二)假使現在没有這個機緣自己去實行，只有極力宣傳神仙家學說，使社會上人不論智、愚、賢、不肖，一聽此說，多少要明白些此中的意義。上智者聞之，立刻研究實行；下愚者聞之，亦手舞足蹈，非常欣羨；富貴人聞之，自然不愛榮華，捨財提倡；貧賤人聞之，亦能認清門路，協力護持。由此推廣出去，可以使全國的人，彼此互助，各得其欲。再慢慢擴充到使全球人亦復如是。世界大同的理想，或可由此實現。不知貴刊諸公，高見以爲如何？

答　你所說的第一條路，嫌其過於簡單，起手下工夫時候不能適用，等到做後半段工夫時，或可如此辦法。第二條路，活像佛教、耶穌教傳教的樣式。神仙學術不是宗教，只能接上智，不能渡中材，何况是下愚？請問要這般愚夫愚婦有什麽用處？倒不如讓他們歸入别種宗教門中去罷。

至於將神仙學術傳到外國的話，此事須要慎重。外國的人力財力，勝過我們百倍，所缺少的就是這個法子。假使一旦被他們知道，他們立刻就能實行，不比我們中國人能知而不能行，豈非是老虎添了兩隻翅膀麽？我贊成仙術保守秘密，先把佛教傳到外國去，讓他們鑽一鑽這個圈套，或可以減少他們一點威風。話雖如此，然而效果也很微薄。像意國的墨索里尼，德國的希特勒，無論你拿來什麽宗教去，都降伏不住。又如□□□□□□，□□□□□□□，□□□□□□□，□□□□。日本雖可稱爲佛教國，但是利用佛教，不是迷信佛教，所以他們國家也是很强横，絲毫不受佛教影響。現在只有我們中國，和其餘的幾個衰弱小國，是真能信仰佛教者。這件事太不公平，最好是把佛教宣傳到幾個强霸國裏去，使他們信了佛教之後，也漸漸的衰弱起來，中國方不至於單獨吃虧。大同之夢，或可實現。

第六問　照理論上講，吾人的確可以形壽長生不死，肉體白日飛昇。但以現在論，爲什麼一個活神仙都看不見？

答　古代的神仙，尸解的已經尸解了，飛昇的已經飛昇了，都是離開這個地球，跑到別的世界上去了，你如何能看見？尚有一兩位未曾做到尸解地步的半仙，他又躲在深山古洞之中，人跡罕到之處，永遠不肯出來，在那裏等候尸解。所以世上人也不能看見他們。我們的志願與他們不同，假使將來僥倖成功，必定要長住在地球上面，讓世人都可以看見，並且還要管管閒事。別人家没出息，總說今人不及古人，我的見解，認爲今人勝過古人，後人還要勝過今人。古人做不到的事，或許今後人能做到，只問我們肯做不肯做。請參看本刊第六十九期答江陰汪潤才君一篇，大意略同。

再者，君前次所作仙佛判決書中有云「雖說仙與佛都是渺茫無憑」這句話，我認爲理路不清，觀念錯誤。佛教之生西方，同耶教之生天國一樣，都是死後的事。說他生西也罷，說他上天也罷，說他變禽獸也罷，說他墮地獄也罷。好在死人總歸是不能開口，都由這班活人在那裏瞎說，真可謂死無對證。不過死人雖不能開口，他家裏尚有活人存在。你若說死者靈魂投胎變禽獸，或墮地獄，他的父、母、夫、妻、兄、弟、兒、孫等，都要罵你恨你；你若說他生西方，上天堂，他家里人心中雖然有點懷疑，表面上都很願意承認這句話說得不錯。你樂得恭維他幾句，博得他們活人一個歡心。所以佛教徒死後總是生西，耶教徒死後總是上天，已經成爲公例。你說這件事是渺茫，他們心中又何嘗相信是真實呢？也等於過新年時，大家見面，總說「恭喜發財」，誰能保證必定發財麽？不過一句客氣話而已。神仙要有憑有據，萬目共覩，並且還要能經過科學家的試驗。成功就說成功，不成就說不成。其中界限，儼如銅牆鐵壁，沒有絲毫躱閃的餘地，如何可以同宗教徒一樣看待，也說他是渺茫無憑？

譬如我自己是個學仙的人，設若僥倖將來修鍊成功，必有特異之處，可以顯示給大眾看見。倘仍舊不免老病而死，又無絲毫神通，你們切切不要烘雲託月，製造謠言，說我已經得道，免得欺騙後人。像這一類的事，前人書中常有，我看了甚爲厭惡，所以我自己不願再蹈這種陋習。

今世修鍊神仙之術能完全成功的，我未曾見過，一半成功却是有的。然也不足爲奇，這全靠我們後起之秀，發憤有爲，方可登峯造極，超過前人。自古神仙成功，都是留得肉體在世。就說白日飛昇罷，也是萬目共覩，如何能說他渺茫無憑？第二等的神仙是尸解，他的肉體雖不能長存，他的陽神却能與大衆共見，並且可以在世上做凡人肉體所不能做之事，如何能說他渺茫無憑？假使他不能做到這樣地步，他就不配稱爲神仙。因爲他和凡夫没有分別。我最厭惡人家冒充神仙，所以把這條例子定得很嚴，免得一般狡猾之徒在那裏影射，把神仙名氣弄壞了。你說渺茫無憑，我是不能承認，只可以說成功的很少，每一個朝代，不過幾人而已。

第七問　一個普通人，要學神仙，請問須經過多少時間，纔可以畢業？

答　這件事，永遠没有畢業的日子。不過爲學者方便計，在全部歷程中，勉强劃分幾個段落而已。

丹經上常言，第一步工夫要一百天，第二步工夫要十個月，第三步工夫要三年，第四步工夫要九年。這些期限，說得太死板了，與實際上不相符合。此事要看學人年齡之老少，資質之愚智，境遇之順逆，財力之薄厚，障礙之有無，故難一概而論。你們在學堂中做學生時代，是有畢業的期限，等到出了學堂以後，擔負國家社會重大責任時，就永遠沒有畢業日子，你就學到死也學不完。到了將來進棺材的時候，你尚且要歎息說，今生是虛度了，錯誤了，來世再學做人罷。你想，做人既如此之難，做神仙豈是容易麼？

普通知識階級中人，若要求神仙全部學術，憑他們自己力量去鑽研，大約須費三十年光陰，尚未必能弄得清楚。因爲有些書看不懂，有些書又買不着。傳口訣的先生，多是一知半解，罕有全部貫通者。若由我們指導看書，快則三年，慢僅五年，就可以得到全部仙學的一個輪廓。然後再看自己的志願，要小成就走小路，要大成就走大路。又要審察自己的環境，宜人元就用人元，宜地元就用地元，宜天元就用天元。神而明之，存乎其人。

你若問，專求口訣，立刻實行，免得費工夫看書，豈不省事麼？我有個譬喻，說給你聽。現在學西醫的，必須進學校，聽講課本，畢業後，再出洋，求深造；學國醫的，雖不必進學校，但是也要從師先讀三五年醫書，然後方可臨證實習，尚未敢說不誤人性命。走江湖的郎中，牽駱駝，賣膏藥，學會幾個草頭方子，就是一字不識，也能替人醫病，比較進學校、讀醫書，豈不省事麼？ 然究竟不能登大雅之堂。 憑他那副本領，只能應付鄉愚市儈而已。 學仙的人，若專求口訣，不肯讀書，就等於走方郎中一樣。 自古没有不讀書的神仙，幸勿貪捷徑，免誤大事。

第八問　拙作仙佛判決書，前蒙貴刊登載後，料這篇文章出世，必定是驚天動地，掀起絕大風潮，因此很注意佛教刊物。 但至今尚未見有何舉動，而局外人亦没有評論，就是這樣無聲無臭的過去。 吾國人心麻木，總算到極頂了。 不知諸位編輯先生可曾看見有對於拙作批評的文章，祈指示爲荷。

答　寧僻處鄉村，不知外面定期刊物之消息。 依愚見而論，縱有人批評，亦未必能切中肯綮。 佛教徒自然是抱著書本子打滾，說來說去，都是些老僧常談，吾等聞之已熟； 道教徒只曉得清靜無爲，閉關自守，別人家罵他，他固然不曉得，就是你費盡心力，代他們作辯護，他們也不曉得； 至於普通人對於仙佛二者，又是不分家的，說好二者全是好，說壞二者全是壞。 所以我認爲，縱有人批評，亦屬無關輕重，可以不必理他。 現在這個時代，是動真刀真槍的時代，不是弄筆杆子時代。 說得好聽，没有用處。 必須要做出一點實在工夫，方足以使人相信。

你若要救國，請你先研究仙學。等到門徑了然之後，再去實行修鍊。等到修鍊成功之後，再出來做救國的工作。那個時候，你有神通，什麽飛機、炸彈、毒氣、死光，你都可以不怕。此刻專在宗教上辯論，把精神白費了，未免可惜。

載民國二十五年（一九三六年）六月一日揚善半月刊第三卷第二十三期（總第七十一期）

答江蘇如皋知省廬

陳攖寧

原函　攖寧道長先生慈鑒：　敬肅者。前寄上王並真老師「雙影題詞」，諒已達左右。王老師現居天津，不知鈞長亦有所聞否？

答曰　寧爲避囂故，僻處鄉村，尊函若直寄揚善刊編輯部者，寧未必定能得見。若寫明由揚善刊社轉交與寧個人者，當可收到。王先生之名，曩亦略有所聞，但不知其詳。

原函　師謂學道者不可不有神通，有此方足以衛道。道高一尺，魔高一丈，非神通何以禦之？而古今學道者，又多以神通爲累，視之無足重輕，或斥之曰小道。鄙意惟在用之者得其權宜耳。又謂道書皆云斬三尸，其說似是而實非。道成之後，三尸即變爲護法神，又何須斬乎？以上二說，質之鈞長，高見以爲如何？

答曰　尊師之言是也，愚見亦同。

原函　前閲揚善半月刊曾云，日後可將辟穀救荒之方公開。及今思之，大戰在即，亟待用此，幸不吝示，早日披露報端，爲災黎之救星，亦生民之大幸。

答曰　寧久有此意，奈搜集此等藥方頗費手續，非有閒工夫不可。惜今日尚未有機會，只好俟之將來耳。

原函　世亂日亟，鈞長提倡仙學，救時良藥。仁人用心，大德可感。如□□志於此道，亦已久矣，徒以受經濟之束縛，環境之支配，雖得略知一二，不能力行。夙夜自思，能不愧煞？擬俟將來學有小成，再當請益。諒蒙慨允，勿以菲材見棄。幸甚禱甚。

答曰　寧自審資格不足以爲人師，惟樂於代人決疑破惑。同志諸君若有問難，固甚爲歡迎也。

原函　民廿秋，與上海靈學會楊真如先生通信（楊先生著有精神祈禱及革命的周易），即有志於此道。楊先生來信云：「今世水火深矣。使有爲之士盡逃二氏，將誰出而任艱鉅哉？願執事努力學術，毋作出世間想也。」道藏精華錄，曩曾佐圈點之役，故熟覽之，非究竟法也。」楊先生此說，恐不盡然，豈佛、老絕對出世不與世人謀耶？而今之世，水火深矣，捨二氏之說，何能救此浩劫哉？

寧按　尊意與楊先生之意，雖不能强同，然以救世爲目的則同。其不同者在於手段而已，正不妨各行其志。

原函　楊先生所謂究竟法者，提倡人人學易，此却極是。學易所以寡過，所謂「爲道日損」，此之謂乎。近年以來，無暇與楊先生通訊，不知其尚在靈學會否。曩者鈞長亦嘗閱道藏精華錄，或亦知其人。

答曰　楊君所作精神祈禱一書，曾經見過，其本人不知現在何處。余僅知道藏精華錄爲守一子所編輯，實不知楊先生亦與聞此事。

原函　海上有人學會在北浙江路龍吉里林品三先生講周易、論語，對於此道甚覺純正，□□亦致函請益，皆蒙訓示一二。不知鈞長亦知之否？

答曰　林先生乃江西人，年六十餘歲，寓哈同路慈厚北里。寧曾與其晤談二次，後即無緣再見，至今思之不置。人學會我未去過，地址久已知之。伊送我周易講義多份，苦於塵勞擾攘，不能靜心一讀爲憾。林君的確可稱忠厚長者。閣下若再致書與林君時，請代答愚忱是荷。

原函 竺潛道人精易學，恐是滬上另一高明之士矣。諸賢羣集，不知何日得聞法語以開茅塞。渴望殊切，思之神往。

答曰 竺潛道人研究易理，其學派或與林先生異趣。閣下若欲從事於易，函件可託揚善刊社轉交與竺潛道人。伊另有真名，不願宣布，料其用意亦與閣下相等耳。寧對於易學，算是門外漢。但因易中一部分關係於仙道者，至爲重要，故甚願同志諸君致力於此。

載民國二十五年（一九三六年）七月一日揚善半月刊第四卷第一期（總第七十三期）

覆濟南財政局楊少臣君

陳攖寧

原函　攖寧先生尊鑒：　讀揚善半月刊，對於先生著作，反覆誦習，鼓舞歡欣，不可以言語喻。平素每以爲當今學道之士雖多，而求一徹始徹終、深明陰陽造化之理者，實萬不獲一。黃元吉先生樂育堂語錄有云：「第以此事關乎天命，非無緣無德無福無根之人可以消受得，以故丹道不輕傳。惟結有仙緣，種有道根者，方能遇而能知，能知而能行也。」上陽子陳致虛先生註悟真篇亦云：「非種根夙世，難得信心；非夙世修行，鮮得聞道。」足證大道至尊且重，不但行之維艱，即知之亦談何容易。璲不自揣量，雅慕玄宗，奈慧淺福薄，塵累業重，駒光虛度，年已五旬。記得老殘遊記有云：「棋殘一局，吾人將老，能勿哭焉得乎？」彼亦有心人，東西奔走，亦係欲救老殘而訪道者。太陽流珠，常欲去人；人生難得，無常迅速。稍有知識與思想者，焉能坐以待斃，而不汲汲然求跳出迷津超登彼岸乎？所憂患者，明師難遇，口訣難聞耳。

寧按　以上二段，見解甚是，凡我同志，皆宜借鏡。

原函 讀揚善半月刊民國二十三年第一卷第十九期，先生答蔡德淨君函有云：「仙家亦有顯教有密教，顯教可以公開，密教是不能公開的。」末後云：「譬如我們有一把刀，善用之者，可以切菜，可以裁紙，可以削木製器，可以禦侮防身，有益於人處甚多；若被小孩玩弄，則斷指流血矣；若被强盜拿去，則殺人劫財矣。」此種譬喻，輕描淡寫，不知者不明先生用意所在。若稍知道者閱之，知先生立言深具苦心，暗中已將不傳之秘春光洩漏矣。

寧按 楊先生真能知我者，能於衆人不經意處獨具隻眼。

原函 道德經太上有言曰：「玄牝之門，是謂天地根。」孔子作周易繫詞曰：「一陰一陽之謂道。」孟子得孔子真傳，亦有言曰：「仁也者，人也，合而言之道也。」「仁」之爲字從「二」「人」，推其立言本旨，亦即孔子所謂「一陰一陽」是也。先生近輯口訣鈎玄錄有云：「雖倫常日用之間，何處非道之所在？所患者，人不能參透陰陽之消息耳。」黄元吉先生亦云：「非學問優、見識到，不足以語此。」世人習焉不察，如果有人真能參透陰陽消息，則大道即在目前，豈難知乎？

寧按 悟真篇註云：「路逢俠士須呈劍，不遇知音不鼓琴。」其楊君之謂乎？

原函　遂私心嘗謂，易繫辭有云「二人同心，其利斷金」，此「金」字不應依世俗見作「金銀」解。果作金銀解，即云「二人同心有利」可也。一「利」字即足以包括，何必多加「斷金」二字之贅文？蓋此二語，即暗藏道機。此係下走揣測之詞，未悉先生以爲然否？

答曰　孔老夫子自己已經說過：「仁者見之謂之仁，智者見之謂之智。百姓日用而不知，故君子之道鮮矣。」中庸曰：「君子之道，造端乎夫婦。及其至也，察乎天地。」又曰：「君子之道，費而隱。夫婦之愚，可以與知焉。及其至也，雖聖人亦有所不知焉。」謹引此數語，以答楊君之所問。

原函　再者，古人造字，多具有深意。例如「申時」之「申」字，折開講，係「中有一寶」。所寶爲何？即申金也。呂祖詩云：「祖師親有訓，一味水中金。」此類文字，禮應俟將來有緣，敬謁先生時，踵門請教，不應拉雜妄陳。不過因景仰先生之心誠懇迫切，先布區區，藉茲代表耳。

寧按　「申」字之解釋，僅據楷書，恐不合造字之本意。篆書「申」字，可以參考。

原函　揚善月刊內，先生撰述之黃庭經講義暨孫不二女丹詩註，璲皆彙齊手抄。上下反覆，思之務令熟兮，不僅千周萬遍迴環誦讀已也。惟口訣鈎玄錄，因刊中僅有至本年五月份止，以未獲即時全讀爲憾。

寧按　揚善刊內所登黃庭講義及不二詩註，皆寧十幾年以前舊作，遇有機會，遂與發表。惜排印時誤字太多，幸翼化堂有木刻版出售，尚可據以正誤耳。口訣鈎玄錄，乃臨時所作投登於揚善刊者，後因行止無定，環境不宜於著書，故未能繼續下去。寧自己亦以爲憾也。

原函　璲昔日讀黃元吉先生樂育堂語錄，深恨予生也晚，緣慳福薄，未能於其講道時，鵠侍雪立，親聆訓誨。今讀先生撰述，殆元吉先生復見於今世。何幸如之？

寧按　道家南北兩派，各走極端，而實行皆有困難，其勢不能普及。惟有陳希夷、邵康節一派，最便於學者，黃元吉先生所講，即是此派，亦即寧所私淑，而且樂爲介紹者。

原函　一劫人身，能有幾何；　轉眼光陰，就是遲暮。倘不能脫離輪迴，則生生世世，皆在愁城苦海之中。方今運際下元，人心陷溺，世道沉淪，大道晦塞，不知底止。誠如先生所云「君主政體改革而後，儒教早已同歸於盡，道教又不成其爲教」也。

寧按 末尾兩句，乃拙作孫不二詩註凡例中語。此書成於民國十三年以前，今日情形，則微有不同。

原函 今得先生出，以闡揚大道，流傳高深之學術爲己任，則責任之重，關係之大，又豈僅璲私人之欣幸已哉。璲年已五旬，雖身體尚無疾病，但因業重而有家累，只得抱關擊柝，以維持現狀，不能遥行己志。外之法財侶地條件，均不備具，大有日暮途遠，束手待斃之勢。奈何！奈何！敬懇先生憐而教之，指示道路，幸甚幸甚。

答曰 實行修道之人，最怕有家累，必須設法將家累了脱以後，方好下手用工。年齡雖大，尚無妨礙。法財侶地四項，以前兩項爲重要。至於侶地二項，尚不十分困難。古今來好道者雖眾，每每無所成就，皆因有法者患無財，有財者患無法故耳。既有法而復有財，當可成就矣。又因缺乏一種嚴密之組織，僅憑個人的理想，隨便行動，或作或輟，意志不堅，無團體的力量爲之幫助，無羣眾的精神爲之督促，故亦不能有成也。

原函　年歲愈大，返還愈難，古人故常謂「下手速修猶太遲」也。但既力不從心，不能即行南派栽接之法，只得用北派清靜之法，先生著口訣鈎玄錄中，亦有云「我所提倡的就是這一派」。鈎玄錄尚未全讀，擬求先生提前詳爲指示。除此又有所謂學一種投胎奪舍者，此種工夫，未悉如何做法？

答曰　「下手速修猶太遲」，這句話是勉勵學人之語，但亦不可過於執著。在生理一方面說，自然年幼者爲優；在閱歷一方面說，却又要讓年長者爲優。一方面有利，一方面有害，利害本是對待的。年幼者雖得效快捷，而難於保守；年長者雖見功遲緩，而易於保守。蓋因其閱歷已深，不致於被外境所誘惑也。

口訣鈎玄錄是一部正式的修鍊專書，不可草率從事。而寧目前之環境，不適宜於著書，故茲編至今尚未曾脱稿。請臺端注意本刊，每期總有幾篇與仙道有關之作品。但須要連續不斷看下去，方有趣味。因爲每期材料不同，前後又有聯帶之關係，凡前期已經說過，後期即不再說。必須前後統觀，始能貫串。

清靜功夫，做得好，能出陽神；做不好，只可出陰神。能出陰神，即能投胎奪舍，不必另外做專門投胎奪舍的工夫。古人雖有專從閉息、鑑形、存想等法下手者，其法亦未必就勝過清淨工夫。昔日黃邃之君所做的工夫，皆與以上所說不同，他是先從無夢做起。果能做到無夢地步，可謂一半成功。然後再從無夢鍊到有夢，並且夢由自己作主。白晝起一念，決定今夜作什麼夢，果然如願以償。今夜所做之夢，就是白晝想作之夢。常常如此不錯誤者，則投胎奪舍一層，自然易於達到目的。黃君做此等工夫已十餘年，前五年已自言後五年要死，到期遂無疾而終。投胎是否真有把握，寧苦於不能以事實證明，僅相信其異乎常人而已。至於我自己，則不願做此等工夫，亦不願以此教人。

載民國二十五年（一九三六年）七月一日揚善半月刊第四卷第一期（總第七十三期）

答廣東中山縣谿角鄉益壽堂劉裕良君八問

陳攖寧

原函

揚善半月刊道長諸先生鈞鑒：

敬肅者。去秋得閲貴刊第十九至二十二期數册，喜甚。雖未即購閲，但因此得知，世間尚有濟人以道，而不望報酬，不嫌煩瀆，如貴刊諸先生者。何其幸耶！

修養一道，鄙人自幼好此。惜未遇機緣，又慚學淺，不識購書研究。直至年逾四十，未聞道學之言。後得因是子書，遂習靜坐，於茲已十餘載。困難雖多，未嘗懈輟。惟以不諳首尾次序，遂致工夫紊亂，疑惑莫明。茲特拜問數則，懇爲指示。本應先字請準，庶免唐突。今欲急於求道，故冒昧遞陳，伏祈原諒。

鄙人現年六十一歲，未審尚可修鍊否？然年高不免火息之憂，與急於添油之務。伏望大啟慈悲，指示覺路，俾得悟大道，則永感大德於無涯矣。

敬請道安！

再啟者，鄙人幼年失學，廿三歲往美國，廿八歲回里。當時頗欲入私塾補習中國舊學，以求一聞古聖賢之道。奈塾師云，新學制不重四書五經，遂歎息作罷。越兩年，復至美國，前廿年返里，至今並無善狀。乃廣東中山縣谿角鄉人，字潤彰，名裕芬，近年在外亦用「裕良」之名。倘有賜教，照此地點交益壽堂轉於鄙人便妥。

末學劉裕良奉上

附問八則

一　十八個月前，初通督任脈。兩月後，覺丹田有氣如卵，旋轉如意。

答　這種現象，在別人做工夫時亦有之，是好效驗，不是毛病。

二　越數日，午後入坐，見丹田左右兩氣相旋相逐，漸漸捲成圓直形。其大於卵四倍，中有心，如筆竿，心外透明，自向左旋，時試使向右轉以翻鬆之，其堅抵之力甚勁，不能移動。

答　凡打坐習靜功之人，彼等亦有時覺得丹田中兩氣旋逐，但不能像閣下說得如此活現：中有心如筆竿，而且心外透明，彷佛是個實實在在的東西，又像一個水晶球中間穿通一條孔竅相似。他們没有這種樣子。

三　又越半月，下午入坐，見此氣化開。初似微塵滿腹，數分時塵開，如另有天地。

答　化開正好，否則長久下去，此水晶球在腹内，恐怕不大穩妥。

四　夏間當月下坐，靜篤時，見氣光滿腹，瑩皎如月。自此以後，常見下丹田氣色如溶鉛，若流質，常常在臍下湧繞。

答　在別人工夫做得好時，亦有此景象，不能說是壞。

五　心之下，腰腎之上，時覺如輪自轉。但無氣形可見，只覺有此動作耳。

答　無形可見是對的。

六　久坐靜篤時，有輕捷如電飛馳者，細如線，不知從何而來，從何而去，不可以意主之。

答　所謂如電如線之狀，是在身内發現，還是在身外閃過，函中未曾言明。別人大概都是在眼面前看見。雖一閃如電光，但不是細如線。閣下效驗，比較他人不同。

七　有時呼吸停止，氣則漲滿心腹。當氣至心部時，立可寧靜。迨心放下時，覺下部有物如流質，進入丹田。其狀能彈震，在丹田中如蟲集蟄，氣則冲心部，一上一下，如呼吸焉。此未知是胎息否？

答　此種動作，在丹經名爲「內呼吸」。必須鼻中呼吸停止以後，方能出現，普通人難於做到。閣下以六十餘歲老翁，居然能達到此等地步，可喜可賀。

胎息形狀，比較此爲細靜。由此再求進步，將來自能達到胎息。

此物久之，則結成氣團如核狀，其勢甚勁，但不震彈。或以神凝之，使冲關脊，到枕骨則難過，此物則脱氣團出，又復能彈震，惟失勁力矣。此氣團間亦有勢滑如拋梭，一拋則過頂而落下丹田，至此其勁狀或如輪自轉，或縱橫衝動，散走於腿、於背下，頭與心部亦均有。

答　此種動作，是大藥冲關之狀。但不合正式規則，弄得七零八落。可惜！可惜！

八　究此物之形狀，初如蟲，或遊或止。未結氣時，能彈震，細如花針。講句笑話，生理學書上所繪之精蟲，形狀極似。

答　人身上本無精蟲，所以有精蟲者，就是此物所變。順則生凡胎，逆則結仙胎。凡胎種在女人身上，仙胎結在自己身上。胎雖有仙凡之不同，其氣則一也。余昔日所得秘傳口訣，有數句云：「似癢似麻兼似火，如蟲如蟻又如蛆；萬馬奔騰攻兩耳，流星閃電灼雙眉；若還到此休驚懼，牢把元神莫動移。」此數句所言，乃大藥冲關之景。閣下所做工夫，以前都對，獨惜此處不合正式規則，遂致爐内火寒，鼎中丹散。然而到此境界，也不容易，務要精研玄妙，努力前程。僕等於君有厚望焉。

廣東人習慣，歡喜食各種惡劣的動物，如蛤蚧、三蛇、山瑞、猫、鼠等類。若是修道的人，切切不可沾染此種嗜好。凡做仙道工夫，身中總要多積清靈之氣，少存穢濁之氣爲妙，最好是吃淨素。若有不便之處，隨緣稍食小葷亦無妨。但不可誤認，多食動物之肉，即可以補自己之身體。世上人個個都是吃肉食，結果誰能不死？只有辟穀服氣，或食仙草靈藥者，方能益壽延年耳。僕等不知閣下是否吃素，若按照工夫程度而論，此時應該厭聞血肉腥羶之氣。倘若勉强吃下去，胃中决不能容納，定要嘔出，方保平安。僕等見過數人，皆是如此，不知閣下亦如此否？若歡喜肉食者，其工夫程度尚未到家，必須加緊用功方好。

載民國二十五年（一九三六年）七月一日揚善半月刊第四卷第一期（總第七十三期）

覆江蘇寶應某女士

陳攖寧

原函

攖寧夫子大人慧鑒：

敬稟者，後學溯自聞道以來，業經二十餘載，汨汨茫茫，依然故我。言念及此，慚恨奚如。

竊在過去年中，亦曾進過許多門頭，會過不少修士。大半是照底抄號，實踐實證殊未多見。自恨命薄業深，難遇真師調度，於是乃將仙佛真傳、天仙正理等書，靜讀冥思，略生解悟。而後訪得一位李老道長，壽屆古稀，精神尚健，道名號曰中州，言論尚合經典。因乞傳以斬赤龍等口訣，依之做去，曾見效應。詎料李師未數年而歸天，每念及之，輒深太息。

民國廿年，洪水爲災，致受挫折。翌年冬月下旬，曾有一次在入定之際，冥目忘形，忽覩滿室光明，較白晝爲清晰。開眼視之，即無所見。隨後乃因修理住所，以致荒疏。爰於客歲一度思維，念人生似夢，覺幻質非堅，生死未了，終在輪迴，因之立願坐關，以希整理而下靜功。迄今將屆一年，敢稱略有效驗。所恨對於天機口訣，尚未得明師親傳，常有履險之憂，更切歧途之慮。

日昨石志和君送書前來，敬悉夫子大人道高德重，願力弘深。所恨身在關房，未能親詣臺前。欣燥交加，莫名欽仰，茲特不揣冒昧，具楮懇求吾師大發慈悲，宏施憐憫，將「子進陽火」、「午退陰符」、「卯酉沐浴」、「七日採取大藥」、「過關服食」、「結成聖胎」以及大周天等，種種重要口訣，詳加開示。庶幾後學不致坐誤時機，虛延歲月。倘將來僥倖告成，則皆吾師之所賜矣。鴻恩當銘於五內，紀念謹誓以畢生。

伏讀尊著，提倡道德，尤其注重坤流，調度情殷。所以後學雖未列門牆，具此妄瀆冒求，諒亦弗見却也。

餘不盡言，千祈示復。肅此瑣瀆，恭頌鼎安。

後學□□□百叩

覆函

□□女士大鑒：

接讀來書，足見好道之誠，曷勝欽佩。

寧對於仙道，僅可稱爲研究家而已，深愧自己尚未成功，實不堪作人師表。但感於閣下誠意訪求，若杳無消息，未免失望而灰心，故又不便置之度外。現因初次通函，尊況如何，難以臆測。請將下列各問題，逐一詳答，然後再作第二步之研究可也。

此覆。

（一）是出家人還是在家人？
（二）已經出嫁還是未曾出嫁？
（三）尊庚幾何？
（四）家庭境況好否？
（五）父母有無？　兄弟子女有無？
（六）儒、釋、道三教經書看過幾種？
（七）女子修鍊各書看過幾種？
（八）閉關期限到何時爲止？
（九）現在關房中做何工夫？
（十）自己志願希望將來做到什麼地步？

陳攖寧覆上

寶應某女士第二次來函並答

原函　敬禀者。弟子以宿業深重，身墮女流，幼時未多讀書，只於弟輩書案之旁，竊效誦習而已。所幸家藏善書多種，暇即瀏覽，尤喜閱何仙姑寶卷，因此遂有修行之念。

寧按　在神仙家眼光看起來，男女資格是平等的。若論做工夫效驗，女子比男子快；若論將來成就，亦無高下之分。至於普通重男輕女之陋習，乃是人爲的，不是天然的。世界各大宗教，如佛教，如天主教，中國內地各種秘密教，如某某門、某某堂、某某社，皆是男女不能平等，獨有仙道門中無此階級。因爲別種宗教所接引的，大半是普通人材；真正仙道所接引的，概屬上智之士，故能不爲陋習所拘。有志者，切勿因爲自己是女子身，遂覺氣餒。

原函　隨後又得仙佛真傳、仙佛合宗、天仙正理諸書閱之，乃覺仙道係易修實證之事。

寧按　仙佛合宗、天仙正理二書，女子看了，只可以明理，而不能照做；仙佛真傳，又嫌雜亂無次序，尚不及前兩種好。

原函　爰守皈戒，誓出紅塵，斯時已屆十六七齡，寡母即託媒妁，以定終身。弟子乃將志願具以稟告，家母非但不信不聽，反從而破壞之。破壞不得，便肆意淩虐。

寧按　俗人都是如此。我記得十歲左右，在家中覓到晉朝葛洪所作神仙傳兩本，不敢明明白白的閱看，只得把此書放在大腿上偷看。書棹上面，仍舊擺攞着一本論語，以爲掩飾。蓋恐怕父親曉得我看異端之書，要打罵也。十三歲時，溜到街上學辰州符，回家來被痛笞一頓。十四歲買了一部萬法歸宗，又被家中人搜去投在火中燒掉。直到十六歲以後，方能自由，他們亦懶得再干涉我了。不過像雷劈棗木印、樟柳神、桃木劍這一類東西，還是不敢公開展覽。

原函　乃蒙母舅大人見弟子受百般魔考，並未改初心，遂興憐憫。設計誑母，方得領來此處，係一帶髮修行之所，原有道姑數位，於以稍慰初衷。但屬荒廟窮庵，並無一毫產業。然既至此，亦只有茹苦含辛，自謀生活。艱窘狀況，罄竹難書。民國十年與廿年，兩次水災，復受許多挫折。

寧按　在家既不免塵事牽纏，出家又感謀生之不易，究竟修道是在家好呢，是出家好呢，的確是一件大問題。不但女子爲然，男子修道之困難，亦復如此。寧久欲聯絡全國同志諸君，妥籌善策，解決這個問題。現在機緣尚未成熟，不知何日方能如願。

原函 溯自弱冠至今，二十餘載，雖常在憂患之中，而法財侶地是求，未嘗一日去念。近數年中，又有節婦貞女數人，來庵修行。竊念本身尚未獲真傳，難期超證，而彼等又將何以結果？爰於前年，親往首都，以事參訪。奈高人隱跡，顧問無由，於是遂入佛教團體。參訪多時，所遇皆屬恒流，理解難期超脫。

寧按 現在這個年頭，出門訪道參學，本不容易。曾見有許多出家道士，並在家好道之人，參訪一生，足跡遍全國，結果尚無所得。何況地點不出都城，時間又嫌短促，豈能達到目的？佛教團體，除教人念佛而外，別無法門，我想一定不能滿足君之願望。

余前在旁門小術錄中有幾句批評，可以補充此段未盡之意。其言如下：「早尋真師這句話，實在可笑。真師一不登廣告，二不散傳單，三不掛招牌，四不吹牛皮，五面上又沒有特別記號。天下如此之大，一般學道者，從何而知某人就是真師，某真師住在某省某縣某山某洞某街某巷，請問如何尋法？我老實說一句，真師是可遇而不可尋。」

原函　但認爲該教威儀規律，可以約束後學，兼爲普度之資。於是返里削髮，妄作佛門之標榜。雖略收勸化之微效，深愧自度未能。

寧按　其情可憫，其志可嘉。

原函　故於去歲三月初九日，實行閉關，意欲下三載靜功，爲究竟之作用。

寧按　此舉甚好，我極端贊成。

原函　溯自入關以來，日三夜三，晝夜共坐六次。最近數月，耳內常聞有風聲呼呼，眼中時見有電光灼灼，偶爾似有絲竹之音、鳩蟲之鳴。當時使人探之屋外，並無形跡。

寧按　此種現象，凡真做道家工夫的人，皆要經過，不足爲怪，切勿疑懼。

原函　至於内呼吸一發覺時，即須打坐，否則反感覺不適之狀。坐須二三小時，始覺氣足神舒。上列二種現象，不知是好是歹，是何種理由，仰祈師尊有以教之。

答曰　此乃自己身上生理內部起一種變化，不是壞事，再做下去，更有妙境。並須參看本刊前數期安徽師範學生李朝瑞君各封信函，及本刊本期廣東中山縣劉裕良君八問。雖男女生理不同，其逆行造化則同。

原函　女丹十則云：「女子將赤龍斬去，須要鍊之以真火，應之以真符。倘火符差失，不獨金丹難結，將有血崩之患。」此言真實不虛，弟子業已經過一次。隨後用月餘之工夫，方始平復。乃過去事也。至於最短期內，又將赤龍斬去，迄今已半年有餘。不料既去而又復返，此殆不知真火真符之過耳。竊思女子修道，超證解脫，全在乎此。若不將此關透澈，未免徒勞而無功，結果仍是老死而已，與凡夫何異乎？

寧按　高見甚是，愚見亦同。

又按　斬赤龍工夫，並不十分困難，比較男子工夫容易數倍。其所以斷而復來者，必定有個原因。男子做小周天工夫，常有將陽關閉住至一年、半年不漏精者，後來亦復有漏洩之時。若詳細研究，皆因其工夫有不合拍處。太過或不及，皆能出毛病，須要認得一個「中」字。飲食小節，也有關係。吃素的人們，常常歡喜吃蔴菇、竹筍、味精等鮮味之品，極不相宜。應該食淡而無味之菜飯，醬油鹽類、胡椒辣椒亦不宜多食。其他小節目甚多，未暇悉舉。

原函　躊躇之頃，得聞師尊大名，特於日前不揣冒昧，具楮投前。深荷不棄譾陋，大札下頒。捧讀再三，欣感莫名。

寧按　我此刻是現外道身，專弘仙學，與佛家宗旨不同。女士既削髮皈依佛門，若再從我學道，不怕同門見怪嗎？前幾年常有佛門居士，從我學道，偶有一二位居士運氣不好，被他們同社中人曉得，大起交涉，駭得他不敢出頭，後來又與我商量，要我代守秘密，不必公開。我以爲學道是正大光明之事，何必瞞人？若像這樣鬼鬼祟祟，成何體面？豈非把仙道的名譽弄壞了嗎？他雖有他的苦衷，我却不便允許，只得作爲罷論。不知女士亦有此障礙否？所以我暫時不將女士姓名登出，就是這個意思。

原函　兹特備呈始末，聊瀆聽聞。倘不以鄙劣爲嫌，敬乞師尊大發兹悲，將進火、退符、沐浴、温養、大小周天、文武火候、採取封固、活子時等，種種秘密口訣，詳加開示，以便修持。倘獲俯如所請，則將來之成就，皆屬師尊大人之所賜矣。感激鴻恩，豈有涯哉！

答曰　學佛的人，常常被名詞弄昏了。學仙的人，也有這個毛病。將來我可以代你打破這許多疑團，請你不要着急。

原函　承下問十條，謹照答如左：（一）是出家人；（二）未曾出嫁；（三）現年四十六歲；（四）環境可免凍餒；（五）俗家距此五十里，父早去世，母還在堂，雖有弟妹，亦不來往；（六）儒、釋二教書大略看過，道書如十二種、參同契、悟真篇、性命圭旨、修道全指、仙佛合宗、天仙正理、仙佛真傳、呂祖全書、玄關經、玄妙鏡、三丰全集等書，俱已看過；（七）翼化堂道學小叢書已齊備，至於女子道學小叢書如女丹十則、女工正法、孫不二女丹詩註、男女丹工異同辨四書，亦已俱備；（八）閉關期限，先擬三月，因在關中得益，故又改爲三年；（九）現在工夫，上座時先守海底，待海底氣機發動，即守乳房；（十）志願欲做到白日飛昇的地步，給大眾看看。

原函　竊觀女丹書云「女命有三」，當係指海底、中宮、乳房而言。究不卜女子修鍊初下手時，應當守何部爲宜？

答曰　守中最宜。這個「中」字，是神氣合一之「中」，不是中宮之「中」；是內外感應之「中」，不是執著一身之「中」。至於海底、中宮、乳房，非不可守，但執著一處死守之，則不合大道。

原函　至於弟子現在須用何工夫，方能得着造化？陽生之景，人人皆知，但用之的當與否，未必盡能了解。古云「差之毫釐，失之千里」，誠至言也。

答曰　現在姑且用你自己所習慣的工夫，暫時做下去。須要「緜緜若存，用之不勤」這兩句是道德經上所說，初下手正好用得着。陽生之景，是否準確，先要明白活子時之發現，是否清真，先要明白活午時。宋朝曹文逸仙姑之靈源大道歌，在女丹書中，甚有價值，不可不看。若未曾見過，將來我可以抄一份送與你。

原函　弟子每遇道中長者，輒以玄妙相問，皆含糊答應。是不肯明言耶？抑不知耶？

答曰　有三種緣故：一，因爲男女之界限，不能暢所欲言；二，因爲男子只懂得乾道工夫，關於女子身上生理，不能透澈了解，說出來似乎隔靴搔癢；三，因爲伊等當日從師學道時，不問女功，所以後來別人問他，他就不能回答。以上三種，是男導師之缺點。若女導師雖可免除這三種缺點，又因爲他們的程度尚不及你，你問他，他當然回答不出。

原函　伏維師尊大人内外兼全，功果齊備，言論迥異常人，志願獨超往哲。弟子欣忭之餘，竊謂三生有幸，雖屬郵函往來，何異親聆麈教？但恐天機口訣，嚴守秘密，必須當面開示，不肯紙上輕傳，是則無可奈何之事矣。竊念師尊大人心存弘道，志切度生，可否爲方便故，破格相授。不勝馨香禱祝，拱俟瑤音。

謹此拜白。

弟子□□□頓首

答曰　函授亦可，但請勿着急。此事有時節因緣，不能勉强，將來得便擬抄幾種女丹口訣，從郵寄奉。不過此事也要看學者智慧福德如何，完全依賴口訣，亦難保必定成功。

載民國二十五年（一九三六年）七月一日揚善半月刊第四卷第一期（總第七十三期）

覆濟南張慧巖君

陳攖寧

原函 前於秋末曾上一函，諒蒙垂察。迄今未蒙訓覆，不勝悶悶。

寧按 敝處積存各埠來函，有四十封之多，尊函未曾看見，抱歉之至。

原函 後學幼年體質萎弱，命運坎坷。十四歲失學，以後即無機緣讀書。雖天性好道，苦無明師。至三十歲，始略明口訣。奈世態滄桑，師友離散。嗣後不但明師未能訪得，即真正同志，亦未覓到，以致絕口不談命學者數年。非不談也，實無可談之人，徒招毀謗耳。

寧按 真正同志，國內不乏其人，惜散處各方，不通聲氣。本刊即是訪求真正同志的唯一介紹物。

原函 在此有限光陰、俗務百忙中，不敢輕易虛度，因是而學佛。由五戒再進而菩薩戒，而淨，而禪，而藏密。欲探討密教即身成佛之真諦。然訪求明師之素願，未敢須臾忘懷。今春在揚善刊中拜識先生，自慶明師已得，並蒙悲示一切，尤爲欽感。

寧按 此言愧不敢當，我僅可以幫助同志諸君研究而已。自己尚未成功，難爲人師。

原函 奈後學所處之環境困難，工作忙迫，非遇機不能告假。然不蒙我公首肯，又不敢冒昧進謁。懇乞先生垂憐後學環境限制之苦，多年求道之殷，賜予面誨之緣。尤乞勿以時機有待，見拒門牆之外，則感且不朽矣。

答曰 學道而爲環境所困者，豈止閣下一人？遍國中皆是也。若不設法解決此種困難，雖得傳口訣，有何用處？無非抱道終身而已。此事須用團體辦法，方能有濟。現正在籌劃此事，請勿着急。

載民國二十五年（一九三六年）七月一日揚善半月刊第四卷第一期（總第七十三期）

再覆北平楊少臣君來函

陳攖寧

原函

攖寧先生道鑒：

上年璲在濟南時，曾上書兩封，諒早邀鑒察。中略。寧按　敝處僅得見尊函一封，連此次來函算，併爲兩封耳。

五斗米折腰，原非得已。今則免去案牘之勞，俾得一心向上，可謂如願以償。中略。數載之間，心心在道，昔年所悵悵者，同志無人，大道將絕。自讀揚善刊，得悉師座提倡道學，兼有張化聲先生、純一子、竺潛道人、常遵先諸先生，皆係洞明陰陽造化之理，並以道爲己任者。吾國數千年之絕學，至此其將復興乎？歡欣鼓舞，不可言宣。

璲現在北平，稍緩時日，即擬收拾行李，買車南下。蒼蒼者天，倘能許我得與師座一晤，並藉此得從明道諸先生之後，暢聆法益，殆所謂爲之執鞭亦欣慕焉。

舊都市面蕭條，景象全非。值此時局，倘再無二三明德達道之人士，救正人心，挽回氣數，吾恐周餘黎民，靡有了遺矣。先生有言，今之時欲救國，非從仙學入手，迎頭趕上不可。嗚呼！能明先生之意者，有幾人乎？

謹肅，敬請道安

後學楊璲謹上

覆函

少臣先生道鑒：

頃由翼化堂轉到惠書，並致濟南市長論道信稿，皆已快讀一過，欣慰奚似。敝處積存各埠同志來函，近日抽暇稍爲清理，竟有四十封之多。擬犧牲一月光陰，於本刊上答覆之。從七月一日出版第七十三期起，每期「通函問答」門，必有十頁左右，請略注意。去歲尊函，亦在其中。

張化聲君現居湖南寶慶，常遵先君現居湖南湘陰，純一子往來蘇滬兩地，竺潛君常住上海。寧自己現伏處鄉村，地點介於松江、上海之間，暫時託足而已。

愚意欲藉本刊聯絡全國好道同志，組織一實行修道之團體。但此刻機緣尚未成熟，望閣下稍安毋躁。只求中國大局粗告和平，寧之目的必能達到。俟團體成立，負責有人，寧即披髮入山，刻苦修鍊去矣。

現代國家社會，無論辦何種事業，皆非有嚴密之組織不可。孤立獨行，斷難成事，蓋不徒修道爲然也。惟組織一種團體，必須經過許多官樣文章，手續麻煩已極。愚意俟中國道教會正式成立之後，將我們修道團體，附設於道教會之內，名正言順，免得另起爐灶。此舉能否成爲事實，要看時局如何。閣下當然贊成此舉，並望多邀幾位忠實同志，合羣策羣力以赴之，必有濟矣。

中華全國道教會緣起，登在本刊，想早已邀覽，故不再寄。北平王禮賢醫生亦好道，自云參訪多年，尚未得訣，此君相信金丹真傳。又北平錢道極君，亦曾經各處亂撞，尚未立定脚跟。伊嘗有來上海之意，可惜敝處團體組織辦法没有頭緒，雖來亦無濟於事，徒勞跋涉耳。尊駕如得暇，不妨就便與王、錢二君一晤。張慧巖君現狀如何？頗以爲念。

再者，張化聲君精於佛家唯識宗及三論宗；竺濳道人精於禪宗；常君遵先，主張儒、釋、道三教一貫；純一子篤信雙修接命之説，不承認餘宗别派。寧之志願，較彼諸君略有不同。因欲集仙學之大成，不便偏守一家言論，且不肯讓仙術爲富貴人所獨佔，以致平民無分，故不提倡栽接説，所以異於純一；因欲維持仙學地位，不屑借用佛典中之名詞與理解，以免受佛教徒之輕視，故異於竺濳；因欲專弘道教，不願受佛家教義所支配，將道教攝入佛教天乘，故異於化聲；因希望肉體證得之神通，銷滅科學戰爭之利器，不得不注重實驗，謝絕空談，只講物質變化，不講心性玄言，故異於三教一貫；　因欲聯絡全國超等天才，同修同證，共以偉大神通力，挽此世界末日之厄運，非但不贊成生西方，並且不許昇天，不許作自了漢，不許厭惡此世界之苦而求脱離，不許欣慕彼世界之樂而思趨附，故異於往昔前輩神仙之宗旨。

忝屬知音，用敢掬誠相告。

此覆，並候道安。

攖寧

蒲團子按　胡海牙老師家藏本陳攖寧圈點、增批揚善半月刊，陳攖寧註明「此封不抄」。然此信與後文有密切關聯，故全文保留。特此説明。

載民國二十五年（一九三六年）七月一日揚善半月刊第四卷第一期（總第七十三期）

湖南湘陰神童常熼來函並答

陳攖寧

原函

逕啟者。去秋家嚴由滬返湘，每逢星期日，便以大學、中庸教熼。至「知止而後能定，定而後能靜」一章，始知坐功可以開智慧，通神明。於是每日黄昏及亥子之交將睡時，照家嚴教我秘法靜坐，諸事不想，行之不間。又嘗讀坐忘論收心第三云「守根不離，名曰靜定」，二段云「心不著物，又得不動，此是真定正基」，我知道即是不想事靜坐之意也。再讀三段云：「息亂而不滅照，守靜而不着空。」心内生疑：「既云不着物，便是心空，又謂守靜不著空，那就還是有所。」當時以此問家嚴，應該如何處心。家嚴說：「執心住空則有所，收心離境則合道。即大學所云『心不在焉，視之不見，聽之不聞，食而不知其味』，又孟子所云『求其放心而已矣』。」熼方知就是安心守神。故每日必坐兩時。至前二月中，忽小腹熱漲，即問家嚴。比時告我是丹田氣動，囑留意海底及尾閭。到閏月中，忽若有物至尾閭，欲上不能通，一冲一停。又問家嚴，又告我不要留意，聽其自然。由是每坐則一冲，復退還小腹。但是在高小校中上課時，背脊骨、背心中，時有熱氣在内作漲。再問家嚴，則笑而不答。煐更心疑。只聞家嚴對家慈言：「吾兒本有慧根，但惜只十一歲，我有多少大道真傳，不能告他，只好聽他自己去求師耳。」煐想現在我國中，誰是真人，不得而知。每聞家嚴對人云，訪道四十餘年，惟有攖寧子是當今唯一無二道學家。故特將此情形記錄，上陳慧鑒。如蒙不棄，肯賜教誨，則感荷無量矣。

特具恭叩道安，佇盼覆示。

世愚晚常煐百拜
六月一日

答曰

來函所言靜坐之效驗，若在大人，不足爲奇。所奇者，十一齡小童耳。必是夙種慧根，方能領悟及此。觀本期所載廣東中山縣劉君，以六旬老翁，其效驗如彼。賢姪不過十一歲，試做初步靜功，效驗又如立竿見影。可見仙道工夫不問老幼，皆能有成，就怕人不肯做。參同契云：「上德無爲，不以察求。」賢姪現在就具足上德之資格，用不着頭上安頭，再學什麽口訣。只要能每日靜坐，不使間斷，即足以了却大事，勝過余等百倍。身内一切變化，你莫管他，奇奇怪怪的現象，將來尚層出不窮呢。

令尊大人笑而不答，含有深意。因此我想起古人一首詩云：「問余何事棲碧山，笑而不答心自閒；　桃花流水杳然去，別有天地非人間。」你能悟會此詩言外之意，工夫包有長進。

尊大人前，望代我問候。南嶽衡山，不知已尋得修鍊之勝地否？我去歲遍遊蘇、浙、皖三省名山，結果仍無所獲。蓋以時節因緣，未能輳合，只得再看機遇耳。

載民國二十五年（一九三六年）七月一日揚善半月刊第四卷第一期（總第七十三期）

覆浙江金華孫抱慈山人

陳攖寧

原函

攖寧先生玄鑒：

敬啟者。天台一別，蟾月數圓，每懷高雅，企念殊深。辰維道炁常存，德音廣播爲頌。

山人寄住赤城二月餘，至秋始返金華。前閱貴刊暨道學叢書，思想新穎，議論透闢，別出心裁，獨具卓見。大哉聖人之道，待其人而後行。夫天不欲宏道濟眾則已，如欲宏道濟眾，當今之世，舍先生其誰耶？

道之興廢，天命早定，應運發皇，顯晦有時。惟其蓄之愈久，故發之愈光。譬之花樹，爲春寒所勒，一旦怒開，倍覺鮮華。以我中夏數千年來富有種族歷史價值之道學，至今奄奄不振，式微已極，幸得先生具甚深智慧，抱徹底悲心，起而挽回之，補救之，發揚而光大之，中興國教，普濟蒼生，欣瞻前途，忭頌無量。

山人疏庸鄙陋，愧無一得貢獻。勞勞雲水，歎身世之無常；僕僕風塵，悵知音之有幾。倘蒙賜教裁成，無任感禱之至。

專此，敬請撰安！

山人抱慈謹啟

覆函

敬覆者，寧去夏偕馬、張二君，各處遊山，實非流連風景，蓋有兩種目的：一則尋覓修鍊之勝地，一則訪求絕俗之高賢。結果他無所遇，僅於赤城紫雲洞遇先生一人耳。惜爲時間所限，未獲暢聆塵教，別後思慕不置。雖白雲在望，而青鳥無蹤，徒深慨歎。

去秋展轉奉到瑤章，辱承過譽，慚愧交集。理應早日裁答，又以塵勞挫志，急景彫年，半載蓬飄，未遑安處。遲至於今，方能抽暇與先生通問。幸有以諒之。

寧蟄伏農村，朝夕共編氓爲伍。蛙鳴閣閣，犬吠狺狺。遙想先生以不食人間煙火之身，徜徉於碧嶂蒼松之下，仙凡路隔，未卜何日再接清輝，曷勝翹企。尚希不時將山中消息示我爲盼。

敬候道安！

攖寧頓首

附告閱者諸君：孫抱慈山人乃辟穀術專家，能一月、半月不食，而行動自如。

載民國二十五年（一九三六年）七月一日揚善半月刊第四卷第一期（總第七十三期）

答蘇州張道初君十五問

陳攖寧

原函　敬肅者，頃接揚善刊社寄下三月十六日出版半月刊一卷。欣悉社中爲滿足海内好道同志之渴望起見，特商請先生犧牲修養之精神，創作問答專刊一期。初盥誦一過，欽歎不已。蓋其間非只字字金玉，句句精言，且有驚天動地之見解，如讀黄懺華居士給太虛法師一封信是；　有革古闢今之開示，如答無錫汪伯英君及常德電報局某君之問道是。小子好奇，關於各種怪誕書籍，實瀏覽多多矣。然如先生之奇文，昔猶未見也。捧讀之下，萬分傾服。久蓄拜師之念，如怒潮猝至，幾莫能遏。但素知先生虛懷若谷，對於拜師之請，概行拒絕。故雖潮沸胸膛，猶未敢貿然啟齒。惟先生慈悲，亦將有以度我乎。茲再附上問道十五則，乞指示迷津是禱。

第一問　讀先生答無錫汪伯英君第五問，知道家亦有上中下等品級，參同、悟真尚非人己兩利之上上等法門。初曾讀孫汝忠所著金丹真傳一書，其書既斥孤坐獨修之愚，又深戒三峯採戰之妄，似有合於先生所謂神仙眷屬之説。未審此法係何種法門？

答曰　金丹真傳，繁瑣無當，不如悟真篇之簡易，後人疏忽，每每混作一談。雖以知幾子之聰明，且不免爲其所誤，何况餘子？

金丹真傳之法，比較悟真篇又下一等，絕對不是我們所謂神仙眷屬之說，請勿誤會。

第二問　讀先生所著黃庭經講義第四章，知道家修養方法雖多，但起手法門，總在調息。初亦曾屢按調息口訣「不急不滯，勿忘勿助」之法而實地試驗，不料不調猶可，一調則反感喘息。屢試屢然，此乃不得其法乎？　抑另有不可輕傳之調息秘訣乎？　務祈示知。

答曰　調息之法，由粗而精，自始至終，皆不可離。其法甚簡易，並不煩難。閣下不得其法，所以做起來頗覺吃力，是爲太過之弊。以後須要順其自然，不可過於執着。

第三問　先生所著孫不二女丹詩註凡例第六條有云：「女子修仙，除天元服食，室礙難行，人元雙修，誓不筆錄而外，古今來僅此一門，堪稱大道。」請問何謂天元服食？何謂人元雙修？　並因何故室礙難行與不可筆錄？

答曰　外丹黃白術，鍊到一二年後，九轉功成，只能點化，而不能服食，此種名爲地元。由地元再求進步，鍊滿九年或十二年，此種名爲天元神丹，可以服食。因其手續麻煩之極，令人不敢嘗試，故曰「窒礙難行」。

人元雙修，即夫婦同修同證之法。因俗人少所見而多所怪，且非生有夙慧者不能行，非夫婦二人程度相等者，則必遭對方之掣肘，而亦不能實行。故必遇上上根器，而且夫婦二人一心一德者，方許傳授。又須經過一種規定之儀式，及嚴厲之誓辭，否則不準隨便輕傳。故曰：「誓不筆錄。」

第四問　上上等法門，既誓不筆錄其訣，但其理可得而聞乎？

答曰　以世俗言，男子偏於陽，女子偏於陰；以丹道言，男子外陽而內陰，女子外陰而內陽。總而言之，不管他們誰是陰，誰是陽，都嫌其偏枯而不完全，此乃人類有身以來最大的缺憾，亦即生死流轉唯一的動機。試觀電池，正負線相接，則起輪迴；再看磁鐵，南北極相遇，則相吸引。其故可思也。但後天陰陽，雖分爲二，而先天一氣，却是整個的，其本性實不欲分離。修道者，貴在利用後天之陰陽，以返還先天之一氣。換言之，即是從偏枯不自然之變態上，逆行造化，以求回復中和自然本性而已。

第五問　得參同、悟真、天仙正理、金仙證論等法門而修成者，曰天仙，曰金仙。未審得上上等法門而修成者，是否亦稱天仙、金仙？抑如人類然，雖總名爲人，其間亦有賢愚階級之分，而未能一致耶？

答曰　在別種動物眼光中，看人類全體，幾乎没有一個人不是神通廣大的。而在人類眼光中，看自己同類，其間實有優劣之分，階級等差，多至不可勝數。依此例推測仙界，其間當亦有階級之分，程度恐不能一律。

第六問　昔年那幾位仙人係以上上等法修鍊成道者，可得聞其姓名乎？

答曰　中國古昔無出家之説，凡修仙學道之人，都是有眷屬同居。自從佛教傳到中國以後，纔有出家制度。於是男子出家叫作和尚，女子出家叫作尼姑。其本意原想脱離家庭之苦惱，而求得身心之清靜。孰料一著袈裟事更多，其苦惱依舊不能減少。道教全真派，即是模仿佛教而作，是後起的，不是古法。古法修鍊，皆是夫婦二人同心合意，斷絶俗情，雙修雙證，與孤陰寡陽的制度大相懸殊。劉綱、樊雲翹二位，乃夫婦雙修中最負盛名者。至於北七真中，如馬丹陽、孫不二兩位，名望亦隆。

第七問 閉陽關法，以初所知者，有下列數法：（甲）用諸丹經所傳風火同用之功，而將陰精鍊化，則陽關自閉矣；（乙）用龍虎衣固濟外腎，使不漏洩此法由先祖父所抄還丹直指中摘出，但未審龍虎衣究係何物；（丙）根據古語「用之則成路，不用則茅塞之矣」之理論，以閉之。除以上三法外，是否另有不可筆錄之秘訣？

答曰 風火同用之鍊法，可以將精鍊稠而變爲堅韌，不可使其稀薄而化氣。此法有流弊，難以完全信託。龍虎衣，是隱語，不便明言。至於「不用則茅塞」這句話，亦不合於事實。人身精竅，地位甚小，裏面長滿了，自然就要溢出來，不管你用不用。此外法門尚多，未能悉數，惟在因人說法。

第八問 辟穀諸法，是否依服氣而成？

答曰 服氣是辟穀法中之一種，另外尚有用藥物代食法，或入定不食法。

第九問 心靈學家余萍客所著精神統一法及修養二十派兩書，先生閱過否？有禪於修養之一助否？

答曰　此二書我未曾見過，余君本人，我却會過一面，但未談及修養之事。此二書，並尊處家藏鈔本還丹直指，如得便，望從郵局寄到翼化堂轉交與我，以便研究。要掛號爲妥。

第十問　先生答汪伯英君第五問中有云：「三種法門，其用語彼此相同，以致無從辨別。」可否請先生將辨別之法詳示，俾可跳出悶葫蘆？

答曰　外丹與内丹，一個是在爐鼎中燒鍊的，一個是在人身内變化的，學者先要把這兩條門路認識清楚；鉛汞二物，在外丹中是實體的東西，在内丹中却是比喻；精氣神三項，在内丹中是正式的名詞，在外丹中却是借用。此爲第一步辨法。

第二步，又要曉得鉛汞二物，在外丹中，亦有真凡之別。凡鉛，是初次從鉛礦中燒鍊出來的；凡汞，是初次從硃砂中燒鍊出來的。真鉛真汞，是凡鉛凡汞經過種種艱難的手續，變化出來的。但真鉛真汞，雖只有二個名詞，而代表的物件，却不止兩樣。此乃專門學術，非實驗不能明白。

第三步，又要曉得内丹書上，也常有「外藥」字樣，也常用爐鼎名稱，但與黃白術之作用毫不相干。因爲這件東西，不在自己身上，是從外面來的，所以叫作外藥。「爐」「鼎」二字，有時完全指此物而言，有時完全指彼物而言；有時爐在彼處，鼎在此處；有時鼎屬彼家，爐屬我家。離合交錯，不可究詰。通其法者，頭頭是道。若執着一端以求其解，則滿紙皆荊棘矣。

第四步，又要曉得像伍冲虛、柳華陽一類的述作，只講清淨獨修，不說陰陽栽接。他們也有內藥、外藥之分，意思是指自己身中本有的名爲內藥，從虛空感受到自己身上的名爲外藥。雖也說「藥從外來」，而來源却不相同。這一點學者要辨別清楚。

第五步，又要曉得湖州金蓋山古書隱樓藏書是調和派。他因爲歷來修道的，陰陽栽接與清淨孤修，常立於反對地位，遂另外開一條門徑，將二者合而爲一。雖講清淨，而不是孤修；雖說陰陽，而不是栽接。既非參同、悟真之法，亦非冲虛、華陽之法，更非悟元子道書十二種之法。學者當知辨別。

第六步，又要曉得悟元子各種著述，專講先天，不講後天。他把別人家所用的舊名詞概行排斥，換上他自己所造的新名詞，實際亦不過爾爾。

第十一問 先生言三教書籍，約有二萬卷，讀完一半，也需三十年。但以時間關係，初實未能勝此久遠之程途。可否懇先生將關於修養最要緊的書籍，指示若干種？俾可循序參讀，而又不多費光陰，即得知其概略。

答曰　若專爲自己個人修養起見，用不着讀許多書。儒家只讀四書、易經；道家只讀老子、莊子、淮南子；仙家只讀參同契、抱朴子、黄庭經、漢劉向列仙傳、晉葛洪神仙傳；丹家只讀晉許真君石函記、吴猛銅符鐵券文、宋張紫陽浮黎鼻祖金藥秘訣序、范文正公所傳漁莊錄、白紫清地元真訣。以上各種書籍，已足供研究之用，且與佛教不生關係，界限甚覺分明，比較普通流行的道書，高得多了。

坊間通行的道書，每喜夾雜佛教名詞在內，把神仙真面目反而掩藏起來，於是乎「神仙」二字，在世俗人眼光中，也等於佛教之生西方、耶教之生天國一樣看待，弄得恍惚無憑。吾等應當力矯此弊。

第十二問　唱道真言一書，是否北派？

答曰　此書是乩壇筆錄，無所謂派。書中道理講得不錯，自成一家之言。

第十三問　人身關竅，以何書所載者最詳？

答曰　闕竅等類的名詞與地位，須要看醫家書，如黃帝內經、黃帝甲乙經、鍼灸家所用之銅人圖等。昔賢常謂「醫道通於仙道」，故學仙的人應當知醫。

第十四問　相傳白日飛昇、拔宅飛昇，這類故事確否？

答曰　「白日飛昇」的意思，就是表明不在黑夜而在白晝，可以讓大眾親眼看見，自然是實有其事。不然，如何安得上「白日」二字呢？

「拔宅」的意思，就是說全家的人都成仙，不是說把住宅弄到天上去。此事非服食天元神丹不可，尋常修鍊金液玉液、結胎出神等作用，僅能了脫個人，而不能超拔全家也。

第十五問　丹經中所用之琴劍及敲竹喚龜、鼓琴招鶴等隱語，究竟作何解釋？乞詳示。

答曰　琴用指可彈，是調和的意思；劍有尖可刺，是鋒利的意思；竹體圓直而虛心，是離卦一方面事；龜屬北方玄武，是坎卦一方面事。丹經只言「鼓琴招鳳」，沒有「招鶴」之說。鳳屬南方朱雀，與北方玄武是相對的，就同青龍白虎一樣。

劍與琴也是相對的，此處有劍，彼處即有琴。帶劍的武夫，不許倚仗自己的利器，隨便輕臨戰陣，與人爭强鬬勝，只許模仿文人雅事，隱居密室中，鼓琴養性，按劍怡情。任爾英雄，竟無用武之地。朝朝暮暮，長久於斯，自然心平氣和，煙消火滅，於是乎百鍊鋼化爲繞指柔矣。丹道所以異於世法者，在此。噫！知之固難，行之尤難。

載民國二十五年（一九三六年）七月十六日揚善半月刊第四卷第二期（總第七十三期）

與國醫某君論丹道函

陳攖寧

□□大醫士道鑒：

多日未晤，憶念良殷。前承垂詢人元丹法，惜以時間短促，未能罄所欲言，今補述如後。考呂祖、紫陽、三丰諸位，皆依此法而修成，末學如僕，何敢有所誹議？清淨派專講單修，硬將悟真、玄要之秘旨，在自己一身之精氣神上摸索，勉强加以曲解，不免厚誣古人。但如陰陽派誇談妙鼎，艷說彼家，將先哲所傳之調息、凝神、守中、抱一工夫，概視爲修性不修命。照伊等之見識而論，幾乎吾輩自己身中，只有性而没有命，命全在別人身內。請問此理可通否？

須知天空中轟雷打閃之電，電燈廠機器磨擦之電，乾電池藥物變化之電，蓄電池隨時儲蓄之電，此四種電之來源雖不同，而電之性質却是一樣。普通靜功，譬如蓄電池之電；人元丹法，譬如電燈廠之電；地元丹法，譬如乾電池之電；天元丹法，譬如天空中之電。事固有異，而理實無異。果能研究至此，則丹道問題，亦不難解決矣。

天元之道有二：一爲天元神丹，乃地元再進一步之作用；一爲先天一炁從虛無中來之天元，乃清淨獨修真憑實據之工夫。彼輩講陰陽栽接之術者，自己工夫未曾做到此種地步，而且見識不廣，囿於一家之言，所以不知人身內有此極平易而又極神奇之現象，每每勸人走一種很艱險的路程，以致抱道終身，永無實行之希望。

全國中好道之士，大都是經濟力量薄弱，室家累重，生活困難，豈有餘力依法設備？勢不能不訪求外護。流弊甚多，未能悉舉。因而人格降低，聲名狼藉者，往往有之。何況現代法律條文，比較昔日加倍嚴密，可謂動輒得咎。與其輕率嘗試，貽他日失敗之憂，不如慎之於始之爲愈也。

專誠奉答，並候暑安！

攖寧上言

載民國二十五年（一九三六年）八月十五日揚善半月刊第四卷第四期（總第七十六期）

致湖南寶慶張化聲先生書

陳攖寧

化聲先生道鑒：

兩蒙惠書，久未作答，一者文字債積欠甚多，酷暑執筆，揮汗成章，蚊芒噬膚，有如錐刺，實不勝其苦悶；二者鄉居簡陋，不足以容僕役，凡家庭瑣屑，皆寧與拙荆分任其勞，自旦至昏，幾無暇晷。兼之求診乞藥者踵相接，而村婦牧童，復時來喧擾亂。「近之則不遜，遠之則怨」，孔夫子真不我欺。因此致疏箋候，原諒是幸。

日昨荷黃懺華居士招遊浙省富春江，登嚴子陵二釣臺，直上八百級，俯仰綠水蒼巖，悠然神往。惟一臨西臺，想及謝皋羽當年痛哭之情，又不禁爲民族前途懼也。

古云：「大隱市朝，小隱林藪。」鄙志不敢求其大，僅慕其小。今小者且不可得，除每日雞鳴而起，伸紙磨墨，孳孳與人作辯論外，眼所接者，瓜豆禾黍之離離；耳所聞者，老圃老農之絮絮。長此以往，赤松子之遊，未必能從；田舍郎之誚，終不可免。先生將何以教我乎？

曩者曾奉尊函，勸我努力弘揚仙道，勿慮孤掌難鳴，並允助我應戰，俟數年以後，付託有人，吾等即可把臂入林，尋寒山、拾得之遺蹤，繼修靜、淵明之三笑。此意早銘肺腑，用是不辭駑鈍，甘效前驅。雖則目無全牛，然已勢成騎虎。轉瞬四載，尚未有了期。所有贈稿諸君，立在一條戰線者甚少，亦可歎矣。

北平劉顯亮居士曾云，持論有攝法，有拒法。寧前所用者乃攝法，如答南通佛學社問龍樹菩薩學長生一篇及「問答專刊」等皆是；後所用者則拒法，如呂祖參黃龍三篇及其他各篇之按語皆是。

寧之本意，原不欲拒人。無奈自古迄今，佛教徒對於外道，都用拒法。雖亦偶有用攝法者，又不肯以平等相待。元明以來，主張三教合參、三教同源者，未嘗無人，然每每爲佛教徒所嗤。此愈欲攝，彼愈欲拒；此愈欲親，彼愈欲疏；此愈謙和，彼愈驕傲。何其不近人情如此？是非佛教徒之過，彼教義使然也。若不先折服其教義，而貿貿然與之談平等、講一貫，焉能不受其排斥哉！

印光法師之闢仙佛合宗，不過十百中之一耳，又何足怪？印光文鈔可以批駁之處極多，寧雖陋其學識，但亦佩其專誠，故不爲已甚。又以道家常喜用佛家之名辭，亦屬咎由自取，故不顧回護。設若盡力反擊者，恐淨土宗根本動摇矣。

今有一問題，須費考慮，即楞嚴十種仙是也。仙道每爲知識階級所鄙視者，十分之九

受此影響。愚意擬加以糾正，惟尚未覓得所以措辭之方。和平乎？激烈乎？僅限於十

種仙乎？抑攻及全部楞嚴經乎？或竟置之不理乎？幸高見爲我一決擇之。

海內修仙學道人士，車載斗量，不可勝數，惟關於楞嚴經十種仙所處地位之卑劣，從來無一人敢爲援手，且多有不知其名者。嗟乎！寧安能借助於彼輩哉？先生對於佛道兩教，研究甚深。爲學術計，似宜秉當仁不讓之風，破拘守門庭之習，發揮大無畏精神，直抒胸臆，倒挽江河，是所切盼。

專肅奉達，並候道安！

攖寧頓首

再者，本刊第六十一期汪伯英君與蘇州木瀆法雲寺嘿庵法師討論佛學書，的確是汪君自己手筆，寧未嘗增刪一字，僅於括弧內加幾句按語，以補充其未盡之意耳。汪君之人生積極大問題答案，似乎太不徹底，無怪尊意致疑於此篇，謂非汪君自力所能辦。天下事竟有出人意料之外者，此類是也。假使此篇書曾經寧手寫出，決不會如此圓融。因爲拙作口氣，皆是鋒可吹毛，剛能截鐵，一動筆就要開罪於人。不能學汪君之謙恭有禮，委婉陳詞，三教調和，無偏無黨。雖然，愚意亦不願與人輕啟是非之爭，只求將仙術拔出於三教範圍之外，庶可不受彼等教義之束縛，而能自由發展。並希望由此多造就幾位真實的

神仙，對於世界上物質的科學，加以制裁，使好戰之魔王所恃爲殺人之利器，不生效力，然後人類方有幸福可言。否則二次大戰、三次大戰，以至不計數次大戰，地球衆生，將無噍類矣。宗教云乎哉？道德云乎哉？心性云乎哉？

寧再白

載民國二十五年（一九三六年）十月一日揚善半月刊第四卷第七期（總第七十九期）

覆陳先生攖寧惠函

張化聲

攖寧先生道席：

讀揚善刊七十九期所賜瑤函，語重心長，令人感愧無似。曾記得十餘年前，據武昌佛學院爲大本營，作佛化新運動，法師則有太虛、空也、善因、大敬等，居士則有唐大圓、陳維東、程聖功等。最有趣是大圓，長不滿三尺，而心雄萬夫，恰似瓦崗寨混世魔王程咬金，任你天神臨陣，他都要大擋三板斧。一時意氣之豪，抗孔顏而薄湯武，屈天演而破進化。南征北討，粗告太平，乃回其鋒於同教之支那內學院。課誦之餘，開最高軍事會議，如何發難，如何應敵，興高采烈，手舞足蹈。化聲則乘機抽身，一溜煙跑到黃鶴樓聽戲或看電影去矣。先生視我，豈臨陣脫逃者哉？又豈唱息事寧人之高調者哉？夫亦曰同人已足了之耳。

先生提倡仙學，而以前途障礙，不慊於佛教。化聲蟄居深山，近來情形，未大洞悉。

然以揚善刊卜之，竊以爲神經亦太敏矣。

蘇州法雲寺嘿庵和尚，乃月霞法師之弟子，復受業於武昌佛學院，而爲三江頗具資格之僧伽也。經汪伯英君圓融之學理，委婉之文辭，調伏其心，已無回響。印光乃一狹義的念佛僧耳。佛教兩雄，太虛與歐陽竟無之言論，彼尚罵爲魔說，況他教哉？不如是，不成爲印光也。某居士拾其唾餘，妄貢謬見，覆函闢之，有何不了？貴社更以慧命經與仙佛合宗兩書，招人批評，自損尊嚴，是亦不可以已乎。

吕祖參黃龍一案，亦善財南詢之例耳。在古人當時，不失其大，吾輩居千年後，反引爲奇恥大辱，此豈佛教徒之過哉？

錢心君之仙佛判决，豈僅哀的美敦書，實對佛門下總攻擊令也。相手方頭二三等之正角，何曾出脚？僅一二未知名之客串，摇旗吶喊，嘵嘵不已。此亦大可憐矣。而先生者，從指甲中放出一線紫光，向普天下和尚精光的頭上，飛舞盤旋，化聲方屏息靜氣，默唸幾聲「南無救苦救難靈感觀世音菩薩」之不暇，助戰云乎哉？

佛道兩家之戰，能入於愈競爭愈進步之途徑，化聲不敢扯功，萬一煽動客氣，釀成混亂的狀態，則戎首之罪，化聲百口難辭。蓋化聲自叙乃導火線，而上妙觀居士一書，則正式宣戰也。其時化聲激於義憤，不顧一切，匹馬單刀，從佛教大本營之武昌佛學院殺出。

幸而妙觀居士，爲民族潮流與科學精神所振盪，知難而退。致瑞典、挪威之分離獨立，以一紙書通過，無取革命流血之慘。而並世佛化大運動家，如劉靈華、黃懺華、唐大圓、馬一浮、范古農、劉顯亮、王一亭、歐陽德三諸先生，非唯不以獅蟲相譏，且有「滿堂兮美人，獨與余兮目成」之概。此豈口舌所能爭？又豈門户所能限哉？其意若曰：佛教局面，現已粗定，中華民族五千年之始祖軒轅黃帝所留遺之一片錦繡江山，荒蕪已久，值得老同志再出身手，前去開墾也。「四十年間，於三教中，自由出入，不見其礙」，此乃先生答海門蔡君語，化聲願頂禮斯言。

楞嚴之屬辭涵義，在佛藏中獨開生面，真僞之辯，聚訟千年。化聲以此乃譯學問題耳。譯者以所譯爲本質，而變現能譯之影像，所謂「展轉增上力，二識成決定」。古今中外，僅有意譯，所稱直譯者，不過意譯之程度較淺耳。是以三藏十二部，不當執爲佛說，亦印度、中華兩大民族思想之結晶品耳。

楞嚴之譯者，帶老莊色彩極濃，謂其貶損仙術，何以解於「真仙童子」與「大覺金仙」之尊號？其位置在人天之間者，六道俱報得，七趣之仙趣獨證得，下接畜生，上齊佛果，而以人天爲中心也。是以白日飛昇、乘龍跨鳳者固仙，千年沉淪、食花餐菓者獨非仙歟？

同一教派，有旁門，有左道，有千百門中得一法，有千百法中得一訣，散見諸書。而爲前人之所批評、所訶斥者，不勝枚舉，豈僅楞嚴哉？是以不修正覺，即修命不修性也。人不鍊心，即一具臭骨頭，如何立功過也？別得生理，即失其本真，更守異氣也。壽千萬歲，依止山林，即「壽同天地一愚夫」之毛女、桂父也。

仙不可議，十種仙而帶有病態則可議。吾人提倡斯道，固然不可貶低，然亦不必抬高。高者自高，低者自低，亦如其量而判斷其程度，說明其派別，指出其途徑，詳察其病藥，發揮其原理，斯亦可矣。何必鰓鰓焉慮及楞嚴焉？

訶佛罵祖，固宗門之大機大用，元始天尊、太上老君等，何嘗不當訶當罵？道家之鬱鬱千年，不絕如線，半由繼起無人，半由貽謀未善。五千年之高真與全藏，人自爲教，家自成書，姓名鮮真，朝代失考，無根本的組織，無連屬的系統。三洞四輔之奇文，以何標準別類？五祖七真之門户，以何原理分支？影響其說，閃爍其辭。白雲霽之道藏，既以輳足卷數，見譏於四庫提要。而神仙、列仙兩傳，人稱爲葛、劉傑作，亦不過矜奇炫異，何嘗一毫留心於學術之淵源與傳受之派別？宜夫近人目全藏爲盜贓，而神仙胥鬼怪也。太虛法師之化聲叙云：「自德行、文學、政教以及卜、醫、拳、劍之術，皆此本源所發之枝流。」此言而出諸佛教領袖之口，可驚亦可痛矣。

今欲提倡仙學，必先整理道藏。尤當以先生之中華全國道教會緣起及四庫提要不識道學之全體兩文爲南針，而編輯一部有系統的道藏目錄，有源流的道家歷史，使人按圖索驥，自由選擇，自由研究。此吾輩工作之第一步。

長生久視之術，重口訣而輕筆述。漢唐作者，或詩詞，或歌曲，自寫意象，殊難卒讀。散行文體，頗稱詳明，但滿紙乾坤、坎離、龍虎、風火、鉛汞、黃婆、姹女等法像，致令讀者眼花腦脹，得訣者雖可印證，無師者不能獨修。宋明之書，似鑑斯弊，趨於樸實，但方法雖明，原理尚略，人亦無從曉暢，致山澤之癯，據爲專賣之品。且老尚無爲，何以談政治？莊主逍遥，何以應帝王？陰符、韜略，何以演爲兵？五行八卦，何以流於術？當茲生物學、生理學、生殖學、生態學、發生學、化學、物理學等大明之時，似宜適應新潮，將仙術建築在科學之地平線上，俾唯心、唯物之粗暴威權，消融翔洽於唯生的大化爐中，造成昇平和樂的世界。此爲吾人工作之第二步。

人生三大問題，乃儒家尊天者所發耳。問題已不徹底，何況答案？蓋大地山河，華藏世界，皆吾人妙明真心中物，此爲佛教之唯心論；萬物與我爲一，天地與我並生，此爲道教之唯生論。唯心者不失英雄本色，唯生者極自由平等之致。尊天者唯天，如蠶作繭，永無出頭之日矣。藤田氏以此自戕其身，島國人之生死，夫亦太無價值矣。

詣屬心交，敢布肺腑，芻蕘之言，聖人擇焉。未卜先生以爲何如？

化聲謹覆

此復，並請著安！

附帶說明： 化聲，湖南祁陽籍，住寶慶界。

竹銘、伯英兩先生電： 蕪函祈登貴刊「學理研究」欄，以勉答陳先生美意，或能興起研究者之精神。可否與陳先生來函合刊，以便閱者。化聲上。

答化聲先生

陳攖寧

承教甚感，尊意欲將世界上唯心與唯物兩大敵派，皆歸納於唯生論中，以造成和樂昇平之世界，善哉善哉！雖然，愚見認爲唯物之科學，將來再進一步，或可與仙學合作；而唯心之佛法，對於仙術，常覺格格不入，頗難覓得妥協之機會。世上果真有人要求仙佛合作，第一個條件，必須使仙佛兩方，都立於平等地位，像英國之對待美國；切勿從中顯分階級，像英國之統轄印度。如此始有妥協之可言也。

整理道藏，確是一件煩重的工作，倘若我輩亦如胡博士那樣大膽，輕於嘗試胡適之陶弘景真誥考，起首就云「這是我整理道藏的第一次嘗試」，自然容易照辦。但請問世上能有幾個胡博士呢？所以我輩只好敬謝不敏。況且此等事業，應該由國家文化機關或中華道教會擔任，方爲名實相符。我輩個人之精神財力，恐不足以語此。

楞嚴經真僞，乃佛教内部之問題，非我輩所當過問。況且像佛經一類的著作，本無所謂真僞，不能說印度有原本就算真的，無原本就是僞的。也許當初有原本，而後來湮沒，也許連原本都靠不住。蓋釋迦牟尼雖然說法四十九年，却未曾親手寫成一部經，都是由後人製造出來的，「如是我聞」四字就是靠不住的代表。尊函謂「三藏十二部，不當執爲佛說，乃中華、印度兩大民族思想之結晶」，洵屬通論。惟思想非一成不變之物，前人思想，不合於今人之思想者甚多，青勝於藍，冰寒於水，後來居上，非不可能也。

寧對於儒、釋、道三教，不欲議其得失，免啟無謂之爭。今只將仙術從三教圈套中單提出來，扶助其自由獨立，使世人得知儒教、釋教、道教而外，尚有仙教；理學、佛學、玄學而外，尚有仙學，於願已足。較之中華民國，從列强條約層層束縛中，努力掙扎，以求自由獨立者，其用意正復相同。敵乎友乎，惟在儒、釋、道三教信徒之自處，不容我預存成見於其間也。

未盡之言，請俟他日寫出就正。謹布區區，諸希慧察。

攖寧頓首

載民國二十六年（一九三七年）二月十六日揚善半月刊第四卷第十六期（總第八十八期）

致南京歐陽德三先生書

陳攖寧

德三先生惠鑒：

奉到瑤章，辱承盛譽，愧不敢當。

前者湖濱旅次匆匆，炎威肆虐，雖慰識荊之望，難傾積愫之談。如能一過都門，再圖良覿，私衷自引爲至幸。惟何日方能赴約，則須視因緣，未能預定耳。

先生仁厚載福，前程無量。世出世間，在菩薩法眼觀之，原無差別；度人度己，下手雖有先後之殊，及其成功則一。大乘根器，誓以宏深之願力，主宰萬劫之輪迴，天堂何欣？五濁何厭？修齡何慕？短命何嗟？所以堅固團結此身心者，惟恃有願力而已。區區分段生死，安足介意乎？能如此者，自不必言長生；亦正惟能如此者，始可以學長生也。

先生早入圓觀，深明實相，毋待饒舌。即如下走，亦非貪生畏死之徒，苟遇可以捨身救世之時機，未嘗不欲一捐頂踵。只以不在其位，故不謀其政耳。古云：「達則兼善天下，窮則獨善其身。」僕之境遇，兼善既不可能，獨善又嫌量狹。故一面隱居求志，一面投稿於揚善刊，聊借文字般若之效力，稍抒人己兩利之情懷。收小果當在三十年後，完大功當在五百年後。此刻正是萌芽時代，固不期其有速效也。

普通拙稿，已屢見於揚善刊，茲不贅述。但有一事先告罪者，即是爲提高神仙地位計，將來難免有訶佛罵祖之論調。彼佛祖在天之靈，或且認爲契理契機之舉，相視而笑，莫逆於心。而一般肉眼凡夫，則不勝其惶悚矣。此須仰仗臺端暨懺華先生等之智慧辯才有以喻解之。

率貢愚忱，諸希朗照，並請道安！

載民國二十五年（一九三六年）十月一日揚善半月刊第四卷第七期（總第七十九期）

答上海某女士十三問

攖寧

第一問 初步入手行功，男女是否相同？

答曰 照我平日所認爲最穩妥、最超妙的法子而論，初步下手，男女是一樣的工夫。做到後來，漸漸發生歧異之狀態，這是因爲男女生理上不同的緣故，乃出於天然，非由於人爲。

第二問 如做斬赤龍工夫，每日應該行功幾小時？需要幾許時間，始能斬絕？赤龍斬絕之後，應該再做何種工夫？其間是否有段落？

答曰 若要正式做此等工夫，每日應該做四次，每次應該做兩個鐘頭，共計八個鐘頭，即是四個時辰。快者半年可以斬絕，慢的一年可以斬絕。

斬絕之後，自然另有進一步的工夫。初學之人，尚談不到此。惟月經鍊斷之後，工夫可以告一段落。若不願繼續做下去，隨意休息幾年，亦無妨害。但要保守得好，否則月經既斷，尚能復來，又要多費工夫。

第三問　每日行功時間，是否有所限定？　抑時間愈多愈好？　並每日於何時行功最爲相宜？　或不拘時間俱能行功？

答曰　有幾種小法子，是要按準時辰做工夫；　若上等法子，可以不拘定時間。每日十二時，做四個時辰工夫已足，太多恐感覺厭倦，反生障礙。

何時行功最宜，亦無一定。　惟吃飽之後，及身體疲乏思睡之際，皆不相宜。

第四問　鍊丹應素食抑應肉食？　或葷素不拘？　或各種食物中亦有宜忌之別？　至於空氣陽光，是否與普通人同樣需要？

答曰　素食雖然潔清，但不宜過於清淡；　肉食雖然滋養，但不宜多食腥羶。素食中如蘑菇、竹筍、鮮菌之類，味雖適口，但易於發病，宜戒絕之；　味精、調味粉、醬油精之類，皆不宜食。　肉食亦只可權食雞鴨魚並蛋類，其他肉類，宜少食爲妙。

空氣要十分清潔，不可有灰塵煤煙、穢濁臭味。　房內空氣要流通，不可把門窗緊閉。

陽光自然是好，但靜室中陽光不宜過大，要稍帶陰暗，方能使精神易於安定。　如需要充分陽光者，跑到屋外空處攝受可也。

第五問 女子年齡，至多到幾歲即不能修鍊？男子年齡，至多到幾歲即不能修鍊？或者只要得訣，不拘年歲皆可？

答曰 照普通道理講，男子六十四歲，女子五十歲左右，天癸將絕，即難再做命功。然這樣說法，是死板的道理，不能作爲定論。仙家妙術，貴在返老還童，無中生有，以人力奪造化之權。若爲年齡所拘，束手待斃，則仙術亦不足貴矣。

第六問 閱半月刊，有謂「男子修成不漏精，女子修成不漏經」。所謂不漏經者，是否指斬赤龍一段工夫而言？又如男子之不漏精，究竟作何解釋？

答曰 女子修成不漏經，的確是指斬赤龍工夫而言；男子修成不漏精，蓋謂永遠沒有手淫出精、睡夢遺精、小便滑精、交媾洩精各種現象。

第七問 修鍊有性功、命功之分，如鍊精化氣、鍊氣化神、鍊神還虛這三步工夫，那一種是性功？那一種是命功？或者這三種全是命功，性功乃另有一種辦法？

答曰　上乘工夫，性命原不可分，所謂那一種是性功，那一種是命功，乃方便說法耳。姑爲啟發初機，暫定鍊精化氣是命功，鍊氣化神是命功與性功各半，鍊神還虛是性功。

第八問　只修性不修命，能否長生？若不能長生，其結果與普通人區別在什麼地方？又長生不死與白日飛昇，有無區別？

答曰　長生之效果，本是從修命工夫得來，若不做命功，決定不能長生。專修性功者，其人結果，與普通人當然有別。或有無疾而終者，或有預知死期者，或有頃刻坐化者，或有投胎奪舍者，皆是普通人所難辦到的。長生不死，是初步效驗；白日飛昇，是最後結果。其程度大有深淺之不同。

第九問　閱丹經謂，法財侶地乃四大要素。在丹財方面，若求其完美，至多應需要若干？最低應需要若干？

答曰　此條所問，乃實行方面之事，不是空洞的理論，簡單幾句話，很難說得清楚，須當分析言之。

(一)按上海生活程度而論，房租每月四十元，火食每月三十元，零用每月三十元，共計每月一百元開銷已足。最底限度，亦需每月五十元，再少恐不可能。

(二)若離去上海，住到外埠生活程度較低之都市，則五十元一月開銷，足抵上海之一百元。蓋房租十五元，火食十五元，零用二十元，在外埠已算優等生活矣。

(三)若離去都市，住到山林出家人之廟宇中，房租飲食，一概託廟中出家人包辦，則每月三十元已足。

(四)以上皆是指個人而言，若團體計劃，開銷當從省。人愈多，開銷愈小；人愈少，開銷愈大。這是反比例。

(五)我平日主張團體組織，就是爲同志們節省開銷起見。但機緣尚未成熟，猶有待耳。

(六)有種人能吃苦的，開銷可以減少；有種人圖舒適的，開銷尚須增多。以上所估計之數，乃不苦不樂之中等生活費用。至於醫藥費、應酬費、旅行費，皆不在內。又如本人家庭父母妻子等一切費用，更談不到。

陳攖寧增批 各種開銷數目，皆按民國廿五年當時情形估計。

第十問 如環境許可，放棄一切，意志堅決，無意外阻礙者，應需若干年始能修鍊成功？

答曰 調養身體，回復健康無病之地步，約需三年； 斬赤龍工夫二年。 以後臨時再看情形，不能預先說定。

再者，此專指君本人而言，若換第二個人，又當別論。

第十一問 丹士每多兼練拳術，請問練拳一事，對於丹道，有損耶？ 或有益耶？

答曰 練得自然合拍，也許有點益處； 若蠻幹死練，則不免受損傷矣。 但各人身體不同，不能一概而論。 若像貴體現在之病態，恐怕練拳不甚相宜，似乎要專門靜養爲妙。

第十二問 丹道有孤修、雙修之别，究竟孰利孰弊、孰優孰劣、孰緩孰速？

答曰 這個大問題，自從漢朝以後，一直鬧到現在，尚没有解決。 蓋因環境、家庭、年齡、時代、習俗、禮教、法律、道德、宗教、信仰、學問、志趣、性别、根器、傳授種種不同，遂闢開兩大歧路，是乃自然之趨勢，我不便於其間有所偏袒。

專講雙修與專講孤修的書籍，我看過幾百部；專做雙修工夫與專做孤修工夫的人們，我三十七年以來，耳之所聞，目之所見，已不計其數。孤修有孤修之利弊優劣，雙修有雙修之利弊優劣，叫我如何判斷？如何批評？今日若發出讚美雙修鄙視孤修之論調，彼財力充足之人，或在家有眷屬之人，方可從事於此。請問一般經濟困難者，以及出家修行者，如何辦法？此中未嘗沒有人才。若曰：「無錢不能修鍊，非先籌鉅款不可；出家不能修鍊，非先還俗不可。」此語一出，大足以灰志士之心，而短英雄之氣，非我所忍言也。

尚有未盡之意，請參看揚善刊第七十四期第六頁答蘇州張道初君第三、第四、第六各問，再請參看揚善刊第七十六期第八頁與國醫某君論丹道函。

我們不談丹道，先講人道。請問一個人生在世上數十年光陰中，究竟是結婚好，還是不結婚好？這個問題，也不易於回答。結婚有利有弊，不結婚亦有利有弊，而且各人有各人的利弊，情形甚爲複雜，決不能用專制的眼光與獨裁的心理去武斷，令人心中不服。彼等偏重孤修，或偏重雙修，是已而非人者，皆專制獨裁之類也。

第十三問 鍊丹是否應絕慾？抑節慾即可？或房事與丹道無關？

研究。

答曰　無論男女，若平日抱獨身主義者，此條就不成問題；　若有配偶者，方許所謂絕慾者，即完全斷絕之意，此事要男女雙方情願，若有一方不願者，即難辦到；　所謂節慾者，即是有節制而不太過之意，此事實行較易，稍覺近乎人情，然對於專門鍊丹上頗有妨害。

世間男女房事，粗俗已極，與其他動物無異，比較仙道，真有霄壤之殊。若不於其間別求玄妙之法，以逆行造化，惟知禀承我們人類老祖宗所遺傳的劣根性，輕舉妄動，如何能跳出輪迴而打破生老病死之定律乎？

因未曾徵詢君之同意，故不將姓名宣布。若君意認爲無妨礙者，下次再有問答，即將真姓名登出，如寶應陳悟玄女士一樣，蓋已得其本人之許可也。

攖寧附白

載民國二十五年（一九三六年）十一月十六日揚善半月刊第四卷第十期（總第八十二期）

答寶應陳悟玄女士十問

攖寧

第一問 尊云遍國中女丹書，只有廿餘種，敝處僅有翼化堂之女子道學小叢書及尊著女丹詩註，其餘不得而知。如有處可買，請示地址。若係寶藏，賜借兩種一抄可乎？

答曰 此等書在外面不流通，無處可買，將來得便在本刊上披露可也。

第二問 弟子白天坐功，妄念易止，定靜較易。惟夜眠醒時，便覺神旺氣足，雜念紛馳，不能定神，殊有妨害。敬乞妙法以糾正之。

答曰 細閱坐忘論，熟讀坤寧經，當能覓得止念之妙法。我的見解，以爲雜念這個東西，對於初步工夫並無大害。只要你的身體坐着不動，雜念忽起忽落，聽其自然可也。止水無波，談何容易？

第三問 吾道中福慧兼全之女子，將來可期成就者，師尊訪道多年，心目中當有賞識，乞指示數位，聊悅心懷。

答曰　世上人福慧俱無者，佔大多數。其少數者，或有福而無慧，或有慧而無福。至於福慧兼全者，乃居極少數。若福慧兼全而又好道者，並且可期成就者，今日女界中誠不易得見。現正在留意訪求，若有所知，當以相告。

第四問　有節婦某，十九歲出嫁，念四歲喪夫，身體強壯，心性聰明。所可怪者，月經始終未至。今擬立志修鍊，不卜其將來可有得藥還丹之希望否？敬乞指示。

答曰　女子終身無月經者，世上不乏其人。若非身有暗疾，便是前生帶來的夙根。當真做起道門工夫來，比較有月經的女子更加便利。因爲可以省却斬赤龍一番手續。

從前有一位老牌電影明星，她就是生來没有月經的。人甚聰明，年齡雖大，而容貌不衰。但是她不懂得修鍊工夫，飄流放浪，甚可惜也。

第五問　丹經皆謂女子用功與男子不同，又云言汞不言鉛。弟子愚蒙，敬祈開示。

答曰　這是因爲男女身上生理之不同，是天然的分別，不是故意的造作。

所謂言汞不言鉛者，不是說女子身上只有汞没有鉛。因爲舊時代的女子，被舊禮教、舊道德所拘束，每每害羞而不肯明言之故耳。

第六問　女丹書云：「風欲來即須擒虎，雨將降乃可斬龍，不先不後，及時斬取，方可煅鍊也。」此中玄妙，未敢强猜，叩乞吾師詳示。

答曰　「及時斬取」的「斬」字，恐是「採」字之誤。詳細情形，可參看孫不二女丹詩註「斬龍」一首。若再不明白，則筆墨頗難宣達，將來只好口傳矣。

第七問　陽火陰符，果係前降後升歟？究竟如何轉運，及何時應用？叩乞開示。

答曰　此種運用，玄妙精微，紙上說不明白，非當面問答不可。並且不是短時期所能領悟，必須學道者與傳道者常在一處，隨時用功，隨時指導。若有錯誤，隨時糾正；若有弊病，隨時袪除。庶幾可以達到圓滿之階段。

第八問　丹經云：「安爐立鼎運周天。」不知爐鼎究竟安在何處？有謂安在中宮，是否？

答曰　爐是坤爐，在下部；鼎是乾鼎，在上部。中宮非安爐立鼎之處。

第九問　「丹熟不許行火候，更行火候必傷丹。」究竟丹如何謂之熟乎？

答曰　丹熟者，謂已經結丹也。此時注重在文火溫養，不可用武火烹鍊。若仍舊像從前一樣的猛烹急鍊，則已結之丹，不能安於其位，不免有飛走散失之虞。非徒前功盡棄，尚要弄出大病。

第十問　冲虛真人云：「丹熟過關服食而入神室之中，乃行大周天溫養火候。」是論確否？

答曰　甚確。

再答陳悟玄女士問斷龍後如何保守法

攖寧

上月接到來函，無暇作覆，今特撥冗作此數行，聊慰遠望。

此等工夫，是活法，不是死法，要看各人之身體與環境，而有所變通。世之傳道者，常以死法教人，每每做出怪病，皆因不知變通之過也。無論何種口訣，有一利必有一弊。頑固的導師，又遇着愚笨的弟子，於是乎未蒙其利，而先受其弊矣。

醫生開方治病，總須當面細細診察病人。若問病發藥，難保不出危險。何況此等與造化爭權之大事，並鬼神莫測之玄機，豈可一面不見，僅憑幾封問答信函，就能解決？設若做出病來，誰任其咎？

故今日在紙上所能告君者，只有「抱一守中」四個字。所謂抱一者，即心息相依，神氣合一而不分離也；所謂守中者，即神氣合一之後，渾然大定於中宮，復還未有天地以前混沌之狀態也。此乃最上乘丹法，有利而無弊。赤龍既已斬絕，正好繼續做此等工夫。果能做到極玄極妙之處，簡直可以脫輪迴而超劫運，與聖賢仙佛並駕齊肩，俯視人天，遊戲生死，區區幻身肉體上少許之變化，可謂不成問題矣。

道之出口，淡乎其無味。君若是上根利器，必能深信斯言。

原函附後

敬稟者，前月既蒙開示於本刊，又承鈔寄靈源大道，茅塞之心，已漸開矣。此恩此德，感何可言？本不當再瀆聽聞，只宜靜待時機，恭候明命。奈弟子因感火符之緊要，走失之危險，不能不一再要求。

弟子最近數月可告慰者，赤龍斬去而未見來。但以火符未能明其底蘊，竊恐將來難傳。免得而復失，去而復返。是以急於懇求吾師，大發慈悲，俯賜矜憐，天機略洩，真訣一傳。俾得鍊丹之究竟，而上真正之程途，庶不致於虛延歲月，更不致於空掛修鍊之名也。

前者所答之志願，以今視之，難免大言不慚之譏。近閱七十四期本刊，尊論飛昇事實，尚無一人可能。以弟子愚笨之資，而妄發此超羣之志，實惹大方之笑矣。伏維師尊大人，學通各派，志切度生，古今中外，無可倫比。弟子以一念之愚忱，閉關習靜，妄事修真，未能投前恭聆法音，歉仄奚似。

茲者錄呈疑問數則，叩乞吾師大發鴻恩，詳加開示。秘密天機，尤懇函諭。弟子如有輕視輕傳，誓以滅身。非敢冒昧要求，深恐復蹈前轍。倘蒙俯憐下悃，曲諒愚衷，則幸甚矣。

所列十條，統乞詳示。如蒙俯允，感激無涯。

肅此叩稟，伏維慧察。

寶應湖西岔河鎮女弟子陳悟玄稽首百叩

載民國二十五年（一九三六年）十一月十六日揚善半月刊第四卷第十期（總第八十二期）

道生旨摘要答覆山西崔寓䫋君

攖寧

崔君原函

攖寧先生道鑒：

謹肅者，寓䫋於今歲三月間，曾上呈先生一函，並懇賜仙道入門口訣，當蒙於揚善第六十六期答覆，捧讀之餘，且感且媿。所感者，先生雖未即時予以口訣，而懇切之言辭，足使寓䫋五體投地；所媿者，雖云學道有年，毫無效果可言，以致遲遲未敢報命。再四思維，惟有將寓䫋歷年學道之情形，爲先生一陳之。

寓䫋幼時，每與家嚴出遊，凡遇名山勝境，即覺心中有所感觸，留連不忍歸去。究竟因何事增感，自己亦莫名其妙。及至弱冠之年，遂萌學仙之想。凡遇羽流僧道，以及一般教門人士，輒欲與之談論。當時主觀之力尚弱，往往被其勸誘，竟至加入其教者。如此等事，不一而足。入其教者，皆有功法傳授。其功法正與不正，固不敢妄加評論，但總覺與寓䫋之志願不合。加之各教門之傳師，又屬一知半解者居多，傳授既不合法，用功恐難見效，故未敢貿然嘗試。如此者數年，故決然捨去，專於丹經典書上用力。每逢研究所得，亦曾略有小試。雖未見多大效驗，但深信神仙之事，世所實有，專心致志，必能有成。曾記呂祖有云：「七返還丹，在人先須鍊己待時。」遂服膺斯語。於倫常日用間，實行鍊心功夫，以待機緣會合，或有真師之遇。爲此者又數年。迄今四十有三，尚在歧路徘徊。晚景逼人，徒深浩歎。

寓蜞學道廿餘年，所謂名師益友，尚未一遇其人。生平最欽仰者，呂祖、三丰兩仙師之言行。及去年讀揚善半月刊，暨先生所著之黃庭經講義，更佩服先生之言論卓絕。傾慕之忱，無時或息。倘蒙俯鑒愚忱，不以駑駘見棄，而辱賜教益，則感恩無涯矣。再，寓蜞近年，躬耕田園，心鈍手拙，措辭用筆，諸多草率。不敬之處，尚祈原諒。另有問題二則，能便中一答否？

肅此，敬請靜安！

十月三十一日後學崔寓蜞頓首

一、雲笈七籤內有道生旨一篇，其所論性命之原理，是否正確？

二、讀諸家氣訣，有名「仙家十六字訣」者，又名「十六錠金」，此訣可用否（尹真人問答篇亦有此說？）

道生旨（摘要）

陳攖寧

於戲！目營萬象，心慮異端，神被牽驅，身無管攝，則室家無主，國邑傾頹，固其宜矣。主人不修舍宇，而外經營，則舍宇日有危壞矣。夫人若知神之所主，子母運行，則修身了達之門可見矣。若無所主，但任呼吸喉中，主通理藏府，消化穀氣而已，終不能還陰返陽，填血補腦。

按　此段大意，蓋言人之心與目，常用於外，則神亦馳於外，身無所主，不免傾危之患。若但聽任喉中之呼吸，不以神駕馭之，其功效甚微薄也。

又眾人之呼吸，與真人之呼吸殊矣。南華經云：「眾人之息以喉，真人之息以踵。」註云：「從根本中來。」又云：「其息深深。」此其義也。豈容易哉！若但信其自呼吸，未有得道者。夫一呼一吸，不得神宰，則不全其呼吸耳。若神能御氣，則鼻不失息。斯言至矣。

按　此段重在「神能御氣」四字。

氣不得形，無因而立；形不得氣，無因而成。二物相資，乃能混合。聖人知外用之

無益，所以還元返本，握固胎息，洞明於內，調理於中。夫神和則可以照徹於五臟，氣和則可以使用於四肢。道經云：「三月內視，注一心，守一神，則神光化生，纏綿五臟。凡人勞神役役，無一息駐於形中，而希長生，不亦遠乎？」

按　此段大意，言氣與形，形與神，要相依附而不可離。其法注重內視。

若能胎息道成，精氣有主，則使男子莖中無蘊精，婦人臍下不結嬰。

按　古仙皆夫婦雙修，所以有婦人不結嬰之說。不結嬰者，即不懷胎也。所以能達到不懷胎之地步者，因為婦人之月經已鍊斷而不來，男子之精門已閉塞而不漏。無論男女，只須有一方面能做到，即可不懷胎矣。若是抱獨身主義之婦女，當然是不懷胎，何必待到胎息道成以後，方敢保證永不懷胎？由此可知，在家人修道之方法，與出家人絕不相同。

萬化之用，莫先乎氣；至人之用，莫妙乎神。虛無之中有物，謂之神；窈冥之中有精，謂之氣。

按　末句認精與氣是一非二，此精非交媾之精，氣亦非呼吸之氣。

其神與氣，來既恍惚，去無朕兆，其來也則難，其去也甚易，是以聖人悲痛而惜之。於戲！世人何容易而驅其氣也？不知形者，不可與言氣；不知氣者，不可與言神。知神者則知道矣。所以王母有金璫玉珮之道，軒轅行內視返本之術，不可不信之。吁！萬物有終，而天地長久；人民有死，而真人長生，乃俱陰陽交感之氣。人能守其陰陽，則陰陽亦能守人矣。

按　此段要訣，在「陰陽交感之氣」一句。

夫崩牆毀堞，土能填之；老木衰菓，以枝接之；破車漏船，木能補之；折鼎穿釜，鐵能固之；人遇衰老，返神活之。皆上仙成敗之言，不可不知也。

按　此段大意，蓋即參同契所謂「同類易施功，非種難爲巧」。

夫陽丹可以上昇，陰丹可以輕舉；陽丹即大還之丹，陰丹即內修返本之理。黃帝問道於廣成子，廣成子曰：「無勞爾形，無搖爾精，少思寡欲，可得長生。」夫道之最要，以精爲根，以氣爲蒂。含真之道，御養之術，訣之在口，不傳於殘翰也。但能寂然不動，感而遂

通，泯滅萬慮，久久習熟，由晦而明，必得道矣。已完。

按　此段工夫，重在「寂然不動，感而遂通」兩句。含真，即悟真篇之「太乙含真氣」；御養，即參同契之「帝王御政，黃老養性」；陰丹，即玉液還丹；陽丹，即金液還丹。

又按　道生旨全篇，共計三千三百餘字，其要言僅此而已。餘者都是些浮詞，且理論亦不甚圓滿，可以不必置意。

載民國二十五年（一九三六年）十二月一日揚善半月刊第四卷第十一期（總第八十三期）

答覆河南安陽某女士

攖寧

來函讀悉，君以廿餘歲之人，又是學校出身，居然能篤信此道，誓下決心，誠屬不易。雖一時爲環境所困，未能如願，然有志者事竟成，不過遲早問題而已，請勿着急。蓋此等事須要機緣輳合，福慧兼全，方可希望達到目的，愈着急則愈無功效。君試想以普通肉體之凡夫，而欲做驚天動地之事業，應如何沉潛剛毅？應如何活潑圓融？應如何險阻艱難？應如何達觀窮變？豈是急得來的？若一着急，恐要患神經病，反而前功盡棄，甚爲可惜。

論及雙修工夫，必須在斬龍以後，方爲穩妥。否則對方工夫一時鬆懈，失却堅忍之力，就像張三丰真人所說「急水灘頭挽不住船」，是則仙胎未成，而凡胎已結，又添一重魔障矣。

生過子女之後，自然可以再行修鍊，回復原狀。但比較未曾生育以前，不免要添許多麻煩，沒有以前之便利。

至於年齡大小，固有關係。若果對方內功很深，則年齡雖大一倍，亦無妨害。譬如他以勞力所獲，賺到一百元，他幫助你五十元，他自己尚儲蓄五十元；你以勞力所獲，賺到二百元，你幫助他一百元，你自己亦可儲蓄一百元。於是乎雙方都有一百五十元存款，下次再做，仍是如此。數十次、數百次，亦復如此。等到幾年之後，你倆都變成財主了。所怕的就是用老本錢，而不會賺錢。用了幾年，本錢精光，貧窮立待，那可真不行了。這就是雙修的原理。古人書上，不肯明言，我今日略爲洩漏一二，已經算是破天荒的論調，千祈注意。

附錄某女士原函

攖寧夫子大人鈞鑒：

後學自從河南一女師畢業後，感覺世事無常，人生莫測，故對於紅塵無緣，時懷修道之志。凡呂祖全書、天仙正理、仙佛合宗、道統大成、老子道德經及女子修道諸書，皆曾閱過，但未有真口訣，徒喚負負耳。

詎料日前訂閱揚善半月刊，見吾師學識豐富，道高德重，實令後學欽佩異常，五體投地。近數日來，愈增慕道之心，終日如癡似顛，廢寢忘食。極欲親詣臺前，聽傳真道。奈因環境所困，未克如願，誠憾事也。

後學擬於斬斷赤龍後，不惜任何犧牲，任何困難，決心親禮尊顏。務請吾師大發慈悲，矜憐女輩因女子難於修鍊之故，多係受家庭之累，而且學識淺薄，不遇明師，將口訣密傳。日後倘有成就，皆吾師之所賜也。感恩之處，筆墨難宣。

肅此，敬請道安！

再將後學之詳情，開列於次。

(一)我係在家修鍊。

(二)已出嫁數年，但對方亦修道，早斷俗情。

(三)我現年二十四歲，對方四十八歲，但身體頗健，能否做雙修工夫，請示。

(四)家庭環境，還可維持。

(五)僅有生身母在堂，姊弟各一，我無子女，且決定不要子女，以免礙道。

(六)儒、釋、道三教之書也看過一些。

(七)女子修鍊書大概都看過，但惜此等書籍在外面流通者甚少，供不敷求。

(八)我之志願，希望將來白日飛昇。所懼者，世事變遷，恐遭意外之危，身體一受損，則目的達不到矣。苟非如此，我堅決之心，可勝過男子百倍。

攖寧附白　君既是女子師範畢業，國文必定很好。我平日所以不收女弟子的緣故，都因爲他們程度太淺，難得入門。君立志學仙，閱書亦爲不少，比較普通女子，當然兩樣。今有一題目於此，對於仙道頗有關係，請你做一篇文章，以便同志諸君欣賞何如？題目如後：

儒釋道仙四家宗旨異同說。

載民國二十五年（一九三六年）十二月十六日揚善半月刊第四卷第十二期（總第八十四期）

答呂碧城女士三十六問

陳攖寧

此稿作於民國五年，距今已二十年矣。當初呂女士從余學道，既爲之作孫不二女丹詩註，並將手訂女丹十則與伊閱讀，乃有此答問之作。今以整理書笥，發見舊稿，因念女丹十則原書已早付翼化堂出版流通，閱讀之人當復不少，與呂女士疑懷相同者，諒必大有人在，余安得一一而告之。遂決計將此稿由本刊公布，不啻若女丹十則之註脚，亦藉此可以釋讀者之疑團，或不無小補爾。

第一問　女丹十則云：「女子陽從上升。」請問何謂女子之陽？如何升法？

答曰　所謂女子之陽者，指女人身内一種生發之氣而言；上升者，即上升於兩乳。蓋童女無乳之形狀，因其陽氣内歛也，至十餘歲後，兩乳始漸漸長大，其所以有此變化者，乃陽氣上升之作用。

第二問　「火符」二字，如何解說？如何作用？

答曰 道家有進陽火、退陰符之名詞，「火符」二字，乃簡言之也。譬如鐵匠鍊鐵，先用猛火燒令內外通紅，此即是陽火；然後又將此紅鐵淬於冷水之中，使其堅結，此即是陰符。又如寒暑表，熱則上升，即是進陽火；冷則下降，即是退陰符。人身亦同此理。至於如何作用，則非片言所能解釋。

第三問 何謂形質？何謂本元？何謂先後？

答曰 形指兩乳，質指月經，本元指先天炁。男子做工夫，首從採取先天炁下手，然後再將精竅閉住，永不洩漏，此謂「先鍊本元，後鍊形質」；女子做工夫，首要斬赤龍，俟身上月經鍊斷不來，兩乳緊縮如處女一樣，然後再採取先天炁以結內丹，此謂「先鍊形質，後鍊本元」。

第四問 養真之工夫，如何做法？

答曰 養真之法，本書上已經言明，就是下文所言「平日坐鍊之時，必須從丹田血海之中運動氣機」一大段工夫。

第五問　丹田血海在人身屬於何部？

答曰　黃帝内經云：「腦爲髓海，胞爲血海，膻中爲氣海。」欲知血海屬何部分，必先知胞是何物件。胞居直腸之前，膀胱之後，在女子名爲子宮，即受孕懷胎之所也。

第六問　何謂運動氣機？是否像做柔軟體操一樣？

答曰　氣機不是說人的氣力，乃是身中生氣發動之機關。「運動」二字，是由真意元神做主，不是動手動脚的樣子。此時正在靜坐不動。

第七問　何謂心内神室？

答曰　此處是指膻中而言，即胸中膈膜之際，乃心包絡之部位也。

第八問　何謂定久？

答曰　心靜息調，神氣凝合，是名爲定。照此情形，一直做下去，儘量延長若干時刻，既不散亂，又不昏迷，是名爲定久。

第九問 何謂泥丸？ 何謂重樓？

答曰 泥丸在人之頭頂，即腦髓是也； 重樓在胸前正中一條直下之路，大概屬於醫家衝任脈之部。

第十問 兩乳間空穴何在？ 是何名稱？

答曰 兩乳空穴，在醫書上名爲膻中。 黄帝内經云： 「膻中爲氣海。」又云： 「膻中者，臣使之官，喜樂出焉。」又云： 「膻中者，心主之宫城也。」此處有横膈膜，前連鳩尾，後連背脊，左右連肋骨。 膈上有心有肺，心藏神，肺藏氣，心跳一停，人立刻死； 肺之呼吸一斷，人亦立刻死。 所以膻中部位，在人身最關重要。

第十一問 何謂五蘊山頭？

答曰 「五蘊」二字，出於佛典，非道家語。 五蘊又名五陰，即所謂色、受、想、行、識也。 但此處「蘊」字，當作「和」字解，蓋謂五行之氣和合而成。 山頭即指膻中之部位，比血海部位較高，故曰「山頭」。

第十二問　書云：「血液變爲渣滓之物，去而不用。」如何能去而不用？

答曰　去而不用者，指每月行經而言，是天然的，非人爲的。

第十三問　二百四十刻漏三十時辰，共合幾點鐘？

答曰　二百四十刻漏，即是三十時辰，蓋一個時辰分爲八刻也。三十時辰，即是六十點鐘。

第十四問　書云：「鎔華復露。」何謂鎔華？

答曰　「鎔華」二字，古道書本無此名，其意蓋指每月行經完畢以後，經過三十時辰，子宮中生氣充足，若行人道，可以受胎生子；若行仙道，可以築就丹基。鎔是鎔解，華是精華。

第十五問　「先天」二字，作何解說？

答曰　先天之說，須研究易卦圖象，方能得正確之解釋。孔子云：「先天而天弗違。」老子云：「有物混成，先天地生。」又云：「惚兮恍兮，其中有象；恍兮惚兮，其中有物；杳兮冥兮，其中有精；其精甚真，其中有信。」此數句已將先天之景活畫出來。張紫陽真人悟真篇云：「恍惚之中尋有象，杳冥之內覓真精；有無從此交相入，未見如何想得成。」此詩蓋言，先天之景，須要親自做工夫證驗，方能領悟，若未曾親自見過，僅憑空想，仍舊糊塗耳。

第十六問　何者爲清？何者爲濁？如何認定？

答曰　氣爲清，血爲濁；清者上升，濁者下降；清者可用，濁者無用。但學者勿誤會濁者無用之說，遂聽其去而不留，不加愛惜，不欲鍊斷。須知濁血亦是清氣所變化，每月身中濁血去得太多，清氣亦缺乏矣。上等的工夫，不使清氣變化濁血，而月經自然斷絕；中等的工夫，要在濁血中提鍊出清氣，而月經漸漸的減少，終至於斷絕，不但是紅的永遠乾淨，就是白的也點滴毫無，如此方有成功的希望。否則只好修來生罷，今生不必夢想了。

第十七問　書云：「用神機運動，俾口中液滿。」吾人但翹其舌片時，口中液津即滿，即所謂「用神機運動」乎？又云：「用鼻引清氣。」所謂「清氣」者，即外界之空氣乎？

答曰　丹家有金液、玉液之說，此段工夫，似乎古人所謂玉液河車。先端身正坐，次平心靜氣，次調息凝神。此時眼觀鼻端，耳聽呼吸，舌抵上腭專門名詞叫作「搭天橋」，以俟口中津液生。稍滿即嚥之。然後再照書上運轉河車之法做去。能做得順利最好，若有疑難之處，不能照書行事，則須要用心研究矣。

第十八問　心舍、黃房、關元，在人身何處？玉液何解？

答曰　心舍即心之部位；黃房在心之下、臍之上，界於二者之間；關元在臍下二寸餘；玉液即口中甘涼清淡之津液。

第十九問　尾閭、夾脊、頂門之部位？

答曰　尾閭乃背脊骨之末尾一小段，四塊骨頭合成一塊，正當肛門之上；夾脊乃背脊骨第十一節之下，鍼灸家名爲脊中穴；頂門即頭上正中，鍼灸家名百會穴。

第二十問　如何升降？是聽其自然升降乎？抑用力強迫使之行乎？

答曰　玉液河車，近於古人導引之術，既非聽其自然，亦不是以力致之，但以意引，以神行而已。人之神意無處不到，故能宛轉如是。

第二十一問　津何以能化爲氣？並從何而知津已化氣？

答曰　正當行功之時，自覺周身通暢，頭目爽快，腹中煖氣如火騰騰而上，口中液清如水源源而生，是即津化爲氣之候也。初學做工夫，不能到此種地步，但請勿着急，慢慢地就會有效驗。

第二十二問　書云：「用兩手運兩乳，迴轉三十六，轉畢，以兩手捧至中間。」夫兩乳爲固定之位，何能轉移？縱能轉移，又如何轉法？如何能捧到中間來？

答曰　捧至中間的意思，是將兩手捧兩乳，使其縮緊如球，不使下垂如袋。而且捧右乳使之向左，捧左乳使之向右，不使其偏向兩邊。此時自己之神意，當默存於兩乳中間之膻中部位。迴轉三十六，是謂用手將乳頭、乳囊輕輕旋揉三十六次，不是說將底盤轉移。蓋底盤是固定的，不能改變其方位也。但**童貞女不用此法**。

第二十三問　何謂錬藥、錬形、真火、真符？

答曰　先錬形，後錬藥，即前面所說「先錬形質，後錬本元」之意；真火真符，即進陽火、退陰符之妙用。惟陰陽之循環，理本至奧，而作用亦變化多端，不但筆墨難以描寫，雖口談亦未易了徹。必須多閱道書，勤做工夫，實地練習，隨時參悟，方有正確之知見。及至一旦豁然貫通之後，又只可以自慰，而不可以告人。蓋陰陽之理，固玄妙難言也。

第二十四問　何謂有壞丹元？何謂中宮？

答曰　丹元乃修丹之基本，有壞丹元者，謂其氣散血奔，丹基不固也；中宮在胸窩之下，肚臍之上，既非鍼灸，不必點穴。

第二十五問　何謂衝關？

答曰　衝關者，言自己真氣滿足，一時發動，因下竅閉緊，不能外洩，遂衝入尾閭關，透過夾脊關，直上玉枕關，乃是氣足自衝，身中實實在在有一股熱氣，力量頗大，並非用意思空想空運。古詩云：「夾脊河車透頂門，修仙捷徑此爲尊；華池玉液頻吞嚥，紫府元君直上奔。常使氣衝關節到，自然精滿谷神存；一朝認得長生路，須感當初指教人。」此種作用，無古今之異，亦無男女之殊，乃成仙了道、返本還原的一個公式，除此而外，別無他途。

第二十六問 何謂凝氣混合？

答曰 即是凝神入氣穴、心息相依之旨。

第二十七問 何謂胎息？何謂中田？

答曰 胎息者，鼻中不出氣，如嬰兒處於母腹之時，鼻無呼吸也；中田即中丹田，又名絳宮，即膻中是也。

第二十八問 何謂「玉液歸根，用氣凝之，方無走失」？

答曰 玉液歸根，是指血海中化出之氣歸到乳房一段工夫；所謂用氣凝之者，即前「凝氣混合」之說，實則心息相依也。

第二十九問　何謂還丹？

答曰　還者，還其本來之狀況，即是將虛損之身體培補充實，喪失之元氣重復還原也。

第三十問　何謂後天？

答曰　凡有形質，都叫作後天，謂其產生於既有天地之後也，此乃廣義。若丹經所言先天後天，多屬於狹義的。如胎兒在母腹中時，則叫作先天；生產下地之後，則叫作後天。

第三十一問　何謂中宮內運之呼吸？

答曰　曹文逸仙姑靈源大道歌云：「元和內運即成真，呼吸外求終未了。」莊子云：「眾人之息以喉，真人之息以踵。」其中頗有玄妙，工夫未曾做到此等地步者，無論如何解說，總難明了，須要實修實證方知。

第三十二問　何謂息息歸根？根在何處？

答曰　一呼一吸，是名一息。息之根則在肚臍之內。嬰兒處胎中時，鼻不能呼吸，全恃臍帶通於胞衣，胞衣附於母之子宮。血氣之循環，與母體相通，故嬰兒能在胎中生長。今欲返本還原，須要尋着來時舊路，此乃古仙特具之卓識。由生身之處，下死工夫，重立胞胎，復歸混沌，然後方敢自信我命由我不由天也。

第三十三問　何謂斬赤龍？殆即停止月經乎？

答曰　是鍊斷月經，不是停止月經。普通婦女，亦偶有月經停止之時，此是病態。若鍊斷月經，乃是工夫，與病態大不相同。少年童女，可免此斬龍一段工夫。至於老年婦女，月經已乾枯者，必先調養身體，兼做工夫，使月經復行，然後再鍊之使無，更費周折。

第三十四問　内呼吸是如何形狀？

答曰　内呼吸之作用，有先天炁與後天氣之分。後天氣降，同時先天炁上升；後天氣升，同時先天炁下降。易經云「闔户謂之坤，闢户謂之乾，一闔一闢謂之變，往來不窮謂之通」，其理與内呼吸頗有關係。但工夫未到者，縱千言萬語，亦不能明白。

初學之人，對於起手工夫，尚未做好，則內呼吸更談不到。傳道之人，工夫淺者，言及內呼吸之形狀，等於隔靴搔癢，遂令學人更無問津處。

第三十五問 入定之際，不言不動，爲死人者，應如何做法？

答曰 此乃自然的現象，不是勉强的做作。若論及姿勢，或盤坐，或垂腿端身正坐，或將上半身靠於高處睡臥皆可。普通平臥法，則不甚相宜。鍊陽神者，兩眼半啟；鍊陰神者，兩眼全閉。

第三十六問 出定之後，飲食衣服，隨心所欲，是否隨自己所愛悅者取而服御之？又謂「着着防危險」者，是否防備意外之驚擾？

答曰 隨心所欲者，謂可以隨意吃飯穿衣耳，此時無所謂愛悅。若有愛悅，則有貪戀之情，不能入定矣。防危險不是一種，而驚擾之危險，亦是其中之一，亦應該防備。此時須要人日夜輪流看守，所以修道者必結伴侶。

載民國二十六年（一九三七年）一月十六日揚善半月刊第四卷第十四期（總第八十六期）

答寶應石志和君

陳攖寧

君境況如何，我雖不能詳悉，然大概可以懸揣而知。在家修鍊，自屬不易，離家亦未必就有善策。未聞道者難在法，已聞道者難在財。至於「侶」「地」二字，尚居次要。有財總好辦道，無財則一身之生活且發生問題，如何能實行修道？集團之意，原欲爲諸同志謀一種安全計劃，奈此舉非倉卒所能成功。君此刻在家鄉宜暫時維持現狀，靜待機會可也。

載民國二十六年(一九三七年)二月一日揚善半月刊第四卷第十五期(總第八十七期)

答寶應陳悟玄女士

陳攖寧

前接來函，介紹張志德女士學斬龍以後的工夫。上月張女士已親自尋到鄉間，停留兩日，凡陽火陰符之進退，呼吸升降之循環，已大概與他說明。他讀書識字雖不多，而工夫確做得不壞，現年四十一歲，月經已鍊斷三年矣。所有身中隱秘之情形，我不便細問者，皆由拙荊彝珠女士代我轉問。他以前身中之經驗，與我所得的口訣，若合符節，可知他不是欺騙我者。因爲他是個實行家，工夫已有根柢，所以我一說他就能領會，比較有學問的女子，高明得多多，亦可喜也。

他現在已滿意而去，可惜我不知他的通信處。聽說在上海楊樹浦租一個亭子間，自炊自食，不住在唐公館。君已有所聞否？

君關期未滿，自然不便出關，免得俗人譏誚。陽火陰符之運用，是有爲法，重在一個「鍊」字；抱一守中之玄妙，是無爲法，重在一個「養」字。有爲法不可以包括無爲，而無爲法則可以包括有爲。

我對張女士所言者，是中等丹法；前次在本刊上對君所言者，乃上乘工夫。切勿生輕視之心，而有所不滿也。

載民國二十六年（一九三七年）二月一日揚善半月刊第四卷第十五期（總第八十七期）

答上海蔣永亮君

陳攖寧

來函讀悉，承盛意爲修道集團事條陳利弊，深中肯綮。請俟此事有具體計劃時，再專函奉告，以便從長討論可也。

十幾年前在民國路研究仙道的朋友，有謝世的，有遠離的，有灰心的，而君之宗旨，至今未變，甚爲難得。

近來出版之揚善刊，請特别注意，我把全副精神放在上面。凡有拙作，都是破天荒的論調，乃前人所不敢言者。

載民國二十六年（一九三七年）二月一日揚善半月刊第四卷第十五期（總第八十七期）

答廣東瓊州王寒松君

陳攖寧

兩封來函均悉，函中凡關於揚善刊編輯之分類，及內容之增加等事，寧無權過問，乃本刊發行人及編輯人之責任。敝寓僻處鄉村，不通郵政，各埠來函到社積聚已多，方由編輯部專差將信件送到敝寓。寧若在舍，自然擇要作答。但有時遠出未歸，則不免延擱矣。

寧對於撰稿選材，乃純粹義務性質，無絲毫利益可言。所以樂此不疲，數年來如一日者，因欲普及仙學之故耳。若以自了漢測我，非我之知音也。果真是自了漢，早已投筆而去矣，舞文弄墨何爲哉？爲名乎？虛名何益？爲利乎？利將安在？

中和子即曹昌祺君，年齡不過廿幾歲，服務於商界。月薪所入，亦甚微薄，仰事俯蓄，在在需資，他居然能將坊間所有之道書丹經購買殆盡，此等專心一志之行爲，殊非常人所能及。他在本刊第七十八期性命雙修論中說「世有抱道終身，只圖自了，不肯度人，不肯登壇說法爲衆生一大父母者，殆亦空有所得，而辜負皇天后土者亦多矣」云云，此種論調，未免牢騷之意，誠如來函所言。然他自與我晤談而後，已不復作此感想矣。

寧常說自己沒有資格做人師表，這是真實話，却非過謙，亦非推託。因爲我心中時時拿往昔成功的人作爲模範，總覺得我的資格欠缺，但不是與時下人相比較。若就時下一般人而論，我亦不必過於客氣，以免矯枉過正。修道的人，總以真實爲第一要義，驕傲自然是大病。若過於客氣，則不免虛假，也有點違背真實之義。今將不必過於客氣之理由說明如後。

以學理論，像這樣破天荒提倡仙學的定期刊物，全國中只有一份，沒有第二份，優劣無從比較，何必過於客氣？

以口訣論，本刊雖未曾將南北派口訣和盤託出，然每一期中，總有幾處流露出來，聰明而細心的人，自能體會。比較別人家專尚空談，滿紙心性玄言，以及五行八卦、龍虎鉛汞等等隱語，猶覺此勝於彼，又何必過於客氣？

以普及論，凡全國各埠許多不認識之人來函問道，無論趙錢孫李，有問必答。凡好道諸君，以爲通函問答尚有所未盡，必欲親自面談者，只須其人具足誠意，我亦未嘗拒絕。不管富貴貧賤，男女老少，一律平等相待，並不要他們報酬。事過之後，甚至於把來人之姓名住址一概忘記者。如此之熱心弘道，全國中能得幾人？又何必過於客氣？

以工夫論，現在工夫程度超過於我者，自有其人。然這幾位前輩先生，老早就隱藏起來，不肯把這副重擔子挑在肩上，正對着來函所謂「自了漢」三個字的批評。就讓他們今日肯出而度人，也不能適合社會大眾的心理。因爲工夫好的，未必會做文章；會做古文的，未必會寫白話；講舊道德的，未必喜歡新思潮；懂五行八卦的，未必懂科學；曉得孤修的，難保不闢雙修；篤信雙修的，又看不起孤修；由法術下手的，未免帶點江湖氣；由宗教入門的，又脱不了迷信；注重口訣的，不能談學理，縱能勉强說幾句門面話，又不敢與別教抗衡，被人家幾聲外道一罵，就啞口無言。如此類者，工夫雖好，但可以利己，而難以利人。我只得當仁不讓於師，亦無所用其客氣了。倘再客氣，則仙學要絕種矣。

閣下須知，我不是宗教家，不像基督教的牧師，勸人信仰耶穌；不像佛教的法師，勸人往生淨土。他們以傳教爲職業，其事易辦；我不是以傳道爲職業，其事難行。牧師傳教，是在巨厦洋房；法師講經，是在叢林大寺；我現時撰稿之處，不過在窮鄉僻壤借住農村中幾間房屋而已，而工作則比較他們煩難百倍。倘若再有人說我只圖自了，不肯公開度世者，未免太覺冤枉。以我此刻這樣簡陋的生活，發這樣宏大的願心，差不多可以說是來者不拒，請問全國中尚有第二個人肯幹此傻事麽？

爲篇幅所限，其餘各問題，下次再答。

又來函要我作自傳一篇，亦未爲不可。但苦於没有閒暇，現在應該動筆的文章，做不勝做。

載民國二十六年（一九三七年）二月一日揚善半月刊第四卷第十五期（總第八十七期）

答温州瑞安蔡績民君

陳攖寧

第一問　活午時是不是有中之無、動中之靜，如明鏡晶瑩、清波澄澈？

第二問　活子時是不是無中之有、靜中之動，如皓月當空、萬里無雲，而玉露橫秋、絲絲欲滴？

答曰　以上二問，理想上是不錯，總須體會到自己身上來，工夫方有着落。

第三問　正子時是不是月當初八、廿三，不明不暗，恰到好處？

答曰　正子時，是一個代名詞，不是說每天半夜之子時，更不是說每月上下弦，乃是說人身上陽氣發動，並無淫慾之念，而生殖器自然翹舉之時。

第四問　清淨派是不是靜極而陽生？

答曰　人身中靜極而陽生，可說是做工夫時期一種現象，不能稱爲派別。老實說一句，無論男女，抱獨身主義，不要配偶，而專心做仙道工夫者，都名爲清淨派；

男女皆有配偶，但不行世俗男女之事，雙方同意做仙道工夫者，則名爲陰陽派。

第五問　陳摶派是不是睡濃時而一陽來復？

答曰　「守中抱一」「心息相依」，這是陳希夷派的要旨。一陽來復，只可說是現象，不能算是工夫，豈可因此遂名爲陳摶派乎？凡睡濃而陽舉者，世上青年男子，莫不皆然，能說他們個個都是陳摶派乎？

第六問　靜坐調息之法，在於不急不滯，勿忘勿助，不知用如何方法始能到此境界？

答曰　只要你身體端坐不動，自然就能到此境界，不必用什麼方法。

第七問　靜坐之姿式，趺坐乎？抑如平常坐時任兩腿直垂乎？

答曰　隨自己的意思，要盤腿就盤，要垂腿就垂，不必拘定。惟盤坐之時間，不能過久，太久則酸痛而麻木，是其缺點耳。

第八問　調息時之呼吸，如平時之聽其自然乎？抑係深呼深吸，直至下丹田乎？

答曰　聽其自然，就是調息最好之法，不可用深呼吸。若常行深呼吸，非但息不能調，恐怕弄出毛病。

第九問　就「調」字看來，必有調之之法，不知如何調法，而其息乃調？

答曰　端身正坐，不動不搖，聽其自然，不加勉强，這就是調息之法。除此而外，另覓調息之法，未免畫蛇添足。

附告　末一問，正如來函所言，故不贅述。閣下困於經濟，不能出外參學，這也是普通人所常有之境況。好在年力正富，來日方長，先解决生活問題，然後再求出世法可也。承惠玉照一張，已收到。

載民國二十六年（一九三七年）二月一日揚善半月刊第四卷第十五期（總第八十七期）

答江蘇海門某君

陳攖寧

接八月十二日來函，內有問題十則，本想早日作答，苦於没有機會，今已不能再遲延矣。特將可以公開各問答，由本刊發表如左。

第二問 南派栽接法，較北派清淨法見效爲速，已聞命矣。但不知非南非北之夫婦雙修法，比南派見效爲何如？

答曰 見效之遲速，不能專就派别與方法而論。凡年齡之老少，家境之貧富，用功之惰勤，天資之愚智，魔障之輕重，俗累之多寡，皆有關係。

第四問 從略。

答曰 早洩症屬於醫藥範圍，因爲神經衰弱，感覺過敏，筋絡鬆弛，收縮無力，故有如此現象。世上的男子，百分之九十九，都犯了這個毛病。此事可以請教於醫生，他們自然有治法。若要用神仙家修鍊之術來對付早洩症，未免小題大做，割雞用牛刀矣。如果因爲經濟困難，無力就醫，只好借助於古人之導引術，亦甚有效。八段錦中之低頭彎腰兩手到地之姿勢，可以治此症。

第五問 從略。

答曰 女子做到不漏經地步，約須一二年；男子做到不漏精地步，約須二三年。此亦只就大概而論，非謂板數如此。

據我所知，男子不漏精工夫做成的，前有李朝瑞君，現有張慧巖君，但張之程度不及李；女子不漏經工夫做成的，北平有曾道姑，寶應有陳悟玄女士，上海有張志德女士，中州有董文鳳女士。李朝瑞君本來就未曾漏過，及至結婚以後，仍舊不漏；聽說張慧巖君不漏已有三年了，可惜當日未曾多談，詳細情形，我不明白；北平曾道姑，我是在民國十年以前會過他；陳悟玄現在閉關，尚未滿期；張志德上個月到我處訪道，住過一夜，據云斬赤龍工夫，在三十八歲時已做好了，今年四十一歲。陳悟玄是自幼修行，未曾出嫁；張志德已嫁過，尚有一女兒已十七歲；董文鳳年二十四歲，亦出嫁。

以上六人，做工夫時間之長短，各人不同，可知日數、月數、年數之說，皆無一定。

故不漏之期限，難以預言。

張慧巖君曾受菩薩戒，是正式佛教居士；陳悟玄女士早已削髮出家，是正式佛教比丘尼；李朝瑞君篤信孔子之學說，是正式儒教中人；曾道姑乃龍門派嫡傳，是正式道教女黃冠；張志德乃西華堂派，屬於三教一貫之先天門；董文鳳乃河南省女子師範學校畢業生。以上六人，皆能自由修鍊此術，而獲絕大功效，可知仙學是在三教範圍以外獨立的一種科學，無論那一教信徒，皆可自由求學，對於其本教無絲毫之妨礙。而且一教不信的人們，學此術更覺適宜。因彼等腦筋中不沾染迷信之色彩，用純粹的科學精神，從事於此，其進步更快也。

第六問 參同、悟真之法，與夫婦雙修法，其進行步驟不同之點，與見效遲速、難易關頭，請指示一極詳細比較大綱。

答曰 這些都是學理研究問題，雖數千言亦說不完，留待他日再討論可也。

第八問 當年彭祖所修之法，與攝生種子秘訣一書，屬於何派？

答曰 彭祖所修者，可稱爲房中養生術，乃人己利害調和法；攝生種子秘訣，其書粗劣異常，結果兩敗俱傷，不成其爲派也。

第九問　道書常言，子時至巳時屬陽，坐功有益；　午時至亥時屬陰，坐功無益。此說如何？

答曰　其說理由不充足，不必拘泥。

第十問　從略。

答曰　預備之工夫，必需之手續，自然是有的。但默察君之環境，宜用靜坐調息、抱一守中之工夫，不宜從事於別法，以免徒勞而無功也。

載民國二十六年（一九三七年）二月一日揚善半月刊第四卷第十五期（總第八十七期）

答昆明工業學校李忍瀾君

陳攖寧

第一問　因是子靜坐法中言，靜坐時眼可輕閉；但同善社之坐法，則曰初步當以平視爲宜；其他各種書籍，則曰當半開半閉，以見鼻尖爲度，謂之垂簾。此三說不知何者合於正軌？

答曰　我贊成因是子之說，但後二說我亦不反對。因爲眼睛之或開或閉，對於工夫上無密切之關係。

第二問　初學靜坐，雜念游思，不能除去，故不能得真靜境。除雜念游思之法，有曰用數息法，有曰注心於兩眉間，有曰注心於臍下丹田。未知以何者爲是？

答曰　我贊成數息法，古時蘇東坡就用此法。後二法有流弊，弄得不好，就要出毛病。

第三問　靜坐至虛極靜篤之時，下身陽物勃然而舉，心中毫無慾念，是名爲陽生。此時急當以神馭氣，留戀元精。此說然否？

答曰　此說不錯。

第四問　非在靜坐之時，如睡眠、工作、行走時，亦有陽生之景象否？若有之，能作調藥之功法乎？

答曰　非靜坐時，雖亦有陽生之景，但不便用調藥之法。

第五問　睡眠時，陽舉而不自覺，元氣因化淫精而洩去，有何法以救濟之？

答曰　此即普通之遺精病，宜常用河車逆轉之法以閉固精竅。

第六問　在校中每日早晚靜坐半小時，要需多少時日，方有陽生之景？

答曰　廿歲以前之青年，不到兩星期，已可見陽生之景。

第七問　用小周天之功法已畢，即成漏盡通。現今修成者，實有其人乎？

答曰　漏盡通乃佛教之名詞，本不作如此解釋。元、明、清以來，修仙道的人最喜借用佛書之語，以附會仙道，常常惹得佛教徒之厭惡，罵他們是外道，所以我不願再借用這類的名詞。須知仙道是三教以外獨立的一種科學，無須倚靠別人家門户。不漏之功，修成的人甚多，並不希奇。

載民國二十六年（一九三七年）二月一日揚善半月刊第四卷第十五期（總第八十七期）

答上海民孚實業社某君

陳攖寧

第一問　生已三年餘濁精不洩，何故常有腰痛或腹瀉等症？

答曰　若是鍊精化氣工夫已到家者，決無腰病腹瀉之病。來函所謂三年不洩者，是永久獨宿乎？抑或偶有男女之事乎？是勉强忍耐使其不洩乎？抑或出於自然毫無勉强乎？是僅認外表無放射之形狀，即名爲不洩乎？抑或既萎之後，小便之時，真真實實，乾乾淨淨，無一點之溢出，無一滴之滑溜乎？是做工夫得來之效驗乎？抑或不做工夫，清靜無爲，自然有此現象乎？以上種種，來函皆未言明，故不能回答。

第二問　慾火最易傷身，以何法能息滅之？

答曰　有積極與消極兩種辦法。積極的辦法，宜習練武功，如太極拳之類；或做柔軟體操，如十五分鐘體操之類；或學導引之術，如八段錦、十二段錦之類。

消極的辦法，禁止吃興奮刺激一類的食品，如胡椒、韭、蒜、魚、蝦以及煎炒烹炸等類； 禁止看肉感影戲、畫片、小說等類； 禁止夫妻同床。照以上的辦法，奉行不怠，則慾火可減去十分之七，尚有十分之三，留作生育兒女之用可也。

第三問 生殖器一舉即萎，對於身體是有益乎？ 或是衰弱之預兆乎？

答曰 若是常常做工夫的人，正當採藥之時，有此種現象，可謂曲直從心，有求必應，非壞事也； 若不由工夫上得來，而是無緣無故得此現象者，不能不說是病態。

第四問 生現看張三丰全集，能獲益否？

答曰 三丰全集，是一個總名，其書之內容甚爲複雜，不能用簡單幾句話就去判斷，應當分別觀之。 如果會看，不執著一偏之見，自然可以獲益。

載民國二十六年（一九三七年）二月一日揚善半月刊第四卷第十五期（總第八十七期）

答直隸淶水趙伯高君

陳攖寧

原函 前略。請先生費神示以仙道之宗派，入道之門徑，起首宜讀何種丹書，習何種道法方可循序而入。至修養服氣鍊神，當從何書入手。道書有云：「道無法不顯，法無道不靈。」學道者宜習何法？又有所謂六甲靈文者，是否道中之法？又有火龍真人傳呂祖之天遁劍，或謂即道中之法，世有其傳否？又聞道家能吸罡步斗，有無其書？是否道中嫡派？後略。

一答仙道之宗派 仙道有南北兩大派，另有非南非北諸派。名目繁多，數不勝數。

二答入道之門徑 先要博覽道書，後要尋師訪友，並須常年訂閱揚善半月刊。因爲本刊乃全國仙道門中唯一無二之介紹物也。請勿誤會本刊是營業性質，若有人認爲本刊是謀利者，則辜負撰稿人及發行人之苦心矣。

三答宜讀何種丹書 宜讀伍冲虛之天仙正理、黃元吉之道德經講義並樂育堂語錄。伍書是北派，黃書是非南非北派。

四答宜習何種道法 道成以後，萬法俱備，用不着預先學法；道若不成，法亦無靈，雖學法何用乎？

五答六甲靈文　此類之法，皆屬仙道門中之南宮派，比三元大丹正法要低一級。

六答天遁劍法　我所聞者，有三男一女是此道中人，但未曾親眼看見他們顯過本領，故不敢爲君介紹。

七答吸罡步斗　此種書在道藏中最多，坊間没有單行本，惟四川成都二仙庵道觀中有兩部刻本。此種道法，屬於道教之茅山派與正一派，不過作法時一種儀式而已，靈不靈又當别論。

載民國二十六年（一九三七年）二月一日揚善半月刊第四卷第十五期（總第八十七期）

答上海華德路楊名聲君

陳攖寧

原函 前略。晚夢想欲學佛教徒所鄙視的守屍鬼之法，但年已半百，精力甚衰，血脈難調，始悔前數載光陰虛度，未曾專心用功。今雖略做工夫，得有下列各種現象，未知是效驗或是病態，請先生在揚善半月刊中指示，感恩非淺。後略。通信處：華德路二八五號。

答曰 來函所述各種現象，總括之有五種：（一）玄關似動非動，似麻非麻；（二）背脊筋從下熱至泥丸，不靜坐不熱；（三）腹中略覺轉動，不靜坐不動；（四）下丹田常覺發煖；（五）四肢及周身常覺肉跳。以上五種現象，皆是初步工夫所應該經過者，可以說是效驗，不能說是病態。請仍舊向前做去，當更有進步也。

載民國二十六年（一九三七年）二月一日揚善半月刊第四卷第十五期（總第八十七期）

答蘇州西津橋任杏蓀君

陳攖寧

第一問 玄關一竅，是否在兩目中間不內不外之處？

答曰 這個是他們的玄關，不是我的玄關。我平日教人的玄關一竅，簡直可以和上帝爭權，與仙佛並駕，宇宙在乎手，萬化生乎身。做得好時，真能自信我命由我不由天，豈是像他們所傳的那樣淺近？ 然而我的玄關，却不可以隨便亂傳於人，須看準是一個載道之器，方許向他點破，不許拿口訣當人情送，不許把傳道當生意做。歷代以來傳授，皆是如此慎重，自然有他的充分理由。我現在雖然用革命的方法來弘揚仙道，但對於這個成例，尚不願將他打破。故此今日不能在紙上寫明，俟有機會，面談可也。

第二問 人身全部陽精，是否在雙目中？

答曰 雙目在醫書上雖說是五臟之精華，但人身性命根源，另有寄託，並不在眼睛上。

第三問　夜間或清晨，無慾而陽舉，用猛力呼吸，或目觀玄關，均能烝返原狀。兩法中何法爲佳？

答曰　前法太野，後法爲佳。

第四問　初下手學道，何法最要？

答曰　讀書明理最要，不可先求法子。俟書理透徹之後，法子一說便知。再者，除讀書明理而外，尤須立德立品。如果品學兼優，更遇機緣輳合，則得者必是上上等法子；若品德雖好，而學問不足，則所得者當是上中等法子；若學問雖好，而品德欠缺，此種人只能學普通法子；若品學俱無者，此種人對於仙道可謂無緣，縱然勉强要學，只好學一點旁門小術江湖訣而已。

以買賣物件論，代價愈貴，質料愈好；以修仙學道論，代價愈貴，法子愈壞。世間法與出世間法，是相反的，不可拿俗情來測度。他們傳一層工夫，要一層代價，層數愈高者，代價愈多，這已經不合前輩先生的規律。然或者因爲開支過鉅，經濟困難的緣故，尚屬情有可原。現在的江湖朋友，傳授口訣，竟有討價兩萬元者，真可謂大大的笑話。

本條所說，是對閱讀本刊諸君而言，不是對君一人而言，因回答問題之便，遂連帶論及耳。

載民國二十六年（一九三七年）二月一日揚善半月刊第四卷第十五期（總第八十七期）

答河南安陽縣董女士

陳攖寧

原函 攖寧夫子大人鈞鑒： 前呈一禀，幸蒙在揚善刊中賜覆，跪讀之下，欣慰無似。所云「愈急則愈無效，應待機緣輳合」以及「福慧雙全，始能了道」諸言，誠爲千真萬確、百世不移之定律也。末段論及雙修之方法，吾師雖未將口訣説明，然其中意義，亦頗能領悟，忽覺如夢初醒，茅塞頓開。感恩之處，無時或釋。

至吾師所出之儒釋道仙四家宗旨異同説一題，命□作文，以供好道同志之觀賞。□自覺才力不克勝任，雖對於四家書籍，稍閲一二，但均未詳細研究。蓋儒之忠恕，釋之慈悲，道之感應，仙之性情，非學識淵博，經驗豐富者，焉敢妄論？ 故不敢獻醜貽笑大方，有負厚望。後略。

附問題一則 前讀孫不二女丹詩註凡例第六項内云：「女子修仙，除天元服食，窒礙難行。」弟子對此天元服食一節，不甚明了，敬乞示知。

答曰 天元服食之説，可先看本期「學理研究」欄内與朱昌亞醫師論仙學書中之「丹陽諶姆派」一段記述，再看揚善刊第七十四期第六頁答蘇州張道初君十五問中之第三問，即可知其大概。

載民國二十六年（一九三七年）二月一日揚善半月刊第四卷第十五期（總第八十七期）

答上海殷羽君

陳攖寧

前略。一月五日晚，靜坐時，陰蹻發脹如常，惟方圓約四五寸，較平日爲大。逮呼吸稍細，神漸靜寂時，此炁突然上衝，直抵嶺巔。回憶當時情形，似若轟然作響，惟升不循督，而由黃道直上。霎時氣粗心急，頭目發脹，隱隱鐘磬齊鳴，渾身汗透。第以初歷此境，不免驚惶失措。次日四肢乏力，病一日方興。竊思循督上升，謂之正透，若即循中道，如生之學養不足，未免後凡雜入，而有「鬧黃」之弊。惟不明者，何以並未用意引導，而此炁居然自由闖入黃道？兹將仰叩各點列後，乞夫子垂慈開示。

一　外陽不舉，丹田不熱，只陰蹻脹跳，此炁亦有可衝之理否？

答曰　有可衝之理，毫不奇怪。

二　此炁發動時，並無機兆，故不及防護，亦未攻尾閭，但由陰蹻上心位，直衝胸部。如任督未通，則此舉有害否？

答曰　此時果能端身正坐，穩定如泰山之不摇，萬慮皆空，清淨似寒潭之徹底，任其自然衝動，自然薰蒸，自然融化，自然凝結，則非但無害，而且有利。若靜定工夫未到家者，則其害甚大。

三　上衝後，以驚惶而停止坐功，此炁未及還歸本位，其弊如何？

答曰　驚惶切不可有。此刻所幸者，是自己內部驚惶，尚未發生危險。設若當時不幸，受外界人事之擾亂，或巨聲疾響之震駭，必至氣散神飛，一身冷汗。小則得癲狂之疾，大則有生命之虞，非同兒戲。以後若不獲安全地點，並未有道伴作護法者，切勿輕於嘗試。此等超凡入聖成仙了道初步下手重要的工夫，不在名山洞府中做，僅能在塵俗都市中或普通鄉村中做，已經算是委屈了，何況像貴寓所那樣地點，我老早就說不合做工夫之用。

四　此時腦部大脹，是否不循黑道之故？抑或循黑道亦須脹？又凡氣粗、心急、汗出種種現象，是否應該有的？

答曰　別人做得好的，並無腦脹、氣粗、心急、汗出之象，我想這些現象是不應該有的。

五　次日病疲，是否未行全功之故？

答曰　病疲是因爲工夫不合法度之故。僅此病疲，尚屬萬幸。

六　近日陰蹻常跳動，可否置之不理？

答曰　宜暫時將坐功停止，俟財、侶、地三字完備時再做。若坐功不停，則跳動亦不停。跳動力大氣足時，又要往上衝，衝起來你又招架不了。徒然不理，也無濟於事。

總答　接第一次來函之後，余仔細審察，認爲此種效驗，既非伍柳一派，又非黃元吉一派，疑是從閔小艮方法入門者。但不敢決定，故致書相詢。及接第二次來函，觀所敘下手工夫次序，方知確屬金蓋山的派無疑。此派有一種專門術語，叫作「中黃直透」，就與來函所說的現象相同。求仁得仁，本是美事，自無所用其憂懼。惟此等工夫，最要緊是「虛寂」二字。若自問工夫真能到此境界者，儘可放膽做去。倘或未能，則不免「後天鬪黃」之弊。你現在公務縈心，白晝奔波勞碌，夜間伏處小房中，勉强習靜，地點又不適宜，「虛寂」兩個字，當然談不到。於是乎未得其利而先受其害矣。

再者，此炁發動，多半是由中間直衝上來，並不須你用神意去引導。你若要他改變道路，由督脈上升，則非引導不可。有種人雖引導亦不聽命令，仍舊由中間直上，竟有欲罷不能之勢，我見過數人。余認爲，君在世間，尚有事業可做，此時若要專心修道，拋棄一切，似乎違背定數，未必能得良好之結果。故勸君今日對於世法，宜採進取主義；對於出世法，宜採保守主義。只求能不沾染一切惡習，不使精氣神作無謂之消耗，不使墮入室家之累而難以自拔，一方面爲社會盡相當之職責，一方面乘時儲蓄充分之財力，預備四十歲以後實行修道之經費。將來若有餘力，尚可幫助同志之人，豈不善哉？望三思之。

載民國二十六年（一九三七年）三月一日揚善半月刊第四卷第十七期（總第八十九期）

答雲台山趙隱華君

陳攖寧

隱華先生慧鑒：

敝處收到尊函，僅此一封。據上海本刊編輯部云，前次尚有尊函一封，內附問題數則，由上海轉寄來鄉，但未曾得見。蓋敝寓所在，不通郵政，凡有各埠來函，皆由揚善刊發行部代收，再送到編輯部。復由編輯部將來函寄到鄉間小鎮上一家店鋪代收，再看機會，託農夫村婦或牧童等和敝寓接近之人帶交與寧。轉折太多，遂不免貽誤，此亦無可奈何之事也。

寧之志願，對於昔賢，固不敢多讓，然求其志願之滿足，則非短時期所能奏功。溯自本刊出版以來，已閱四載，經敝道友張竹銘醫師努力維持，再加之以寧個人犧牲一切之精神，逐步改觀，始有今日。試問我輩將何所圖？則引古語一句答之曰「君子謀道不謀食」而已。

集團一事，正在計劃，能成與否，殊未可知。蓋謀事在人，成事則不盡由人意也。

寧答張道初君十五問，說得太覺明顯，違背古仙戒律，既承明教，下次當格外謹慎矣。

答第一問　常遵先君現在湘陰，楊少臣君現在北平，中和子現在上海，純一子或在上海或在蘇州，瀟湘漁父乃常遵先君之別號。以上四位的住址門牌，我不記得，最妥的辦法，是由閣下作函託揚善刊編輯部轉交，必可達到。蓋本刊負有聯絡全國修道同志之使命也。純一子是醫界，中和子是商界，楊少臣是政界，瀟湘漁父乃隱逸之士。除純一子而外，其他三人，皆與寧相識。知關錦注，並以奉告。

答第二問　三元丹法中之天元，有兩種意義：一種是由地元再進一步，鍊到白雪神符之程度，即名爲天元；一種是感受「先天一炁從虛無中來」之工夫，亦名爲天元。無論天元、地元、人元，其藥皆是從身外來的，皆可名爲外藥。南派與北派，其中界限，頗難分清。若以普通習慣之論調，即呼之爲北派，亦未嘗不可。

答第三問　閔小艮一派之學說，完全見於古書隱樓藏書中。請細細研究此書，即知他所持之宗旨。若問成功以後，是否與悟真一派結果相同，依愚見而論，到究竟地是相同的，惟其間之歷程則不同。

答第四問　琴劍二物，施用於何時，我想如閣下現在之程度，一定是早已明了，無須寧之贅言矣。

答第五問　吉亮工、陳翠虛二位，聞名已久，惜未曾見過。惟吉先生與上海黃勝白醫師有葭莩之親，而本刊創辦人張竹銘醫師又與黃勝白醫師有同學之誼，故關於吉亮工先生之事跡，張竹銘君知之頗詳。

答第六問　本問所云「採藥之先，是否先將己汞鍊好」，此語頗難索解。參同契云：「太陽流珠，常欲去人，卒得金華，轉而相因。」據參同契之意，乃因己汞鍊不好，所以要採藥。採藥之作用，就爲的是要鍊己汞，不是先將己汞鍊好，而後再去採藥。譬如地元丹法，因爲生硃砂見火容易飛走，所以要得鉛氣制伏硃砂，並非俟硃砂已死之後，再去採鉛氣也。果硃砂真死，已不必再用鉛矣。先後輕重之間，大有研究。鍾呂傳道集，理明而法不備，難以照做；天仙正理，是孤修法；金丹真傳，是栽接法。宗旨不同，難以比較優劣。

答第七問　本問所云「何以鉛汞難合，魂魄未互入，丁公門外喊死，而三家暫相聚，童子現全身，過後又無驗」，寧按此種弊病，凡實行栽接之術者多不能免。三十年間，見過失敗之人已非少數，失敗之原因各人不同，難以悉舉。而其最普通之原因，一則由於缺乏種種預備之手續而輕於嘗試，二則由於徒知看死書、守死訣，而不知量體裁衣、隨機應變，雖清靜工夫亦難免失敗，何况用鼎器哉？　雖然，失敗者成功之母，失敗之次數愈多，則將來之成功亦愈有希望。蓋因其經驗豐富，臨事小心，善於運用，不至於再被死道書、死口訣之所誤耳。閣下其勉之。

附錄趙隱華君原函

攖寧先生有道：

日前寄上蕪函一道，未審已否妥達文席？所列詢各項，務請撥冗賜覆，以抒積悃。先生之志，已在揚善刊拜悉，深知用意苦矣，而願宏矣。先生自云異於諸賢之主張，努力脱出三教樊籠之拘束，亟求實驗而駕科學。且具大慈悲心，不願生西方，不願作自了漢，更欲度盡衆生方成道。偉哉斯願！

先生學通南北，道貫三元，决欲集天下之真修，會萃一處，察各修者之實驗，以證前人之是非。同時有此集團，則能產出莫大之力量，莫大之貢獻。利弊遲速，盡簿錄之，作爲研究之資料。鄙人不敏，極端贊成和擁護，而盼望諸同志法財侶地四項漸能解决以求進步，亦衆生之大幸。關於此集團之事，已有數言奉上，未卜刻下收到否？

七十四期揚善刊中，先生致蘇州張道初君函，已將大道露却端倪，復再三解釋，愚爲先生懼慮。

敝人今有數疑問，請求詳示。

（一）請將常遵先、中和子、純一子、瀟湘漁父、楊少臣五位詳細門牌地址賜下爲感。

（二）先生致蘇州張道初函第四步答文中云：「從虛空感受到自己身上的名爲外藥。」此虛空感受是否指天地間之靈氣？ 三元丹法中，能否將他列入天元？ 其派是否列入北派？

（三）閔小艮一派，先生指爲調和派，雖講清淨而不是孤修，雖説陰陽而不是栽接。到底他是不是丹法修成？ 並請賜釋調和之理。成功達到是否與悟真相同？

（四）答張道初第十五問中，先生所説琴劍二物，究竟施用於何時？ 古人比喻，愚覺得不明顯而不相入，請用較明之白話隱語，載出即期。

（五）前答第十五問末云：「能略得此訣者不滿百人，全得者不滿二十人，能實修又能實證者不滿四人，以至於達到成功之地步，今中國尚無一人也。」此一人是指大家未見，但先生個人曾見之乎？ 鄙人也見之矣。第十三地球出一人，已證金身，超脱入聖，姓吉名亮工。尚有已得六通者一人，姓陳名翠虛，已在人間行末後一着，雲遊無蹤。斯二師均係悟真忠實信徒和實行者，應請補載貴刊爲感。世有不乏其人知之者不止江蘇一省。

（六）採藥之先，是否先將己汞鍊好？ 其法取何者爲善？ 以鍾呂傳道集之法、天仙正理之法或金丹真傳呢？

（七）鄙人施行實驗多時矣，藥之真僞老嫩及圓缺，均採取最上善者。中略。復將敝先師之經歷篇細讀，並無差誤。請問其中是否有疏虞處？抑時間關係耶？或合法之差參耶？務請詳細示知。先生係過來人，請助一臂之力。鄙人法財侶地已具備，將來或有一得之時，也可以幫助先生之使命於萬一。

專誠致意，匆匆草草，伏乞原諒，並盼早日賜覆。

此請道安！

後學趙隱華

通信處：隴海路連雲港郵局轉交。

載民國二十六年（一九三七年）三月十六日揚善半月刊第四卷第十八期（總第九十期）

答福州洪太庵君

陳攖寧

太庵先生閣下：

久慕高風，未親道範，海天在望，引企爲勞。

前閱尊處致張竹銘醫師長函，列舉修養法門，咸中肯綮。後蒙寄贈大著一册，讀竟，深感此書選材之精要，理論之圓融，次序之分明，工夫之切實，所有後天作用，幾全備於此小册中，歎觀止矣。惟關於先天一層，尚未見洩露。是知之而不言乎？抑或對此無上玄機猶有疑慮乎？竊念閣下春秋快鄰花甲，徒恃後天工夫如體操式之修養，健康却病則有餘，續命延齡則不足，似宜及時用功，採取先天一炁，以立丹基，方能萬化生身，我命由我，而前途始可見曙光。博雅仁賢，諒不以斯言爲河漢也。長筋術最切實用，容得便當代爲宣傳，以期普及。

答第一問 悟真集註所論聚氣開關之法，夾雜旁門，不足深究。其他部分，皆大有可觀，材料豐富，在三註悟真之上。

答第二問 劍不能用時，當用悟真篇××××之法。清淨工夫與服食兼行，亦有效驗。

答第三問 用乾鼎不合參同、悟真之本旨，乃後人錦上添花，穿鑿附會者。伊等謂純乾方是真青龍，純坤方是真白虎，乾坤一交，乾之中爻走入坤宮，坤遂實而成坎，坎離一交，坎之中爻填入離宮，離遂復而還乾。乍聞其說，似乎有理，及正式做起工夫來，竟毫不相干。閣下幸勿爲其所誤。

再者，寧於民國五年，住址在北平西四牌樓大拐棒胡同跨鶴呂祖觀中。有一道士，年已五十幾歲，當彼三十歲時，即患陽痿症，閱二十餘年不愈，常戚戚於心。寧慰之曰：「君是出家人，對此可不必注意。」彼曰：「不管出家在家，衰弱病態，總不相宜。」彼在呂祖觀做靜功一年之後，有一日笑而告我曰：「二十餘年之痼疾，今已愈矣。可惜我是個道士，若是俗家人，尚可望生子也。」由此觀之，年長而身弱者，清淨工夫大足以補其虧損，不必定要做栽接之術。世間修鍊同志，常認爲年老之人，非用栽接法不可者，未免固執偏見，不識清淨工夫中有先天一着之玄妙也。愚意非不贊成栽接之術，但默察世間好道之徒，大半爲經濟所困，生活問題尚難解決，豈有餘力實行此術？若固執偏見，竟謂非由此途不能成仙了道，請問除却極少數幾個富貴人而外，一般財力微薄的人都該死嗎？出世法哪有這樣不公平呢？此段補答第二問。

尚有未盡之言，請俟下次詳答。遇有必要，當以郵函相告。先此略覆，以釋遠念。

附錄洪太庵君原來函四封

一

攖公道長先生尊鑒：

敬啟者，日昨得翼化堂主人覆函，承先生不棄，忻慰曷極。蓋自拜讀大著以來，不惟竊喜師資有自，且以先生之持論，如口訣鉤玄錄第三章「應具之常識」與孫不二女丹詩註之「凡例第八」，尤愜鄙懷。道之不明也久矣，今得先生發揚而光大之，豈但好道者沐其光，即凡有疑於道者，亦將以是而沾其化。

某頻年碌碌，一事無成，而信道之心，則始終不懈。生平道書搜閱不少，然欲求如先生之見解，能抉道家之奧妙，而又適合人世間之環境者，實不可得。此某之所以五體投地也。

今以行將返國，所有問題，當俟到家後請益。茲特先具略歷一紙，伏維垂鑒。

順請道安！

民國廿四年一月七日信徒洪太庵拜上

二

竹銘道長先生大鑒：

日昨接廿五日賜函，昨晚又接到付下之悟真集註三卷、神仙服食法一冊。神仙服食法弟意是欲求一種簡便無毛病之助道金丹，俾得生精補腎及日常合於修養之食品。蓋弟自今年四月間已實行素食，深恐缺乏滋養，體力不繼，轉爲求道阻礙。今觀該書中所載各方，誠如書末按語所云：「世俗大抵均有人事繁擾，室家累贅，有知其法鮮有能實行者。」先生處法海中，所與遊者，又多先知先覺，當有其他不傳之秘方，未審可示一二否？

弟以聞道太晚，年紀已大，而又未能即拋俗務，非先添油接命，使所失之真鉛真汞，逐漸恢復，將何以達求道之目的？今何幸得先生不以鄙陋見棄，而許以函詢請益，弟何人斯，寧不五體投地？茲唯望俗務得鬆，天緣有分，决當趨赴仙階，一聆教誨。

至弟現在自修方法，一長筋以運氣，一調息以凝神，一固腎以保精。中略。綜上三節，未知有合於維持肉體之條件否？惟弟深信精氣神確爲修仙之三寶，精猶電子也，氣猶電力也，神猶電光也。無電子，則電力、電光何從發生？而吾人得此電子，雖屬先天賦予，亦由父母陰陽二電磨盪而來。故由磨盪而生，則謂生門；由磨盪而死，則謂死户。唯能知顛倒逆用之理，則死户可變爲生門，亦即陰陽二電和合變化，而演出必然之新生命。此弟所以深信南宗爲合於電學之原理，其能與天地長存者，即回復此陰陽二電之電子是也。

特在今日，如陳攖公所言，南派丹訣，當此時代，極不相宜。一者年齡問題，二者人格問題，三者外護問題，四者經濟問題。設若有一項弄得不穩妥，就要變成法律問題。細思此言，確屬至理。然而破體之人，欲於清靜法中，求一點真陽，如閔小艮先生所談之無遮佛會，恐更難之尤難矣。

愚妄之言，是否有當，願先生有以教之。

二十五年十月三十日弟洪太庵上

三

竹銘道長先生大鑒：

日昨接讀廿二日覆示，得悉前書荷蒙攖公不以鄙陋見棄，已擬由揚善半月刊發表代答，具見先生格外垂青，蒭蕘之言，始克達到攖公座次。

蓋弟自沾攖公法雨而後，即以私淑弟子自居。徒以修養無恒，尚乏心得，而又不學無文，恐溷清聽，是以未敢修函請益。今承先生抬舉，遂使樗櫟散材，得近大匠斧斤，其爲愉快，何可勝言？

用是不揣謬妄，再將前年所編之五大健康修鍊法，郵呈兩本，到請查收。其中一本，乞爲轉呈攖公削正。弟於此書，自以靜坐一門求師未得，所有東拾西掇，雖敝帚自珍，而屬稿多年，不敢付印。乃因友人欲學長筋術者，無書以應，勉强災梨。然至今不敢公然問世，只做贈本，爲欲求長筋術者之用而已。此則弟不自量獻醜之所由來也。

雖然，長筋一術，弟已修鍊十年，深知有益，而且練法簡單，時間經濟，男女老幼，均可行之。而於修道方面，在北派或可助運氣之功，南宗或可收無漏之果。而於女子修仙者，苟能於經前經後早晚行功一次，則真氣挽回，欲斬赤龍，當更易易。亦猶男子活子時來，苟無方法可以伏虎，急用此功，加以收攝，當亦不至走漏也。

區區管見，並此以聞。

二十五年十二月廿九日弟洪太庵頓首

四

攖公老師尊鑒：

昨獲賜書，不啻大旱得雨，愉快之情，匪言可喻。惟於拙著之五大健康法，推許過當，媿感交集。誠以竹頭木屑，方恐見擯於大匠之門； 何圖馬勃牛溲，竟得收錄於良醫之手。人非木石，寧不感深次骨耶？

至於先天炁一層，後學固深信不疑，特就故紙堆中，求得一知半解。古仙有云：「不遇真師莫强猜。」此則不特不敢以示人，而且尚望老師大發慈悲，開示一二，俾後學有所印證。

昔黃帝且戰且學仙，今後學亦望且盡人事且立丹基。如其不能，尤望老師示以籌備方法，使後學在此一二年中而籌備之，庶幾不負老師之一片婆心。

蓋後學生於山陬，少而南渡，四十而後，移家福州。然性疏懶，不樂交遊，是談玄者尚難其人，況說妙乎？ 承示注意於揚善刊中之尊著，此則後學兩三年來所奉爲師資者，其默契於心，真不知是何因緣也。

不學無文，草草奉告，伏祈諒之。後略。

夏曆元旦後學洪太庵頓首拜

載民國二十六年（一九三七年）三月十六日揚善半月刊第四卷第十八期（總第九十期）

答廈門周子秀君

陳攖寧

子秀先生閣下：

舊歲奉到手教，辱承過譽，愧甚。大著仙佛判決書之平心論已在本刊第八十二期第十一頁登出，諒早邀慧覽矣。有益身心之大補藥一卷，亦擬擇要抄寄本刊編輯部，知念並聞。

平心論毫無左右袒，不愧平心；大補藥適合衆生機，真能療病。世常謂學佛之士不應再學仙，愚則謂學仙之士儘可兼學佛。蓋伊等所謂既學佛不應再學仙者，乃宗教家淺陋之眼光，防彼教徒等爲仙學所動搖而叛其本教也；寧所謂已學仙不妨兼學佛者，乃使學者有所比較，挹彼注茲，擇善而從也。二者用心之廣狹，大有殊矣。

錢君年少氣盛，筆端每不肯讓人，惟獨對於閣下之平心論，竟無反響，其故可思。鄙志已屢見於本刊各期，而第八十八期答化聲先生一篇，尤覺顯露，不識高見以爲何如？得暇尚希續教。

親老家貧，昔賢不免；米鹽瑣屑，豪傑難支。修道者不幸而遇此等關頭，只得盡人力以聽天命，別無良策可圖。但求留得筏子在，不怕將來不能渡河，請勿以爲慮。

附錄周子秀君來函

攖寧老夫子法座：

久欽山斗，盼切雲霓。自去歲於揚善月刊中得讀大著，浣薇壯誦，慶幸何如？渴慕之忱，與時俱積。恭維老夫子以掀天蓋地之才，抱濟世度人之願，爲仙學中大放光明，興滅繼絕，厥功尤偉。晚學渴慕高風，願列門牆，只以家貧親老，奔走米鹽細事，未獲趨叩崇階，親聆教益。他日有緣，願執弟子之禮，得聞妙道，庶幾不負此生。

茲附呈讀錢君仙佛判決書之平心論一篇，及有益身心之大補藥一卷，是否有當，呈請教正。務乞不棄愚蒙而辱教之，實爲厚幸。

專此，敬請道安！

廿五年九月初一日周子秀稽首

載民國二十六年（一九三七年）三月十六日揚善半月刊第四卷第十八期（總第九十期）

答白雲觀逍遥山人

陳攖寧

來函未曾將下手用功之方法說明，故不能代爲决定其工夫是否合法，更不能指出其錯誤在於何處。

行小周天工夫而走丹者，常有其事，其弊由於貪睡，或死守下丹田，積精太多而不知運化之故。

至於用靜功反致吐血者，甚屬罕見。彼等學日本岡田氏靜坐法者，則偶有患吐血症者，其弊由於逆呼吸用力過猛，血管破裂之故。道德經云：「致虚極，守靜篤。」此一章經文，切須注意研究。世上人做工夫弄出大病，即經文所云「不知常，妄作凶」一類是也。

載民國二十六年（一九三七年）三月十六日揚善半月刊第四卷第十八期（總第九十期）

答浙江瑞安馮鍊九君

攖寧

一　玄關一竅，向來本有幾種說法，君等所學之玄關，乃最普通之一種。現在全國中傳授口訣者，十分之九與此相類，但不及令師口訣之高明。所以他們常常做出毛病，皆由於死守一處之過。果能如來函所言「知而不守，若存若亡」之玄妙，何至於未得其利而先受其害哉？

二　貴道友林君、劉君初步工夫所獲之效驗，不能算是壞現象。伊等後來弄得毫無結果者，誠如令師所言爲「不知轉手」之弊。守玄關所得之效驗，各人不同，可參看本刊第八十九期第七頁上海殷羽君一篇問答。此篇對於初學最有關係，切不可忽略過去。

三　令師所傳者，的確是清淨無爲之法，非栽接有爲之術。然依愚見而論，凡世間學道者，如果對於最簡單之清淨工夫尚且做不好，竟欲學彼複雜繁難之栽接術，恐亦徒勞夢想而已。

四　金仙證論所言陽生時候呼吸烹鍊等作用，亦不妨算是有爲法。其法可以奉行，口訣都在書中。但有兩種困難，一則必須有過來人講解傳授，方可試做。做不得法時，須要逐漸改良。若完全照書上行事，未必就能順利。二則此法年青人容易見效驗，年過五十者，身中陽氣衰微，在短時期中，藥產之景，恐不易得見，必須有恒心與毅力方可。

附錄馮鍊九君來函

謹啟者，晚學曾購閱揚善半月刊，內載先生所答問道各節，及發揮論道鴻文，稔知先生對於修仙派別，無所不知。且抱救世熱忱，開示後學，備極周至，曷勝敬佩。用敢奉書席前，請垂訓誨。

晚學於十數年前，得師指示玄關一竅。師曰：「眼横鼻直，十字街頭，形如雞子之初，譬似中黄之義，即此竅也。善用此竅者，虛懷若谷，知而不守，若存若亡。」師言如此，晚學同學數人，謹受奉行。中有林姓者，靜坐月餘，眉間光現，丹田泉湧，俄而相吞相吸，翕聚中田，快樂無比；俄而又降於下田，地雷震動；此後則別無影響矣。又有劉姓者，靜坐數月，忽見滿室生光，眼見電閃，下田雷大振，振動耳鼓，陽關似有交媾洩精之象，其實未至於洩。第二夜亦有此景象，而陽精遂從而洩出。乃問之師，師曰：「汝二人皆得轉手地步，惜哉不知轉手工夫也。」然二人雖旋得旋失，而身軀即此肥胖。不過二人後來求此工夫，皆不可得，而師亦遂歸道山矣。

或謂我師所指示是清淨無爲之術，不是栽接有爲功夫。晚學如今對於此道，雖有靜坐，毫無進步。自維年逾五十，漸就衰老，如非得有爲功夫，安能延命以求漸臻於至道？晚學嘗閱金仙證論一書，謂陽生時候，須藉呼吸烹鍊之功。此功是有爲否？其法可奉行否？奉行尚須口訣否？此三者請先生約略言之。

引領求教，如渴思飲，尚祈大發慈心，早垂鐸誨。或登之半月刊，或專函賜教，不勝盼望之至。

古曆六月廿三晚學馮鍊九鞠躬

載民國二十六年（一九三七年）三月十六日揚善半月刊第四卷第十八期（總第九十期）

北平楊掃塵君來函並答

陳攖寧

前略。近數月來，偶有所悟，此間無可與言之人，敬懇吾師分別指示。

讀周易一書，分上經與下經二卷。上經以「乾」「坤」爲首卦，下經以「咸」「恒」爲首卦。六十四卦之中，不取他卦，而獨取咸恒者，其中蓋有深義存焉。但就咸恒而論，彖曰：「咸，感也，柔上而剛下，二氣感應以相與，止而悅，男下女，是以亨利貞，取女吉也。」咸既釋爲感，何以不直接用「感」而用「咸」？殆以感則有心，咸則無心也。有心之感，即順則生人；無心之感，即逆則成仙。譬如天地以生氣相感觸，人類萬物，皆緣此而生，本是自然而然，何嘗有心？吾人如能觀天之道，執天之行，則「恍惚陰陽初變化，氤氳天地乍迴旋」，本二氣之良能，奪造化之玄機，有何難哉？象曰：「山上有澤咸，君子以虛受人。」所謂以虛，即虛其心也；受人，則實腹矣。此古聖人所以獨取咸卦爲周易下經之首，亦即用「咸」而不用「感」之理由也。

然無心之感，决非短少時間所能奏效，必須立不易方，銖積寸累，行之既久，而後有成。所以咸卦之後，而又繼之以恒卦也。此其一。

再則天本在上，地本在下，心火本居上，腎水本居下，此順行也。周易對於順行方位之卦，一則曰天地否，再則曰火水未濟。反之，則地天泰、水火既濟，大概皆係用逆不用順之象以示人也。

三則陽生於坎，上善若水。周易上經除乾、坤兩首卦外，即繼之以屯、蒙、需、訟、師、比六卦。此六卦中，皆有坎卦。坎陽伏陰，取坎填離，坎之爲用大矣哉。由此可知古聖人設卦命名，先後次序，均包藏大道，隱寓玄機，非潛心研究，不能得其用意與旨趣。以上係□□讀易所悟，不敢自信。

除此外，尚有尋常通用幾字，一如「成」字，乃係「戊」「己」相合，與道書內「刀圭」二字之旨相同。更有「存在」二字，「存」係「人」得「一」須用「子」時，「在」字須用「土」，殆所謂「四象五行全藉土，三元八卦豈離壬」也。蓋吾人不欲存在則已，如欲常存在，則必須明白用土與水之理；不欲有成則已，倘欲有成，非研究戊己合一不可。更有靜坐之「坐」字，乃係二「人」守一「土」也。日前□□閱某乩壇詩云：「一二三四五，二人守一土；若解其中意，便是西天祖。」竊笑斯言與□□平日所言相吻合也。中略。

茲有□□久積於中，不能釋然，敬懇吾師開恩指教。竊聞大道不外乎三元大丹，然各道書所紀載，以及近人略有識者，均不外乎人元大丹之作用。若天元神丹、地元靈丹，皆未有言及之者。倘詳細開示，恐非片言所能盡，只求略指大概，俾□□粗知一二，即係莫大幸福。再□□近讀道書，其註解內，有××××四字，並云××××，非師莫傳。意見揣摩，終難下手，□□亦擬懇一並開示。

□□楊璲謹具

攖寧子答曰　來函所論易卦之理，皆甚爲中肯。至於所說「成」「存在」「坐」四字之義，亦皆暗合道妙，惟不免被人笑爲拆字先生耳。若要研究天元神丹，可看許旌陽之石函記及吴猛之銅符鐵券。至於地元丹法，其書甚多，未能悉舉，可先看道言五種内之承志錄及揚善半月刊「金丹秘訣」一門。所謂金丹者，本指黄白術而言，後來人元丹經，常喜借用地元之名詞，以致喧賓奪主，而地元反無人過問矣。××××四字，其作用不便在本刊上公開，他日遇有機緣，當相告也。

附錄女丹十則中一段按語以補答楊君所問

陳攖寧

攖寧按　黄芽白雪，本是外丹之專名，今用作内丹之比喻，於此吾有不能已於言者。考浮黎鼻祖金藥秘訣第七章云：「紫粉如霜，黄芽滿室。」許真君石函記藥母論云：「一鼎丹砂可服食，久服回陽能換骨；回陽換骨作神仙，須是神符並白雪；大哉神符真白雪，返魂再活生徐甲。」又石函記神室圓明論云：「顆顆粒粒真珠紅，紅英紫脈生金公；金公水土相併合，鍊就黃芽成白雪；紫砂紅粉亂飄飄，亂飄飄兮青龍膏；紅粉少，白虎老，鍊就龍膏並虎腦，長生殿上如意寶；點金萬兩何足道，能點衰翁永不老。」試觀以上所言，紅英、紫脈、黃芽、白雪、紅粉、紫砂這些名詞，都是外丹爐火中所鍊出來的實質實物，實有這種形狀，可以看在眼裏，可以拿在手中，可以吞入腹內，故叫作金丹。後世修鍊家不得真傳，或者雖得真傳又守秘密，不敢公開，遂一變將吾人肉體上之精氣神團結不散者名爲金丹，已是不合古神仙之法度，然而尚有跡象可求。再後第二變，又將佛教所用的名詞如「真如圓覺」「涅槃妙心」，儒家所用的名詞如「無極」「太極」「天理」「良知」等類，一概附會上去，都名爲金丹。於是後世學仙者，遂墮入五里霧中，弄得腦筋昏漲，思想糊塗。理解且不可通，況實行乎？可謂愈趨愈下矣。點汞成金之術，中國人不肯研究，反而被外國人發明出來；長生不老之藥，中國人自己不敢承認，將來又要讓外國人捷足先登。以五千年開化最古之國家，四百兆優秀文明之種族，竟至數典忘祖，道失而求諸異邦，可勝慨哉！

載民國二十六年（一九三七年）四月一日揚善半月刊第四卷第十九期（總第九十一期）

濟南張慧巖君來函並答

陳攖寧

前略。清淨之法，簡便穩妥，收效迅速，絕無流弊，誠爲無上妙道。□□自慚庸愚，俗障未絕，不能專一潛修，僅在百忙中抽閒爲之，已覺獲益非淺。

竊以我國悠久歷史，四萬萬黃帝子孫，佔據世界最大部分民族和土地，所遺家傳秘寶之神仙學術，行將斷絕，即所有坊間流通之道書，而選一如夫子之著述確切簡要者，實所未見。數典念祖，能無慚懼？丁兹大道衰微之際，夫子應運而生，誠可謂先夫子而仙者非夫子無以明，後夫子而仙者非夫子無以法，信不妄矣！

□□抱定百折不回之宗旨，仍積極解脱俗務，俾早日實現追隨之願也。祈訓諭常頒，以啟愚蒙。至禱。

□□張慧巖

攖寧答曰　三月十二日，曾有信一封掛號寄上，想已達到矣。該信對於莊子南華經上一段下手重要工夫，解釋得很透徹，自古至今，凡註莊子者，皆未見有像我所解釋的那樣明白。他們大多數是看不懂莊子，所有註解，都是隔靴搔癢。其中極少數人，得有真傳者，雖能懂得莊子之妙義，却又不敢洩漏玄機，草草敷衍過去，於是乎註與不註無異。惟獨我今日方大膽的把他說破。參同契云：「天道無適莫兮，常傳於賢者。」我認定君與楊君，不愧爲賢者，方敢冒禁相傳。君等他日傳人，亦必須慎之又慎。若是普通朋友關係，或是親屬關係，切不可將此道當人情送於他們。昔賢詩云「一言半句便通玄，何用丹經千萬篇」，即指此道而言也。若後世所傳鼎器栽接之術，麻煩極矣，豈是一言半句就能領會？術則繁難，而道則簡易，乃術與道之所以分也。未盡之言，下期續布。

載民國二十六年（一九三七年）四月一日揚善半月刊第四卷第十九期（總第九十一期）

答江蘇如皋知省廬

陳攖寧

一　敝處收到外埠來函多極，答不勝答，故偶有遺漏或遲延者，實亦無可奈何之事，請閣下原諒。

二　寧現時之工作有二。一則，古代道書丹經，雖汗牛充棟，其論調大半腐舊，而不能適合現代人之眼光，每爲知識階級所鄙視，長此以往，不加改革，則仙道恐無立足之地，寧只得勉爲其難。二則，仙學乃一種獨立的學術，毋須借重他教之門面。試觀歷史所紀載，孔子生於衰周，而周朝以前之神仙，班班可考，是仙學對於儒教毫無關係；佛法自漢明帝時方從印度流入中國，而漢朝以前之神仙，亦大有人在，是仙學對於釋教毫無關係；道教正一派始於漢之張道陵，道教全真派始於元之邱長春，張邱以前之神仙，載籍有名者，屈指難數，是仙學對於道教尚屬前輩。不能因爲儒、釋、道三教中人偶有從事於仙學者，遂謂仙學是三教之附屬品。請問像目下基督教、天主教、回回教等，人才亦復不少，設若將來其中偶有一二人性喜研究仙學，居然僥倖成功，吾等肯承認仙學是耶回兩教之附屬品乎？肯認承耶穌與穆罕默德二位爲仙教之發起人乎？有以知其必不然也。

中國仙學相傳至今，將近六千年。史稱黃帝且戰且學仙，黃帝之師有數位，而其最著者，羣推廣成子。黃帝至今，計四千六百三十餘年，而廣成子當黃帝時代，已有一千二百歲矣。廣成子未必是生而知之者，自然也有傳授。廣成之師，更不知是何代人物，復不知有幾千歲之壽齡。後人將仙學附會於儒、釋、道三教之内，每每受儒、釋兩教信徒之白眼。儒斥仙爲異端邪說，釋罵仙爲外道魔民。道教徒雖極力歡迎仙學，引爲同調，奈彼等人數太少，不敵儒、釋兩教勢力之廣大，又被經濟所困，亦難以有爲。故愚見非將仙學從儒、釋、道三教束縛中提拔出來，使其獨立自成一教，則不足以綿延黃帝以來相傳之墜緒。環顧海内，尚無他人肯負此責，只得自告奮勇，盡心竭力而爲之耳。

三　來書所譽「作普渡慈航」之語，寧自愧無此法力，不敢承當。況且普渡慈航，乃宗教家之美名，寧非宗教家，亦不敢掠他人之美。至於來書所謂異教紛爭之現象，在今日與將來，誠難避免。只求仙學能自由獨立，不再蹈前車覆轍，陷入宗教漩渦，則無慮矣。否則宗教迷信有一日被科學打倒之後，而仙學亦隨之而倒，被人一律嗤爲迷信，正應着兩句古語「城門失火，殃及池魚」，豈不冤枉？寧觀全世界所有各種宗教，已成强弩之末，倘不改頭換面，適應環境，必終歸消滅，所謂異教紛爭者，亦不過最後五分鐘之掙扎而已。

四　人元丹法，世間所傳授者，亦有幾派，其中作用亦不盡相同。揚善刊中所發表者，僅此理論，而非口訣。傳授口訣之師，各省皆有，無須寧之越俎代庖，故以後凡各埠來函，有問及人元丹法者，恕不答覆。若有人要研究此道者，請問其本師可也。

五　玄關一竅，世間傳授者，也有幾派，其下手作用，亦至不一律，請看本刊第九十期第八頁答瑞安馮鍊九君各問。至於本刊第八十七期第十一頁，答蘇州西津橋任杏蓀君第一問玄關之說，乃是因人說法，所以與衆不同。若另換他人發問，雖同是一個問題，而答語恐又變矣。

六　北派清淨之法，雖未曾和盤託出，然亦有問必答。辦雜誌與著書，其性質兩樣，自不能責備首尾先後、層次段落之齊全，則東鱗西爪，亦勢所難免。但如七十七期之靈源大道歌、八十三期之二十四家丹訣串述，清淨工夫已包括無餘，只須將其讀熟，到後來自可豁然頓悟，一旦貫通，方知大道就在目前，丹訣皆成廢話。

七　下手專做胎息工夫，是一種專門學術，是與服氣辟穀之事要合作者。唐宋以前道書中，頗多記載，此等經書皆收入道藏內，坊間沒有單行本。其法宜於山林隱逸之士，不宜於塵世普通之人，存而勿論可也。

八　黃巖周緝光君，曾親見呂祖聖像於空中，並歷驗許多靈異，去歲對寧痛哭流涕而言之。蓋深悔自己緣淺，雖蒙呂祖垂慈，而至今尚浮沉人海也。東派陸潛虛是明朝人，西派李涵虛是清朝人，皆呂祖直接傳授者。故祈禱呂祖親傳口訣一事，有效與否，全視學者之緣分而已。寧不敢說此事毫無希望，亦不敢保此事必定成功也。

九　敝寓在荒村僻壤，車輛不能達，郵政不能通，無大路又無目標，外來生客，萬難尋訪，恐致迷途，勿勞枉駕。

十　寧今年虛度五十八歲，自幼十歲看葛洪神仙傳，即萌學仙之念；　十三歲得先父鈔本三丰真人玄要篇，及白紫清地元真訣，讀之津津有味，是爲平生第一次獲見人元、地元兩種仙學書籍；　十六歲得先叔祖家藏古本參同契並悟真篇，十九歲得舍親喬君家藏原版仙佛合宗並天仙正理，方知出家人修鍊之法與在家人大大不同；　二十歲得同鄉丁君家藏初刻大字版金仙證論並慧命經，方知和尚也有學神仙之術者。先父業儒又好道，惟不喜寧學此，家中雖有許多鈔本道書，但只可偷看，而不敢公然翻閱。若彼知之，必痛斥也。先叔祖以名醫而精於仙學，故其家藏醫書、道書，皆爲珍本，伺其有暇，輒執經請益。伊嘗謂：「醫許學，仙不許學；　書可傳，訣不可傳。」無奈，只得作罷。寧平生仙學所親受家庭之賜者，僅此幾本丹經書籍而已。傳口訣師雖有幾位，皆與家庭無關，即至親骨肉亦不知我師之姓名，故不足爲外人道也。

十一　地元所以失敗者，乃受兩次滬戰之影響，第一次南北之戰，第二次中日之戰。彼時因戰事而致家破人亡者，不可勝數，燒鍊外丹道友四五人，雖幸免波及，然大局已非，不能安心續鍊矣。費十載光陰並千百次試驗之結果，只有兩句話可以奉告：「紅銅確能變爲白銀，但不免於虧本。」在外國人眼光中，或認吾輩爲破天荒的大發明家，而在吾輩自己觀之，則認爲失敗耳。古人生活程度既低，原料價值又賤，果能籌備一二百兩資本，即可動手燒鍊。每月開支，亦不過幾兩白銀已足，故能以點金術充實道糧。吾輩在上海生活開支，每月動需數百金，而材料起碼需一二千金方能辦到，所點出之物，其數量亦不能超過古人。所以在古人能借此養道，並能以餘力濟世，在吾輩欲借點金術養活自己一身，且不可能，況欲博施濟眾乎？此古今時勢之不同也。明乎此理，則知仙學在今日，實未便墨守成規，而有隨時代演變與改進之必要。

十二　寧對於仙學，是抱定一種試驗性質，故有時依口訣行事，有時又變通辦理，獨出心裁，不依口訣。若問我現在自己做到什麼程度，合於哪一部丹經第幾層工夫，則不能回答。因爲三十七年間所做的工夫，大抵雜亂而無次序，亦不喜死守一家之言故耳。

今姑且將可以宣布者爲閣下言之。

（甲）地元丹法，證明紅銅確能變爲白銀，死砂乾汞更不成問題。然亦僅能到此程度而止，後來惜未能繼續下去。若論及古今講地元一派的丹經，差不多被我搜羅盡了。至於鍊地元靈丹作服食之用者，雖亦曾試驗，但難保絕無流弊，故不敢勸人爲此。

(乙)人元丹法，證明此術確有捷效，但參同、悟真之本文雖可信，而各家註解則不可信者實多。呂祖全書、三丰全集，亦講人元，然其內容，真僞錯雜，不能視同一律；又如金丹真傳一派，較悟真篇大有分別，不足以代表張紫陽之學說；至於濟一子傳金銓，僅可稱爲人元丹法之應聲蟲而已。

(丙)天元丹法，證明「先天一炁從虛無中來」之語決非欺人者，但其入手法門，亦有上中下三等。故見效之快慢，用功之巧拙，遂由此而分。伍柳一派，不是上乘，惟李清庵、陳虛白、黃元吉諸公庶幾近之。

(丁)寧現在內功是取保守主義，以便從事於仙學革命之工作，故無暇再求進步。設若將來繼續前進者，儘可自己了脫自己，用不着尋伴侶，用不着訪外護，用不着神仙開示，用不着佛祖垂慈。程度僅此而已，固不值識者一笑也。

(戊)若問我六通之中有幾通，老實說，一通也沒有。至於出陽神之事，更談不上。

(己)自審資格不足以爲人師，故不敢濫收弟子。揚善刊只講學理，俾仙學在各種宗教、哲學、科學以外，獨樹一幟，於願已足，別無作用。人家來函，一定要師弟稱呼，亦無法禁止耳。

載民國二十六年(一九三七年)四月一日揚善半月刊第四卷第十九期(總第九十一期)

答覆逍遥散人

陳攖寧**陳攖寧增批**　此人乃甘肅省道教會長。

一　小周天工夫，做到陽光三現，即當止火採大藥。閣下當初已經有過陽光一現之景，是距三現之程度相差不遠，雖說不幸而失敗，但這條路徑大概總不至於忘記，俟身體調養回復原狀之後，仍舊照天仙正理之法，再做小周天工夫。不必急求速效，宜用和緩之手段，慢慢前進，自然就能水到渠成，毋須别尋門路。

二　無論何種斷食辟穀之法，僅可以解决吃飯的問題，而不可以達到成仙的目的。如果真到生活困難時候，不妨借重此術，逍遥物外，免致仰面求人。若欲專恃辟穀術作修道之梯航，非古仙之本意也。做命功能結内丹，做性功能入大定，則不必求辟穀而自然辟穀矣。中年人身體上總有多少虧損，倘不從積精累氣下手，如何能結丹？既不能結丹，如何能出陽神？然積精累氣之作用，須要從食物滋養中鍊出精華，譬如從幾十斤鐵中鍊出一斤鋼來。若下手就斷食，是鐵尚未有，鋼從何來？豈非永遠無結丹之望乎？

三　地元丹法普通人看不懂，人元丹法出家人不能做，閣下皆可不必留意，免得白費心力。天元丹法，可看黄元吉先生所著道德經講義並樂育堂語錄二書，已足應用，不必他求矣。天仙正理一派，也可以算是天元，但嫌其太着跡相耳。

載民國二十六年（一九三七年）四月十六日揚善半月刊第四卷第二十期（總第九十二期）

答拙道士、犂道人二君

陳攖寧

敬覆者，頃接惠書，備聆麈教，辱蒙獎飾，愧不可言。承囑加强仙學之機構，團結仙道之精神，闢開道眼之宣傳，勿使仙道之分裂，鄙志本來如此。請觀拙作中華道教會宣言書一篇，即是將道教、孔教、諸子、百家、正一、全真、南宗、北派、宗教思想、神仙學說、民族精神、三民主義、新生活運動，混合團結而不可分也；又一篇名四庫提要不識道家學術之全體，連登揚善刊第六十八期、六十九期、七十期，該篇最後結論有云「吾人今日談及道教，必須遠溯黃老，兼綜百家，確認道教爲中華民族精神之所寄託，信仰道教即所以保身，弘揚道教即所以救國」各句，更可見僕弘道護教之微意矣。

無奈當今之世，輕視道教者，實繁有徒。請看商務、中華兩家出版書籍，凡關於道教者，皆無好評。而且道教史中，居然有佛教痛罵道教之語。道教概說、道教源流等書，亦復偏袒佛教。僕自憾才疏學淺，又苦於輔助之無人，若就道教立場，與彼等作筆戰，設不幸而失敗，恐重累及道教之全體，故將陣線範圍縮小，跳出三教之外，以仙學爲立足點，而抵抗彼等之進攻。苟受挫折，亦不過損我一人之名譽，與中華整個之道教固無傷也，並且不至於惹起儒、釋、道三教之爭議。愚見認此爲最妥的辦法，故改變以前之論調耳。

再者，南方習俗，與北方不同，故對於辭氣之間，彼此見解，頗難一致。常有南人視爲無關輕重之語言，在北人則認爲含有侮辱之意味。僕居滬之日最久，已將平、津、魯、豫之方言遺忘殆盡，一切皆從蘇、浙之習俗，而未曾顧及北方之忌諱。即如××××四字，在僕實出於無心，在諸君或疑爲有意，此乃南北習俗不同之誤會也。又如×××三字，上面亦無道觀、道院、道教等字樣，理合一併聲明。

來函未標住址，覆書無從寄遞，謹借本刊奉答。

專此，並候道安！

攖寧頓首

載民國二十六年（一九三七年）六月十六日揚善半月刊第四卷第二十四期（總第九十六期）

致廬山某先生書

陳攖寧

陳攖寧增批　此人即張劍鋒君。

××先生閣下：

迭奉鴻箋，備聆麈論，更蒙惠贈玉照一幀，尤覺丰姿俊拔，當卜無量前程。修道學仙，誠爲美事，但值國家多難，正乃志士效力之秋，若令遠祖子房公辟穀從赤松子遊，蓋在功成名遂之後，深可思也。愚爲閣下計，洞天福地，自可怡情，不必念念於歸隱；道籍仙經，儘堪博覽，不必急急於實行。獨善其身，已非今日大局所容許，似宜暫圖世務，靜待良時，只求不昧夙因，定可還登上界。

廬山景象，迴異當年，遊客恐無插足處，辱荷寵招，惟有心感。專覆，並候暑安！

再者，××法師所謂「以根塵幻合之身，生死流轉，全爲業識所驅，道家修命之說，已墮壽者相，縱其長生可企，終是人天小乘」云云，都是佛教門面語。以××法師之立場，當然作如此說，否則亦不成其爲佛教徒矣。但有幾句話須請問者，假使現在吾國被强鄰侵略，是不是應該抵抗？抵抗之目的，是不是要爭取中華民族之生存？抵抗行爲，是不是有人我相？生存競爭，是不是墮壽者相？若果無壽者相，則敵人殺我，聽其殺死可矣，何必抵抗？没有飯吃，聽其餓斃可矣，何必賑災？疾病損傷，聽其夭折可矣，何必醫藥？推而言之，凡國家之政治設施，社會之慈善救濟，學術之生理衛生，皆屬多事，以其種種作用，皆不外扶助人類之生存，皆不免墮壽者相耳。若謂此非壽者相，然則孰爲壽者相？人類生活壽齡，究竟以幾歲爲最高限度？過此限度，即爲壽者相，而爲佛教法律所不容？吾人誠莫明其妙。閣下智慧勝常，能代彼等加以解釋否？總而言之，佛教學說，譬如涼瀉之劑，根本不適宜於衰弱之中國。昔日中國服涼瀉之劑，已千餘年矣，結果衰弱到如此地步，今日中國須服温補之劑，若再灌以涼瀉藥，斷其一線之生機，是自速其亡也。最好是將佛教傳播於法西斯主義的國家，使其狂躁火性稍爲平静，則於人類未嘗無益。

寧之學說，大半散見於揚善刊中，偏重積極而反對消極，蓋以此故。××法師，乃佛教革命派，當然能默喻此意。寧素日雖提倡仙學，却不一定崇拜老莊，因老莊亦難免有引人趨向消極之流弊耳。**陳攖寧增批**　××法師，即太虚和尚。

載民國二十六年（一九三七年）八月一日揚善半月刊第五卷第三期（總第九十九期）

答湖南湘鄉劉昺純先生

陳攖寧

昺純先生大鑒：

惠教敬悉，所論至堪欽佩，本應詳細作答，奈爲時間所限，故只能用簡單語句，略表寸衷，祈垂察之。

一 揚善刊中，雖極力提倡仙學，但止注重理論，俾閱讀本刊諸君因此可得悉仙學之派別源流，而非以傳授口訣爲事。蓋仙道明師當世尚不乏人，學者有緣，自然遇合，固毋須寧之越俎代庖也。

二 修道集團，原屬同志諸君一種希望，實行頗多困難。寧不反對此事，然亦未嘗贊助此事。蓋已自處於旁觀之地位矣。

三 請求本刊公開傳道，乃門外人之意見。彼等以爲佛教、耶教概屬公開演講，爲何仙道一定要慎重其事，致違普渡之旨，而招自了之譏。但已經入門者，皆知此道不能公開。愚見亦不主張公開，因仙學與宗教性質不同，難以普渡故也。

四 各處來函問道諸君，彼等早已得師，仍欲與敝社通函研究者，在彼方自屬虛心求益，而敝社却不負函授之義務。雖偶或於派別源流上加以指導，亦不外乎接引緣人之意，與正式傳授口訣大不相同。

五　揚善刊中材料，雖以拙稿爲最多，然非如尊論所謂公開示世，僅僅爲仙道爭回一點立足之地而已。此亦有定數存乎其間，不是個人私意作用，將來自有適可而止之時。

附錄劉先生原函

攖寧道長大鑒：

啟者，在揚善刊中披讀教言，知先生欲以神仙真傳公開濟世，慈悲救度，良堪欽佩。惟是三期劫運，人民之罹於孽禍洶湧中者，方興未艾，豈能遽得造就神仙資格？況歷代仙佛口訣，絕對不能輕易傳授，先生獨能撮要開示，非住世天尊而何？

組織修道集團，用意甚善，但恐天律不能通過，亦付之無可奈何而已。即使公開傳道，派别門户，何能冶鑄一爐？與其因競爭而鬧成意見，相持不下，則何如聽其隨緣救度之爲愈也。加以集會聚衆，尤蹈政府查禁之嫌，弟竊期期以爲不可也。

至修道自有真傳，自應從性命雙修入手，然非挈倫常道德以樹之根基，亦非修道真品。我輩生斯亂世，一方面了脱自己，一方面指示緣人，而求其免浩劫，挽救無限同胞陷溺於惡濁罪網中，想要籌劃一條生路，其本意固應與先生共之也。

合上列而論，非以仙佛真傳爲體，以聖賢道學爲用，不足以合雙管齊下之作用也。先生以爲然否？

再讀先生出世法幾種教訓，確合真正修道人原理，是先生又當是正派弟子，非旁門外道中人也。意者公開示世一節，個中別有會心耶。尚希指陳意見，俾開疑塞爲幸。後略。

教弟劉最純

回示寄湖南湘鄉縣城玉生堂筆店内。

載民國二十六年（一九三七年）八月一日揚善半月刊第五卷第三期（總第九十九期）

答上海某女士來函

陳攖寧

前略。六月廿六日早晨三時，盤坐少傾，便覺海底温煖，移時臍輪及乳房亦温煖，同時頭腦頂門及脚部均熱而蠕動。再靜到極處，便入於混沌狀態，但爲時極短。如此者有六次之多。至第七次，頓覺全身緊縮，似乎麻醉，甚至呼吸亦不自然。其時頭部、胸部均極熱，幾欲出汗，且尾閭、背脊重垂難忍。至是即用三不動法以應之，歷廿分鐘之久，始漸漸輕鬆，呼吸亦回復原狀。

以上情形，乃月經後第三天，與前次面禀之情形略同。彼時亦在月經後第三天，惟前次有汗，此次尚未到出汗程度，而時間較長。

附問五則

一　每在經期前後，常覺血海、陰部有煖氣漲而蠕動，並連兩腿均覺酸麻之狀，是否係真陰發動乎？其時雖用意攝回，然有時竟不能攝回，仰懇指示口訣，以免走失而莫能挽救。

答　此種景象，頗似真陰發動，但其氣尚嫌不旺，若要收回，並不困難，只須用三不動方法應付之已足。

二　意運周天，由尾閭升頂門，由頂門下降至何處而停？升降快慢有關係否？經期內亦可運行否？

答　由頂門下降至子宮部位，即可停矣；初步練習升降，宜慢不宜快；經期內以不運行爲妥，但靜坐無妨。

三　女丹十則中九轉鍊形法，生可照做否？

答　若要照書上所說的動作試做亦可，務必小心謹慎，不可勉强行事。如能自然合拍最好，否則寧可不及，切勿太過。

四　凡遇口生津液，應嚥至何處？

答　當然是同吃茶水一樣，吞到胃裏去。若有人說尚有別路可去，此乃不懂人身生理之言，不可信也。

五　現在弱體漸覺痊復，可否賜傳正式斬赤龍口訣，以便遵循修鍊，藉資工夫進步？

答　可先研究女工正法並女丹十則二書中斷龍工夫，得便不妨試做。須要和緩行之，切勿勉强從事，恐怕不合軌道，反而做出病來。試做三個月之後，再看情形如何。假使中間有什麼變化，可寫信來報告，或面談亦可。若有錯誤，要隨時改正。

載民國二十六年（一九三七年）八月一日揚善半月刊第五卷第三期（總第九十九期）

瑞安某君來函

陳攖寧　按

謹稟者，荷蒙吾師指示××一法，自覺山根有孔開模樣，一呼則山根與下丹田兩相對動，一吸則下丹田與上山根相動亦然，兩間自然兩相對。此後就睡，睡醒不覺身中陽生，比較壯年時候，陽旺數倍，因此致令心身不安。一至沉睡，則有夢洩。當下驚醒即坐，不意醒坐時又復洩去，洩後仍舉。乃加意存神，注於動處，息息歸根，頃刻陽氣自回，而下丹田與上山根又兩相應動。一呼一吸，候有四五分鐘許沉睡，即變爲心神爽快，口内如蜜之甜，四肢指尖，似有微麻木及抽縮，兩足亦自然發跳動力非常。以上所得之效驗，不知合法否？至若×××××天人合發之景象，則尚未得見。祈夫子指示一切，並請勿宣。

攖寧曰　某君來函所述工夫效驗，又與他人不同，可知效驗這件事是與人體質有密切關係，未能一概而論。余前次在滬時，見某君之體質乃陽有餘而陰不足。陽氣固是修鍊家所必需者，但如身中真陰不足，不能收攝真陽，則此陽遂變而爲亢陽；若無法對付，第一變則爲浮陽；再不設法挽回，第三變則爲孤陽，至此而大事已壞矣。孤陽且不能生人，如何能成仙乎？

須知仙家所謂純陽者，與孤陽絕不相同。純陽的「陽」字，是指輕清微妙之質體而言。蓋謂重濁粗笨之質體皆屬陰，非仙家之所貴也。然此輕清微妙之質體，仍是先天之真陰真陽配合而成，絕非孤陽之謂。先天真陰真陽，是如何形狀？即靜而生陰，動而生陽，動靜互相爲用也。此理張復真君參之最透，不妨常與張君討論之。

載民國二十八年（一九三九年）二月一日仙道月報第二期

陳攖寧先生答某君問道函

陳攖寧

□□先生道鑒：

敬覆者，日前由張竹銘君轉來惠書，辱承錯愛，推獎逾恒，實深慚愧。敝處少數同志，組織一仙學院，寧被迫在此，暫維現狀。因筆墨工作太忙，故空閒時間極少，俟至陰曆明春，或許有休息之機會。目下對於來函所詢各節，不能詳細解釋，僅能作簡單之答覆如後。

一　先生志大才高，見地透徹，又能實行用功修鍊，乃今日道門中不可多得之人材，將來成就，定必遠大，可爲預賀。

二　三年閉關期内，雖自稱無甚進步，以愚見論之，效驗亦頗有可觀。明春出關以後，只須常常用文火温養，自然身中會見無窮之變化。請勿務近功，勿求速效，須知此三年關中，乃下種入土之時，非開花結菓之時。今者種子既已入土中矣，陽有日光，陰有雨露，月計不足，歲計有餘，只須保護得宜，不遭斧斤之斫伐，何患無生長之望？此時只守其自然，順其自然斯可矣。

三　精關非不可閉，然亦不必急急求閉。即以世俗而論，富厚之家，重在保守；貧窮之人，要能賺錢。徒知保守，而不善於賺錢，雖一錢不用，仍舊是個貧人，又何濟於事？假使一人每月能有百元進益，縱每月用去十元廿元，尚有八九十元可以儲蓄，固於大體無傷，年歲久遠，亦可以變爲富人；若每月有千元收入者，即使每月用去百元，不過損其十分之一；若每月没有收入者，則非用自己老本錢，就要擔負債務，終必破產。所以理財家以開源爲第一義，節流爲第二義。能開源又能節流，更好；能開源不能節流，亦無妨；不能開源，僅能節流，雖可獲益，頗嫌微末；既不能開源，又不能節流，只有坐以待斃耳。此中消息盈虛，大堪研究。揚善半月刊第九十四期第三頁清淨獨修諸家工法評論，請注意。

四　僕往日覆楊掃塵君信，解莊子口訣，與尊函所說者，無二無別。今日若向君饒舌，不免河邊賣水之譏。謹借用六祖壇經上答永嘉玄覺禪師語：「如是如是。」再借用六祖答南嶽懷讓禪師語：「汝既如是，吾亦如是。」

五　玄關一竅，誠如尊論，較普通修鍊家執著上中下三丹田固定之處爲玄關者，高過百倍，若非有夙根者，不能悟到此境，可謂再來人也。

六　靈源大道歌白話註解，志在普度，不久即當出版，由丹道刻經會發行。若有人附印，每部大約在二三角之間。聽張竹銘君言，各處附印之數，已一二千部。此書對於先生自己雖無甚需要，若以之教初學，比較他種道書似乎易於入門。尊處若有人附印者，請與張君接洽。

七　樂育堂語錄、道德經講義二書，乃當年黃元吉前輩之門弟子所記錄，文字冗繁重複，在所不免。昔日愚見與尊見相同，頗欲加一番整理功夫，使其醒豁動人。但道門中之卓識者，多不贊成此舉，謂爲洩漏天機，於道有損無益。僕認爲彼等未嘗無理由，故不敢輕率從事於此。今日請先生對該二書亦取慎重之態度。

八　孔子曰：「不得中行而與之，必也狂狷乎。」孤峭亦似狂狷，在孔門原是美德，不能以壞論。老子所謂和光同塵之真人，若行之不得其道，將變爲孟子所謂同流合污之鄉原。其實同流合污與和光同塵二者，表面上頗難辨別，所異者在有道、無道之分而已。若能以孤峭爲骨格，以圓通爲運用，則盡美盡善矣。

專此奉達，並候清安！

載民國二十八年（一九三九年）四月一日仙道月報第四期

陳攖寧先生致本社函

陳攖寧

仙道月報社諸君慧鑒：

二月間，由貴社轉到北京錢道極君寄與君等之函件，讀畢曷勝歎息。蓋東亞所以造成今日之局面者，非一朝一夕之故，其由來者漸矣。若欲挽救浩劫，先須觀察人心，果多數人心厭亂，將來自有治平之望，少數人則無濟於事也。余遵孔子之訓：「不在其位，不謀其政。」惟知盡我本分之責任而已。既非漠然無動於衷，更非藉口於時機未熟，而坐待幸運之降臨。錢君種種猜想，都不合鄙意。

嘗推究殺劫之起源，實由於人心之好鬬，而人心所以好鬬者，則由於戾氣之所鍾。宇宙間乖戾之氣，深入人心，麻醉眾生，如服狂藥，狠毒貪嗔，理智全失。此種現象，試問有何法使之復歸於平靜乎？老子道德經云：「民不畏死，奈何以死懼之。」可見世俗所信賴「殺以止殺，武裝和平」之手段，其收效亦微末矣。余認為欲弭殺劫，須正人心；欲正人心，須平戾氣；欲平戾氣，則孔門「致中和，天地位，萬物育」之大經大法，不可不注意也。苟長此以往，無所補救，乖戾之氣，日甚一日，整個世界，且不免毀滅，局部戰爭之慘酷，又安足言哉？

「致中和」三字，在儒家雖有此名稱，苦無入門之法，僅云「喜怒哀樂之未發，謂之中；發而皆中節，謂之和」二語，乃解釋「中和」之字義，而非「致中和」之工夫。此等工夫，惟歷代道家尚有傳授，如靈源大道歌白話註解，即是「致中和」工夫真實下手處。凡註解未盡之意，他日得暇，當續有發明，以度有緣。修養之士，果能使一身氣候中和，則一身無病；一方氣候中和，則一方無災；國家氣候中和，則國家安樂；世界氣候中和，則世界太平。是即區區救世度生之志願也。若世人笑余所提倡之道法爲迂且緩者，彼等自可別尋不迂不緩之法。世界如許大，衆生如許多，本毋庸强人人同趨一路，惟在各盡其心而已。

請以此函公布於報端，既以答錢君屬望之情，兼就正於有道。

載民國二十八年（一九三九年）五月一日仙道月報第五期

答覆如皋唐燕巢君

陳攖寧

由仙道月報社轉到惠函，具悉一切。

印光法師文鈔乃專門提倡淨土宗念佛生西之書，對於仙道毫無關係。

中華道教會宣言，原稿見於揚善半月刊第六十七期，閣下若有此刊物，不妨查閱之。

至於來函所詢命功三日一做，或五日一做，以及做而不坐等法，乃仙道月報上登載性命問答之語，此說既非拙作，自不能妄爲解釋，恐有越俎代庖之譏。愚觀性命問答前幾條，每條之後，附編者按語一篇，理論亦甚圓融，然未必盡合原作者之本意。閣下若要知其究竟，必須通函與仙道月報社，託該社將尊函轉交於嚴先生本人。倘能得原作者自己之解釋，方可免閣下推測之誤會。

仙學院講義靈源大道歌白話註解，現已正式出版，公開問世，如得便亦可向丹道刻經會郵購一部，作爲研究。

載民國二十八年（一九三九年）五月一日仙道月報第五期

答覆福建清縣林道民君

陳攖寧

由冀化堂轉到夏曆臘月十二日惠函，足見閣下好道之誠，至堪欽佩。承詢仙學院章程，以及入道之手續，此時尚不能報命。敝處少數同志，暫時於清靜地點，合租一屋，作爲鍊習靜功，並每星期講道之用。彼等皆是已經學道多年，而非初入門者，且人數不多，故未有章程之規定。倘將來學道同志人數增加，或者需要章程以便利進行，俟臨時再議可也。

特覆。

載民國二十八年（一九三九年）五月一日仙道月報第五期

答覆河北寧晉縣王同春君

陳攖寧

去歲陽曆七月下旬，由冀化堂書局轉來惠函，內云「慕道心切，寢食俱廢，一日不明正道，一日心中難安」各等語，真可謂生有善根、篤志好學之人矣。所詢各節：（一）出世法以何教爲最準確；（二）道教名稱及派別；（三）丹經以何種爲最有益。此等問題，若詳細討論，雖數萬言亦不能盡，今姑作簡單之說明如下。

一　就主觀而言論，出世法當以仙道爲最準確；若就客觀而論，各教有各教的好處，全在乎學人自己之信仰，他人不便代作主張。

二　道教之派別，就出家人一方面說，有正一派與全真派。全真派又分數十派，最通行者曰龍門派。就在家人一方面說，道門亦有數十種，名稱各別，頗難一一敘明，惟視學者之因緣遇合而已。

三　自古傳世之丹經，有益於人者甚多。可惜貴縣偏僻之區，未必能得見此種書籍，不無遺憾。然縱使得見幾部，恐亦不能完全領會。因丹經本文及註解，都用隱語，而不肯顯言之故耳。宋朝曹文逸真人所作靈源大道歌，不用隱語，樸實說理，而拙作靈源大道歌白話註解，更是和盤託出，一目了然。愚見以爲，此書對於普通學道諸君最爲有益。拙作此書，原爲弘道起見，脱稿以後，即交丹道刻經會設法流通。幸諸位道友踴躍附印，方能出版。此書非營業性質，請勿誤會。

載民國二十八年（一九三九年）五月一日仙道月報第五期

答覆天台赤城山張慧坤女士

陳攖寧

前次由仙道月報社轉來華翰，所言各節，不能謂其無理由。惜對於揚善刊全部未曾仔細研究。如果當日將該刊從第一期至第九十九期依次序先後逐漸看過一遍，閣下心中必能了然明白該刊編輯之宗旨，及其逐漸改變作風之過程，而無所疑慮矣。

凡揚善半月刊中一切仙佛論辯之文章，皆處於被動之地位，迫不得已而爲之，否則誰肯無緣無故，浪費筆墨？張化聲居士乃儒、釋、道三教之信徒，本非偏重於仙而輕視於佛者，故化聲君所作之文章，都是注意於調和仙佛。無奈彼等有意製造清一色之教徒，不容化聲君之調和，必欲將佛教之地位抬高於儒、道兩教之上。化聲君迫不得已，起而抗之，遂至多生枝節。其實化聲君本意原不欲如此。嗚呼！是誰之過歟？

古今中外，無論何種學說，有贊成的，必定有反對的，有反對的，必定有調和的。譬如仙道學說，我本人及我同志諸君，是屬於贊成派一方面者；彼毀謗仙道之流，其人甚多，皆屬於反對派一方面者；又如化聲、竺潛、遵先諸君，皆屬於調和派一方面者。世間萬事萬理，都不免有這三派參預其間，誰也不能把誰消滅，只有自己方能消滅自己。假使受人毀謗而不與之辯論，即同自己消滅自己一樣。我等本無意攻擊他人，但亦不肯消滅自已，仙佛異同之辯論，遂由此而生。此乃自然之趨勢，無足怪也。

古人所作道書，大半屬於調和派的性質，所以書中每每雜用儒、釋二教之名詞。儒教中人置之不問，蓋早已默許矣；反對派因爲要制製造清一色的局面，以便抬高彼教之地位，故不歡迎這種調和派的著作，遂極力排斥之。我等因爲要保存仙學獨立之資格，免其被反對派之輕視，故亦不願雜用佛教之名詞。所最感困難者，就是宋、元、明、清四個朝代所流傳的各種仙道書籍，都是調和派的手筆，三教名詞隨便引用，很少有清一色的著作。因此我所校訂出版之道書，其中所引用佛教名詞，雖已屢經刪改，尚未能完全去盡。倘若將其去盡，又恐怕失了原書的真相。只有等待將來我自作道書，則可以完全不用佛教名詞矣。又古道書如老子道德經、莊子南華經、周易參同契、抱朴子內篇、黃庭「內景」「外景」之類，書中皆無佛教名詞，所以道書越古越好。惟古書文理太深，恐難了解耳。

琴火重光乃專門講外丹之書，若非於外丹爐火一門得有真傳實驗者，決定看不懂。此書由丹道刻經會出版，我不過稍效微勞，代爲校訂而已。此書出版之後，刻經會辦事人送我幾部，作爲酬勞，我早已將此書分給平日研究外丹諸君，此時手邊沒有此書，故不能贈與閣下，祈原諒是幸。依愚見而論，凡做內功的人，不必看外丹書。因爲這種書另是一件事，對於吾人身體毫無關係，徒費腦力耳。

仙道月報編輯者另有其人，凡外來稿件登出與否，由該報編輯者自己酌定之。我非該社辦事人，故不便干預其事，僅可代爲轉交而已。外埠來函寄與月報社者，由編輯人自己答覆，其原來函我亦不得而見之。若來函封面寫明寄與我名下者，該社方將原函轉送敝處。至於答覆之早遲，則無一定期限。因爲敝處事情太忙，實在没有閒暇應付各種問題。又因爲我非仙道月報編輯人，來函諸君亦不能强迫我必須答覆也。

凡敝處所答覆各處關於仙道來函，若已經月報某期上發表者，屆時當通知月報社發行部，將某期月報寄贈一份給來函之人。至於下期月報是否再接續寄贈，則不得而知。此指未曾訂閲全年者而言。若已經訂閲者，自然接續照寄。但值此非常時期，交通困難，郵件亦不能保其不失誤。倘日期相隔太久，而訂閲諸君仍未收到該報者，請用明信片通知月報社，當可補寄一份。切勿因訂報、贈報、補報等事寄函與我，蓋敝處距離仙道月報社有十里之遥，往返太不方便，反致多費轉折，多延時日。

仙學院自二十七年陽曆五月開辦至今，已滿一年，時時在飄摇不定之中，所以未曾正式訂立章程，更没有道友住院，將來是否續辦，亦無把握。外埠道友常有來函相問者，故於此作一總答。

載民國二十八年（一九三九年）六月一日仙道月報第六期

覆閩省新泉鄧雨蒼先生書

陳攖寧

敬覆者，昨接端午前三日寄來惠書，並佳作多首，均已拜讀一過。憶自滬鄉揖別後，轉瞬而時局萬變，景物全非，有如隔世。不料今日彼此雖難得再圖良晤，尚能借郵件以通消息，是猶不幸中之幸也。

近聞臺從習靜山庵，幽居樂道，此固爲吾輩本分上事，然在今日能實行達到此種志願，已可稱爲大有幸福之人矣。新泉地點，僻處閩西，無關重要，當能長保安全。細味大作五言律，及竹園先生五言律，閒情逸致，音調頗似唐賢。涵詠再三，令我神往。因思幼年所誦唐人山居詩一首，其詞云：「不求朝野知，卧見歲華移。採藥歸侵夜，聽松飯過時。荷竿尋水釣，背局上巖棋。祭廟人來說，中原正亂離。」愚最喜此詩末二句，意謂若非廟中燒香人來說起，竟不知國內有戰爭之事。此種境界，真可稱世外桃源矣。貴處山中亦有幾分相似否？功課餘暇，甚盼以情況見示，藉滌塵懷。更歡迎如本報第七期温州樂清縣楊八洞略述一類的記載，能詳言之尤妙。蓋「法財侶地」四字，在今日「地」最難得。上海目前米珠薪桂，人心恐慌，較各處山中其生活代價之高低，實有霄壤之別。

雖則雲壑煙嵐，徒勞夢想，倘獲暢讀留仙招隱之文章，亦聊以望梅而止渴也。

專此奉達，並候道安！

陳攖寧頓首

載民國二十八年（一九三九年）九月一日仙道月報第九期

致四川灌縣青城山易道人書

陳攖寧

心瑩大錬師玄鑒：

丁丑陰曆七月間曾收到航空信一封，係閣下並成都二仙庵退隱方丈王君、青城山天師洞監院彭君、内江縣李君親筆簽名。辱承不棄，邀僕速往青城避亂。且蒙指示水陸程途，雅意隆情，久銘肺腑。惟以彼時揚子江已經封鎖，交通既感困難，沿途復多危險，遂致未能赴約，抱歉良深。此後大局日益危迫，海上居民，直似釜底游魚矣。

今歲春間適逢張夢禪君由滬返川，因託其帶交閣下並諸師一函，略伸謝悃，不知已達左右否？今忽由仙道月報社轉到大著道教三字經鈔本一册未見信函，拜讀之下，具見宗派源流，朗若列眉，在道門中尚屬創作。愚意倘能再經閣下自己手筆，加以簡明之註解，則盡美盡善矣。此書傳世，將來必有他人代爲作註，然終不及原作者自註之確切。高見以爲何如？

今借本報郵遞之便，附刊數語，以代蕪箋，諸希慧察，並候王、李、彭各位大錬師道安！

陳攖寧頓首

載民國二十八年（一九三九年）九月一日仙道月報第九期

答浙省天台山圓明宮慮靜道人

陳攖寧

兩次來函，均已收到，閣下慕道之忱，至堪欽佩。惟上海今非昔比，許多在上海避難之人，此刻又設法逃往内地各處去了，故勸閣下切勿急於到上海來。目前遍國中無一塊安樂土，閣下今日尚能住於名山勝地，未受兵火之災，幸福已不淺矣。

來函内所附河南省舞陽縣明善局各種問題，可寫信轉請教原寄信人劉先生，當知其詳。僕自愧無才，不敢回答。但依愚見而論，那些法門，恐非方外人所能做到，閣下宜從天仙正理、金仙證論等書入手，方不失全真派家風也。

蒙贈玉照，謝謝。

專此奉答，並頌道安！

另有覆信一封，早已付郵寄奉矣。

載民國二十八年（一九三九年）九月一日仙道月報第九期

覆四川灌縣青城山易道人書

陳攖寧

心瑩大鍊師玄覽：

前蒙寄贈道教三字經鈔本一册，已於本報第九期上附函接謝。另有華翰一封，乃是夏曆五月十六日所發，最近始收到。信封破爛不堪，白色信箋已變成紅色，且有幾處污損，惟字跡尚可辨認耳。此信在途中諒遭魔難，居然能寄到此間，誠屬萬幸。

今者全國中已陷於水深火熱矣。閣下此時猶能高隱洞天，從事名山不朽之著述，我輩望風景仰，頓覺有仙凡之隔、雲泥之歎也。

來函稱呼，過於客氣，愧不敢當。下次若蒙惠函，請以平等相待是荷。

手此布臆，並頌道安！

載民國二十八年（一九三九年）十月一日仙道月報第十期

答北平某君來函

陳攖寧

一　年老不足慮，惟身弱多病爲可慮；　身弱多病亦不足慮，惟徒知其方法，而被環境所困，不能實行，爲真可慮；　或環境尚佳，可以實行，而自己歷年以來，在世俗所沾染各種習氣，未能掃除淨盡，致爲工夫上之障礙，此則更可慮耳。

二　論及修道經費，預備幾何，方能足用，亦甚難言。蓋因各人各地生活程度有高低之不同，則費用自然有多寡之別，須要自己作一精密之預算。總而言之，凡有家累者，必須先籌劃一筆安家費，另外自己個人衣、食、住三項，須可以維持而不患缺乏並且要清閒無事，此乃最低之限度，省無可省者也。再能稍備雲遊訪道用，及常年補藥費則更好。若道書十七種之說，在今日非有三萬元存款者不必問津，故我從來不主張此說。

三　往年北平某君，雖從我學道，奈以時間短促，來去匆匆，未必能完全領會我意。又以許久没有通信，不知某君是否仍在北平？　欲彼代傳，恐難如願。又凡有一定職業之人，或勞心，或勞力，雖可以維持生活，然不能維持身體。欲學長生，須要不勞心、不勞力、無嗜好。

四　學長生術，貴在明白原理，口訣乃其次也。我教人初步工夫，口訣很簡單，只有八個字：「神氣合一，動靜自然。」果能做到如此地步，延長壽命，定有把握。若要明白原理，則大道歌白話註解、黃庭經講義，不可不看。

五　人的行蹤，有時不能由自己做主。即如丁丑年冬季，我想到天台山去，走了四次，仍未能離開上海。因此戊寅年遂有仙學院星期講道之盛會，而靈源大道歌白話註解亦於彼時出版。這也是因緣有定，不由人意安排。

上海租界勢難久居因爲消費太巨，將來因緣在於何處，此刻亦未能逆料。惟以目前情形而論，來北京之動機，似尚未發現也。

專此奉覆，順頌健安！

陳攖寧

載民國二十八年（一九三九年）十月一日仙道月報第十期

答某君七問

陳攖寧

第一問 靜坐時雜念紛擾，難以制止。

答曰 凡靜坐遇有雜念紛擾，最好是不去管他。只要身體穩坐不動，任他雜念急起急落、思前想後，等到坐過半個鐘頭或一個鐘頭以後，雜念自然就慢慢的平下去了。中間猛然一覺，雜念全消，這也是靜坐時常有的現象，用不着勉强制止。

做工夫的時候，雜念紛擾，已經令人厭煩，再加之去雜念這個念頭，又是一個雜念。譬如兩個人在打架吵嘴，已經在那裏難解難分，旁邊又添上一個强迫勸和之人，三個人鬧成一團，如何能弄得好？勸和原是美意，總要等他們兩人火氣漸平，用權巧方便之手段，一勸自然息爭。若勞神費力，强迫勸和，手段未免太拙。

第二問 以前由尾閭上升之氣，至泥丸下降，頗覺順利。近來突有一股粗氣，由尾閭上升，行走頗爲滯澀，至夾脊上，輒動摇斜衝左右。

答曰 這種氣如何發生，來函未曾言明。究竟是因爲做工夫而發生呢，或是不做工夫自然發生，我不知其來源，故難以回答。

第三問 有時尾閭上升之氣，至玉枕下，聚成疙瘩，少停再上，覺脊骨、泥丸均疼，精神疲倦。

答曰 此種現象不好。

第四問 漏精不能斷絕，每漏後一二日，腦及小腹氣冷。

答曰 漏精乃普通人所不能免，若一月漏一次，或數月漏一次，於身體健康亦無妨害。若專門修鍊家，自以不漏爲貴。但要其人有特別之環境，能做特別之工夫，方可使其永遠不漏，普通人難以照辦。

第五問 坐靜念止後，丹田上呼之氣，由左脅上冲，至喉下，轉右脅下降。

答曰 此種升降之道路，在工夫上不關重要，能免除最好。

第六問 尾閭上升之氣，過崑崙，覺有多數水珠，降至鼻梁中間即無。

答曰　工夫做得好時，泥丸之氣，化爲甘露下降至口中，乃是常有之事，未聞有降至鼻梁中間之說。此種現象，是否合法，不敢斷言。

第七問　由尾閭上升之氣，至泥丸後，每覺泥丸疼痛。俟降至承漿，再下不知不覺。究竟如何走法？

答曰　泥丸疼痛，恐不相宜。若是自然上升者，不致於疼痛，或者由於勉强用力運氣之故。人身神經總機關，繫於背脊骨，所以由後背上升之氣，最容易使人發生特別之感覺，及至由前面下降時，則感覺已極微細。凡做工夫者，大概皆如此。

統觀以上各節，似乎由於做工夫太執着不化，或者由於用力運氣，遂致氣行發生障礙。假使工夫做得合法，身體必定舒暢。若感覺身體上某一部有不適之狀，如所謂泥丸疼痛者，可知工夫不甚得法。須拋棄一切有爲法，而以無爲法對治之，可望漸愈。

載民國二十八年（一九三九年）十月一日仙道月報第十期

覆小呂宋洪太庵君

陳攖寧

前略。以前我等所討論者，皆在「法」字範圍之內。雖然，徒法亦不能有成。觀察目下情形，修道之福地最不易得。岷埠是否合宜，不得而知。惟國內受戰事之影響，頗難尋一幽棲之處。君故里南安縣山中，氣候既寒燠調和，風景亦殊不惡。雖民國四五年間，地方遭匪禍，然不過一時之害耳，未必年年鬧匪。如果該地人民能安居樂業者，則亦可稱爲福地矣。閩省北部崇安縣相近之武夷山，在仙家歷史中素負盛名。其地距海口甚遠，且非今日用兵必爭之地，不知彼處現在情形如何，有足稱世外桃源之資格否？

前幾年我遍遊蘇、浙、皖三省名山勝境，想謀一修道根據地，爲少數同道諸君解決法財侶地四要素中之「地」字問題，已有實現之可能。不料戰事爆發，前功皆成畫餅。最佳地點，在浙省富春江上游，自杭州西湖出發，不過一日路程。該處有嚴子陵釣臺古跡，兩面青山疊嶂，中間綠水漪漣，綿亘數十里不斷。而且移步換形，處處引人入勝，民俗淳樸，物產豐饒，誠合隱者之居，亦初步工夫適宜之地。今則該處已劃入防線，斷絕交通矣。

文章家常有兩句陳語：「如入山陰道上，使人應接不暇。」考山陰即今浙江省紹興縣，其地山水秀麗，勝過西湖，遊客真有目不暇給之概。目下該地情狀，迥非昔比，本地人苟延殘喘，他鄉人不敢問津矣。

君學道多年，且素有山水之癖，凡貴省各處名勝，想必周遊殆遍，不知可有幾處適合於隱居修道之條件否？

天台、雁蕩，亦在浙省，若以蘇、浙、皖三省山水比較而觀，不能不推浙省為第一。皖省有名之黃山、九華山，皆不合於隱居之條件。蘇省句容縣之茅山，僅可視為道教香火之地而已。

「地」字而外，尚有家累亦須籌劃一種辦法。若家累無了期，則工夫難進步矣。自己個人修道經費，須另外提開，不可算在家庭生活費用之內。

山林隱逸之士，當以農業作根據，不當以商業作根據。因商業風險太大，腦筋常受刺激，修道人恐不相宜。

所謂農業者，不一定要種稻穀，凡雜糧、菓樹、茶葉、藥材、森林、竹筍等類，皆農業也。聽說中國今日出口土貨，以桐油佔第一位，即油桐樹所產。

至於西人避暑式之山居，如江西省九江縣之牯牛嶺，浙江省武康縣之莫干山，一切設備，皆極其舒適，該兩處華人亦復不少。然彼等生活根據，皆不能離開都市，一旦都市有大變，彼等在山中將難以存身。此種辦法，非吾輩所宜仿行者。後略。

載民國二十八年（一九三九年）十月一日仙道月報第十期

覆道友某君書

陳攖寧

前略。人生所以要修道者，貴在能改命耳。若一切聽之於命，則道亦可以不必修矣。世上常有百歲不死之人，書中斷無百歲不死之命，故修道者不言命也。

若欲明心見性，當由禪宗下手，法門最爲簡捷。密宗又是一件事，即如持咒、結印、觀想等等，初做頗有興味，日久不免使人厭倦，至其將來成就如何，程度恐未能超過喇嘛之上。

談及邱長春真人之興龍門派，固由於自己願力宏深，但亦賴元朝皇帝作彼護法，始足以有爲。今日縱有邱長春，奈無元太祖其人何？故來函所希望者，終不過空抱此希望而已。

敝友杭州馬君有洞霄宮七律詩一首，登在揚善刊第七十八期第十頁中，該詩對於長春之歸附異族，似有微辭。雖然，元朝入關，崇奉道教，本非出於誠意，蓋借長春真人之名，資爲號召，以收拾一部分之人心耳。大局既定，遂遭擯棄。元始祖至元十八年，聽喇嘛僧之言，竟下令焚燬全國道書矣。古今中外野心政治家，利用各種宗教之手段，大都如此。

僕今日僅可稱爲學道之人，而非成道之人。自問資格，頗覺欠缺，曩者已屢將鄙志宣布於揚善刊中矣。至於拙註道書數種，及揚善刊上面問答辨論各篇，皆經諸位好道同志敦促而後作者。僕本意原欲遯跡山林，先了脱自己，然後再出而度世。今以機緣未到，只得暫時混俗同塵，素志固未嘗稍變也。來書稱謂，過示謙抑，讀之令我愧汗不禁。

真正神仙學術，若要徹底研究，頗需歲月。及至一朝實行起來，復有種種障礙，未必皆能順利。丹經道書，不可不讀，亦不可盡信。各省傳道諸師，門户甚多，各執一説，僕不願與人爭短較長，故每深自韜晦。揚善刊停版以後，方幸從此可以閉門寡過，不料海上同志諸君又有仙道月報之創作。僕既稱近水樓臺，當然未容藏拙，偶或送登幾篇稿件，不過借此與海内外同玄互通聲氣，並爲散處四方素未謀面諸道友作一中間介紹人而已，非以此自炫也。

知關垂注，謹以附告。

載民國二十八年（一九三九年）十月一日仙道月報第十期

答覆某醫師書

陳攖寧

某某先生偉鑒：

昨由冀化堂轉到惠函，並大作心影與力象一册，俱已拜讀。篇中列述人類各種毛病，及其矯正之法，甚有益於世俗，欽佩良深。

敝處往歲得到悟真集註原版書一部，此書後歸杭州馬一浮君收藏，恐已遭兵燹之災矣。冀化堂主人探知悟真集註翻刻之版，廣州某處尚有藏者，但無印成之書發售，不得已託廣友設法，自己買紙，僱工印刷十餘部，前幾年寄到上海。好道者聞之，羣起爭購，不數日即已售罄，後來者遂不免向隅。近年廣州遭劫，該書木版恐已毀壞。敝寓所有之一部，於滬戰初起時失落在灃河涇鄉間某祠堂中。目下手邊已無此書，故未能應命。

仙道月報上所載之拙作讀悟真集註隨筆，乃昔日舊稿。本無意公布，因該報編輯人，屢次要求供給有關仙道之材料，迫不得已，在故紙堆中，尋出摘鈔幾段付之，聊以塞責而已。不料竟蒙青睞，可謂有緣。

愚見以爲，知幾子悟真集註雖不易得，而陶存存子悟真約註大字石印本，冀化堂尚有出售，不妨一覽。陶君浙江會稽人，仇君浙江鄞縣人，二君康熙年間爲最密切之道友。仇氏書中常引陶語，而陶氏書中亦常引仇語，若案頭備有陶著悟真約註並知幾子參同契集註，則悟真集註，雖缺席而無礙也。

專此奉覆，順頌道綏！

陳攖寧頓首

載民國二十九年（一九四〇年）八月一日仙道月報第二十期

爲止火問題答覆諸道友

陳攖寧

八月一日本報所載起火與止火一篇，惹起讀者許多疑惑，紛紛來函請求解釋「西派三部止火秘訣」。但此篇文章，乃海印山人所作，照理須得作者本人自己解釋，方爲確切。海印先生既不在上海，而來函發問者又不肯直寄本報編輯部，偏要投遞於僕個人之名下。倘一概擱置不答，讀者諸君或不免失望；若依來函先後次序，用郵件回覆，筆墨工作實嫌太忙，而難以應付。無可奈何，只得在本報上作一次公開的答覆，亦僅僅發表我個人之意見而已，讀者不可遂認爲「西派三部止火口訣」即在於此。諸君若問口訣，須直接請教於海印先生爲妥。

欲明白止火之理，先須認識「火」在人身中是何形狀。倘對於火之形狀尚認識不清，則止火之作用更談不到。吾人當做工夫的時候，將自己心神注重在身中某一部分，這就是火。世間所傳初步下手工夫，有守印堂者，有守絳宮者，有守臍下一寸三分者，有守頂門者，有守夾脊者，有守兩腎中間者，有守海底者。凡是心神專注之處，都是火力所到之處。各種守竅之法，雖不怎樣高明，若用之得當，亦頗見功效。

心神何故稱之爲火？因中國醫書以五臟配五行，心藏神，在五行屬火，無論人身上何處，若自己用心神在該處緊緊守定，勿使移動，亦不放鬆，日日如此，經過相當的時間，必覺該部發熱發燒，或覺痠麻，或覺膨漲，甚至於有跳躍之狀態，此皆神火集中之力所表現。世人做工夫到如此地步，每每私衷竊喜，以爲道在是矣，更加死守不放，拚命用功，長久下去，遂成不治之怪症。此皆不善於用火之弊也。譬如煮飯，火太少則飯不熟，火太多則飯變焦。飯不熟尚可添火，飯變焦則無可救藥，此時縱想止火，已嫌其遲。故初做工夫者，寧可不及，切勿太過。

火的性質，既已明白，然後可以論及止火。鍊精化氣一段工夫所謂止火者，乃停止武火而不用，僅以文火微微照顧而已。須知所謂照顧者，乃照顧鼻中出入之息，不是照顧下丹田。若照顧下丹田，則周身精氣神都聚會在這個小塊地方，漸集漸多，不能容納，必至衝關而出。按：火太過水沸而溢，亦能如此。

上乘工夫，直截了當，簡易圓融，本不分段落。昔人爲初學方便說法，勉强分作三段。

第一段雖名爲鍊精，但不可著在精上。若執著後天有形之精，當作一件寶貝，拚命的死鍊，用火愈多，則濁精愈不能化。遺精尚是小事，就怕關在裏面捨不得放他出去，又無法使之化氣上升，濁精與邪火混作一團，攪擾得身心極不安靜，其害更甚於遺精。

第二段雖名爲鍊氣，亦不可著在氣上。若執著後天呼吸之氣，在身中搬運升降，工夫愈勤，則粗氣愈不能化。洩氣尚是小事，若關在裏面不放他出去，又不能神氣合一、心息兩忘而入大定，粗氣没有出路，凝結在身中某一部分，成爲痞塊，或生無名腫毒，其害百倍於洩氣。

學者須知，一碗清水，用火燒之，立刻可以化氣；一碗稀痰，經火煎熬，只能變成老痰，再燒則變爲痰塊，愈燒愈乾，愈乾愈結，永無化氣之希望。先天元精，譬如清水；後天濁精，譬如稀痰。又當知電氣、磁氣，極細極微，無影無形，却富於感應之力；空氣、水蒸氣，性質粗笨，皆無絲毫感應。先天元氣，譬如磁、電；後天粗氣，譬如空氣、水蒸氣也。

第三段雖名爲鍊神，其實就是止火。神即是火，火即是神，鍊即是止，止即是鍊。學者能懂得鍊神的工夫，就不必再問止火的方法。鍊神與止火，其名爲二，其實則一。鍊精化氣者，以元神鍊元精也；鍊氣化神者，以元神鍊元氣也；鍊神還虛者，以元神自鍊也。若問如何謂之自鍊，即是以不神之神，作不鍊之鍊也。到此地步，非但武火要完全停止，即文火亦無所用之，只有渾然一個元神，不見一點火性，如此豈非止火乎？若不肯止火，則鍊神工夫即無下手處。

有人疑惑僕自己的工夫尚未到此地步，如何能懂得這許多道理，恐不免捕風捉影之談，未必就能奉爲標準。請看張三丰真人玄機直講上說：「一刻之中，亦有鍊精化氣、鍊氣化神、鍊神還虛之工夫在內，不獨十月然也。」若以三丰之語爲可信，則僕今日所說亦未嘗不可信。蓋上乘工夫，本不分段落，一刻之中如此做法，一日、一月、一年，亦是如此做法；三年、五年、十年，亦是如此做法。所以稱爲「直截了當，簡易圓融」也。

伍冲虛、柳華陽之書，硬要明明白白的劃分段落，所謂百日築基、七日過關、十月結胎、三年乳哺、九年面壁，按之實際，皆不相符合。既然與事實不符，何必定要說出一個死板的數目？想是當時遇到一般學道的人，生性愚笨，苦苦追究成功的期限，所以傳道者不能不方便說法，以安慰大眾迫不及待之心理。後學若執爲定論，反被古人所誤矣。

附告 僕既非本報編輯人，亦不負何種責任，設諸君對於本報有問題，可直寄本報編輯部，不必寫姓名，他們自然有辦法。能回答者就回答，不能回答者，或能代爲請教於原作者。若來函問僕，除僕自己動筆而外，別無辦法，縱勉强越俎代庖，未必就合於原作者的本意，因爲各人的意見不盡相同也。至於購書之事，信面請寫「翼化堂書局收」，定報之事，信面請寫「仙道月報社收」，最爲穩妥。敝寓距離報社甚遠，交通極不方便，僕又非書局、報社之辦事員，此層務希外埠諸道友原諒是幸。

載民國二十九年（一九四〇年）十月一日仙道月報第二十二期

覆上海某君書

陳攖寧

前略。據云五味子難服，想是在口中咀嚼之故。若像吃丸藥一樣，用白開水吞服，在口中過而不留，則不覺有異味矣。每粒除黑包皮外，其中尚有一粒硬核，形如腰子，味辛而兼苦，皮肉則酸而兼甜，又皮與核都有鹹味。一物而五味俱全，遂因此得名。服時須將每一粒連皮帶核，敲作扁形，使其中硬核破裂，然後吞服到腸胃中，方可以吸收其核内所藏之藥力。若整個囫圇吞下，則皮之味出，而核之味不出，其功用偏而不全。此層當注意。

原本道藏，上海西門外白雲觀内有一部，收存於藏經樓中，不輕易讓人看見。寧當民國二三年間，住在白雲觀内，大略將道藏翻閲一遍。今聞該觀所有全部道藏，早已貼上封條，恐將來無機會可以再看矣。商務書館影印之道藏，戰前上海大場寶華寺有一部，後遭兵燹，散失在外，當作廢紙出售，每一斤價銅元數枚。某道友購得幾十册，皆首尾不完，且有火燒之焦痕。某山某觀雖有二部，都在山上，並未攜來上海。徐家匯天主教堂圖書館中有一部，得熟人介紹，方可入覽，但不能借出。貴友欲閲道藏，是何目的？若爲著作計，須參考資料，自不妨一閱；若爲學道計，則此路甚爲迂緩，難以到家，宜另求門徑爲是。

又據尊函云：「有人做靜功者，覺得頭部一半皆空。」大凡做靜功者，自己每有許多特別的感覺，而爲他人所未嘗經歷者。若欲人人强而同之，其勢殆不可能。只求身心安定，氣血調和，毫無不適意之狀態，即可以算得是好效驗。據云「將來全身亦應覺得空寂」，此又似乎近於坐禪工夫。天台止觀書中所云「自覺其心漸漸入定，身心泯然空寂」，景象頗同。

載民國三十年（一九四一年）七月一日仙道月報第三十一期

海牙君來信問鍼灸八法

陳攖寧

問 刺熱論有「庚辛甚，甲乙大汗，氣逆則庚辛死」。「甲乙大汗」和「氣逆」是什麽意思？

答 肝在五行屬木，庚日和辛日屬金，金能尅木。肝木已經有病，再被金日所尅，其病更要加重，故曰「庚辛甚」。肝屬木，甲日和乙日也屬木，與肝是同類，對於肝氣有所幫助。若肝患熱病的人，遇到甲乙兩日，可希望他身出大汗，内熱即能隨汗出而愈。雖說肝熱病遇到庚辛日，其病更甚，但不能一定就死。如果病人身中之氣逆而不順，遇到庚辛兩日，即難免於死亡了。我認爲這些話未必可信，用不着去研究。

又問 子午流注法。其中附有八個問題，今回第一個問題。

答 以天干配臟腑，在黄帝内經上早有此說，後世各中醫書著作，都是根據黄帝内經而來。它講的道理没有科學根據，在實驗上毫無用處，你不必相信那一套。

胡海牙老師手鈔本，著作時間不詳

給洪太庵的一封信

陳攖寧

讀大作呼吸與丹田重心之間的關係一篇，理論亦頗爲扼要，凡是修養家，都應該注意到此。然吾人生命根源，尚別有所在，不僅此也。

道家所謂「道」，是抽象的名詞，不能實指在身中某處。仙家所謂「丹」，乃最精微的物質凝結而成。雖不離乎丹田，但中年以後之人，做修養工夫，徒然保持重心，未必就能結丹。必須將已經喪失之物質與精神添補進去，使之凝結不散，方有成就。惟禪家所謂「定」，確是與重心有密切之關係耳。此指小乘四禪定之類而言，不是如來禪、祖師禪。

愚最近研究生命根源，即是腦髓中所儲蓄之放射力，與神經上所運用之攝取力，二力分工合作，遂成爲吾人之生命力。先能放射，而後能攝取。若放射力一日枯竭，則攝取力亦同歸於盡矣。譬如人家有許多錢財，藏在庫裏，按時搬出若干，放在外面備用，此即所謂「放射力」也；既有錢財在手邊，即可購買各種日用必需之物，並且可以修理屋宇，裝飾門庭，此即所謂「攝取力」也。但錢財雖多，經過數十年的消費，總有窮盡。等到錢財用完，購買力亦同時銷滅，於是門庭衰敗，屋宇摧殘矣。

放射作用，由內而外；　攝取作用，由外而內。放射是精神一方面事，攝取是物質一方面事。細的叫作精神，粗的叫作物質。其實非二。凡眼耳鼻舌身意之活動，五臟六腑之功能，皆放射力於中主持；　若夫飲食之滋養、空氣之交換，皆攝取力於中主持。無放射力，即無攝取力；　無攝取力，即無生命力，雖有飲食、空氣並各種補藥，亦不能一日活矣。若要長生續命，須要做一種極玄妙的工夫，添補腦髓中之放射力，方有把握。

尋常安定重心之靜功，止能節制身中之放射力，使其慢慢放射，少少放射，而不能添補已經放射數十年快要放盡之原動力也。尋常導引、吐納之動功，止能幫助身中之攝取力。譬如拿錢到外面購買各種日用必需物品，僱舟車搬運到家耳。一朝老本錢用完，無力購買時，物品雖多，不能爲我所有，僅用舟車，空空搬運，何濟耶？

教普通人却病延齡，君之學說已足以應付，可不必深求。若爲自己修養起見，似宜於百尺竿頭，再進一步。

愚五十年來，於命功上研究所得，當以此爲最上乘。國內學道人士，程度皆不及君，無可與言者，今日第一次爲君言之。可惜我等相隔太遠，不能晨昏聚首，促膝密談。一時又不能覓得世外桃源，同參共證。君已壽過古稀，我亦將近七十，滄桑閱盡，憂患餘年，久期把臂餐霞，比肩跨鶴。孰料遲至今日，猶是浮沉人海，夢想蓬山，誠爲一大憾事耳。

世界大勢，瞬息萬變，菲滬郵件，未必常通，僅於可能寄信之時間範圍內，多多惠函爲盼。但切勿匯款，因爲小量的我暫時不需要，大量的又無法保管。所以不需要者，因自己行止莫決，生活不安，每月究需要若干開支，難以預算；所以無法保管者，因存銀行、錢莊皆不可靠，普通商店收存款是違法的事，況且商店亦不可靠，而置產更不可靠。

去臘吳□□做了許多山居對聯，要我修改。我尚未作覆。君若寄信與他，請將愚見含渾婉轉的告知，勸其勿十分樂觀。

心印不具名

三月廿五（二月初八）星期六

陳攖寧手寫本，當寫於一九五〇年。原無標題，係蒲團子所加

附抄給洪太庵的一封信之一段

陳攖寧

讀呼吸與丹田重心之間的關係一篇理論，亦頗爲扼要，凡是修養家，都應該注意到此。然吾人性命根源，尚別有所在，不僅此也。

儒家所謂「道」，是抽象的名詞，不能實指在身中某處。原文引中庸「道也者，不可須臾離也」一句，謂此說與丹田重心有關。仙家所謂丹，乃最精微有物質凝結而成。雖不離乎丹田，但中年以

後之人，做修養工夫，徒然保持重心，未必就能結丹，必須將已經喪失之物質與精神添補進去，使之凝結不散，方有成就。惟禪家所定，確是與重心有密切之關係。此指小乘四禪而言，不是如來禪、祖師禪。

愚最近研究生命根源，即是腦髓中所儲之放射力，與神經上所運用之攝取力，二力分工合作，遂成爲吾人之生命力。先能放射，而後能攝取。若放射力一日枯竭，則攝取力亦同歸於盡矣。譬如人家有許多錢財，藏在庫裏，按時搬出若干，放在外面備用，此即所謂「放射力」也；況有錢財在手邊，即可購買各種日用必需之物，並且可以修理屋宇，裝飾門庭，此即所謂「攝取力」也。但錢財雖多，經過數十年之消費，總有窮盡，等到錢財用完，購買力亦同時消滅，於是門庭衰敗，屋宇摧殘矣。

放射作用，由內而外；攝取作用，由外而內。放射是精神一方面事，攝取是物質一方面事。細的叫做精神，粗的叫做物質。其實非妄，凡眼耳鼻舌身意之活動，五臟六腑之功能，有放射力於中主持。無放射力，即無攝取力；無攝取力，即無生命力。雖有飲食、空氣並各種補藥，亦不能一日活矣。若要長生續命，須要做一個極高妙的工夫，添補腦髓之放射力，方有把握。

尋常安定重心之靜功，只節制身中之放射力，使其慢慢放射，少少放射，而不能添補已經放射數十年快要放盡之原動力也。尋常導引、吐納之動功，只能幫助身中之攝取力。譬如拿錢到外面購買各種日用必需物品，雇舟車搬運到家中，一朝老本錢用完，無力購買時，外面物品雖多，不能爲我所有，僅用舟車，徒勞往返，何濟於事？豈非犯了丹經上所謂「鼎内若無真種子，猶將水火煮空鐺」之弊耶？故普通人却病延齡，君子學說已足以應付，可不必深求。若爲自已修養起見，似宜於百尺竿頭，再進一步。

愚五十年來，於命功上研究所得，當以此爲最上乘。國内學道人士，限於程度，無可與言者，今日第一次爲言之。以上的學說，乃寧於以往五十八年中，所共閲讀的一萬幾千卷書籍如道藏、佛藏、丹經、子書、醫書、科學、哲學、筆記、小說、雜誌等融會貫通，並親身實驗，又同時參考國内外許多學道者之經過事實，而後下的一個結論。凡講命功，無有高於此者。再高即越出命功範圍，完全偏於心性方面，不能達到長生之目的，止可成佛成道，入滅歸空而已。若低於此，亦不能達到長生之目的，只可以却病健康，終其天年而已。

腦髓中所儲之放射力，究竟是什麽東西？這就是丹經上所謂的先天炁，雖也是物質，但非科學家所指定之物質；雖似乎精神，又不是哲學家所表示的心靈。這個東西，介於心靈和物質的中間，兩方面都能够聯絡。僅有心靈而無物質，不成爲肉體之人；僅有肉體而無心靈，亦不能成爲完全之人；必得心靈與肉體合作，方能維持吾人有思想、有意識之生命。

蒲團子按　此篇爲仙學必成另一鈔本之頂批，與給洪太庵的一封信文字不同之處頗多，故復錄於此。

陳攖寧手寫本，鈔寫時間不詳

給黃懺華居士的一封信

陳攖寧

懺華兄鑒：

由胡海牙轉到來書，敬悉。

所示莊子註，如王先謙、郭慶藩、郭象、成玄英等，寧以前皆見過，但此刻手邊皆沒有。愚認爲郭慶藩註最詳，只須備此一種，其他三種都包括在內矣。慶藩註原有木刻本甚好，惟不易得，往年世界書局諸子集成中，翻印王、郭二註，雖嫌字小，亦勝於無。但世界書局早已停業，故此書無購處。郭象、玄英二種太老，不足觀矣。無錫蔣錫昌之莊子哲學，懷寧胡遠睿之莊子詮詁，皆可看，將來擬到商務書館購得後寄上可也。

寧欲於陽曆三月一日往蘇州穹窿山，通行證期限半個月，約在陽曆三月十五日以前返滬，何時來杭，則未能預計。

寧往年把仙佛兩家的界限分得很清楚，但經過西藏密宗搗亂之後，竟無法再爲分清。凡是仙家專門學術，都是他門密宗所有的，又絕對不肯公開，必須正式皈依金剛上師，受過灌頂，方可得聞。而且灌頂不止一次，每傳授一個法門，必有一次灌頂，大做其生意經，收入的確不少。尚有許多邪教，烏煙瘴氣，把「道」字名稱弄得惡劣異常，使人掩耳却走。誠爲「仙」「道」之大不幸！我若提倡仙學，須防密宗徒竊取而去，作爲傳法斂財的工具。雖然他們自誇已經有了，但不過粗枝大葉，决不能像專門仙學之精深而廣博，若再公開的發表，正是讓他們學了乖。我若弘揚道教，無奈道教的名字太不好聽，必須費我很多的腦力，纔可以把道教名氣挽回，我的年齡已迫不及待矣。

按寧當前之景况而論，修養身體，最屬切要。其次即是將以往自己所有的撰述，從新分期整理一番，再作第二次出版。口訣與方法亦學密宗一樣，絕對不公開，此乃上海極少數同志的意見，問題就在我願意接受與否。

尚有把自己户口遷移到杭州的問題，以及玉皇山飲食起居是否適合於自己需要的問題，假使不上玉皇山究竟住在何處的問題，皆待考慮。候這次由蘇州回申，再從長計劃。若蒙惠函，請寄。

此候撰安！

弟攖寧上

公元一九五一年二月廿六日

胡海牙老師手鈔本

覆蔣竹莊先生

陳攖寧

竹莊先生大鑒：

昨接惠覆，敬悉一切。

服食之方甚多，宜擇其價廉物美、輕而易舉者用之。若價昂而製造手續繁重者，則無取也。中醫用藥，以植物爲主體。考植物之性，不能受高熱度。若久蒸久煮，則失其本性，變成無用之物，吃下腹中，不足以養生。此乃科學家之說，中醫師却未嘗注意到此。膏滋藥亦不免此弊。雖有貴重補藥，然經過多時火力之煎熬，其生活素**蒲團子按** 即現在所謂的「維生素」消失大半，所餘之補力亦有限矣。故寧平日不勸人服膏滋藥。然丸藥製法亦須精細。藥肆中每喜將各味藥片共作一鍋炒枯，雖研末甚易，而藥性受傷，其功效亦不完全。此中頗有研究之餘地。

論及何藥可服，俟診察貴體之後始能斷定耳。

陳攖寧手寫本，著作時間不詳。原無標題，係蒲團子所加

覆北戴河療養院來信

陳攖寧

北戴河療養院來信照錄如下

療養員王某某，男，三十三歲。

入院日期：一九五六年三月二十六日。

入院印象診斷：神經衰弱。

發病時症狀：於一九四二年因過度疲勞而引起頭痛、失眠、多夢、記憶力不强、體格衰弱；在一九五二年又感四肢無力、兩腿發麻、心慌，經多處高級醫院診治，其效果不佳，後來我院，進行氣功治療。

入院時的症狀：疲勞、頭脹、頭暈、頭痛很嚴重，每晚只能睡四小時，而且醒來多次，做惡夢，心跳等。

經過氣功療法治療後，在某些症狀上有好轉。但自去年六月上旬，突然發生冲頭現象，經常似有一團熱氣冲上頭來。當發生此種情況時，則立感頭痛、頭昏、雙目痛、鼻上部印堂穴部位似有很重的石頭壓鑽感。但繼續練功，上述現象在八月中旬就逐漸消失。

但在一九五六年十二月十五日又發生冲頭現象，時間多在晚上睡眠及白天午睡時。當一股熱氣突然往頭上冲時，則立感頭暈、頭痛、腦發亂、全身出汗不止，後則又逐漸退下去，嚴重者眼也疼脹。這種情況持續二三小時，往往影響睡眠和休息，產生疲勞現象。同時在冲頭時，血壓往往上升一四〇／九〇毫米水銀柱。

另一種情況是，有時小腹部突然發熱，此熱慢慢遍及全身，同時頭也發起熱來，全身顫動發抖，出汗很多。同樣也影響睡眠及休息。但這種情況比單純的熱氣冲頭的痛苦要輕些。

目前主要是熱氣冲頭的現象較多，自一九五六年十二月十五日開始，幾乎每天發生一次，到現在沒有好轉，病人很痛苦，要求有經驗的氣功老前輩幫助解決。

一九五七年二月二十一日河北省北戴河療養院蓋章

附記　原信上的字很難認識，故此另抄一份，比較清楚。此外尚有原信一張，都是客氣話，無關重要，故不另抄。

一九五七年四月二十一日攖寧

覆北戴河療養院信留稿

療養院負責同志：

你院來函封面所寫收信人地址太簡略，因此投遞困難，經過幾個屈折以後，纔送到我的通訊處。那時我不在該處，他人代我把信收下，到了四月上旬，我始得見來函，又苦於信上的字我不認識，既非新式簡體字，亦非舊式草書字，我費了許多工夫纔把它弄清楚，更爲別種事情躭擱些時候，所以遲到今日纔寫這封回信。

來函於二月廿五日到杭州，今日是四月十六日，相隔時間甚久，不知那位療養員仍住在你院否？若已經出院，我這封回信對於他本人就不能發生效用，但於氣功療養學術上或者有一點幫助。所以不管他在不在，我決定把信寄到你院。

已往我看過各種醫學月刊和健康報等類，常見其中登載劉貴珍同志所撰的稿子。關於你院氣功療養方法，我略知大概：有仰卧式、側卧式、盤腿坐式、垂腿坐式；有逆呼吸、深呼吸、靜呼吸、數九個字的呼吸，各種方法甚多；並且注意病人食物營養，又兼做體育運動。

療養院的環境當然很適宜，衛生條件當然很完備，病人在你院療養，於他們的身體當然有利而無害。今觀來函，知王某某去年三月廿六日進院，算至今年二月下旬，已經十一個足月，非但舊病不愈，反而增加新病。事出情理之外，必有特別原因，可惜我不曉得其中詳細經過，不能憑空的發議論。

如來函所說，頭暈、頭脹、頭痛、心跳、失眠、多夢、記憶力不强、兩腿發麻各種症狀，在西醫總名爲神經衰弱，在中醫則要講究陰陽、氣血、經絡、虛實，分別施治。似乎西醫診斷能够提綱挈領，中醫診斷未免瑣碎複雜而無系統。但實際上用中藥常容易見功，用西藥則難收效果。因爲中藥是有生機的植物、動物，西藥是無生機的化學製成品，藥的性質根本不同的緣故。所以他經過多處高級醫院診治，效果不佳，就是這個道理。

單就氣功療養一方面而論，法門也很多，有對症的，有不對症的，我不知他所做是那種工夫，故難下批判。

關於氣上冲頭這種現象，當民國廿六年春季有人寫信問我，彼時曾經答覆他一封信，今節抄幾段如後，可供你們參考。

原函問：「靜坐時，陰蹻發脹如常，惟方圓四五寸，較平日爲大。逮呼吸稍細，神漸靜寂，此炁突然上冲，直抵頭頂，頓覺氣粗心急，頭眼發脹，渾身汗透。初歷此境，不免驚惶失措。次日四肢乏力，卧病一日方起。竊思下丹田炁動，循督脈上升，纔是正路，今由中間直上，如生之學養不足，未免後凡夾雜而有關黃之弊。所不明者，當時並未用意引導，何以此炁居然自動闖入黃道？ 茲將疑問數條開列於下。 一問：『外陽不興，丹田不熱，僅覺陰蹻脹跳，此炁亦有可冲之理否？』答曰：『有可冲之理，毫不奇怪。』二問：『此炁發動時，並無機兆，故不及防護，亦未攻尾閭，但由陰蹻上升，直冲胸部。如任督未通，此舉有害否？』答曰：『此時若果能端身正坐，穩定如泰山之不搖，萬慮皆空，清淨似寒潭之徹底，任其自然衝動、自然薰蒸、自然融和、自然凝結，則非但無害，而且有利。若靜定工夫未到家者，則其害甚大。』三問：『上冲後，以驚惶而停止坐功，此炁未及還歸本位，其弊如何？』答曰：『驚惶切不可有。所幸者是自己内部驚惶，尚未發生危險。設若當時不幸，受外界人事之擾亂，或巨聲疾響之震駭，必至氣散神飛，一身冷汗。小則得癲狂之疾，大則有生命之虞，非同兒戲。以後若不獲安全地點並未有道伴作護法者，切勿輕於嘗試。像貴寓所那樣地點，實不合做工夫之用。』四問：『此時腦部大脹，是否不循黑道之故？抑或循黑道亦須脹？又凡氣粗、心急、汗出種種現象，是否應該有的？』答曰：『正式的龍門派小周天工夫，都是循黑道上升。你所做的工夫，不是小周天正法，所以炁發動時不循黑道。別人做你同樣的工夫，做得好的，並無腦脹、氣粗、心急、汗出之象，我認爲這種現象是不應該有的。』五問：『次日病疲，不能起床，是否未行全功之故？』答曰：『人身內濁陰之氣應該潛藏在下，清陽之氣應該運行在上，此刻因爲工夫做得不好，把下面濁陰之氣弄到上面來了，工夫到半路上就出毛病，決不宜繼續向前做去，其勢也不容許你行完全功。病了一日就能夠復原，還是萬幸。因爲你身體健康，抵擋得住。設若身體本來有病，恐怕復原沒這樣快。』六問：『近日陰蹻常常跳動，可否置之不理？』答曰：『宜暫時將坐功停止，俟條件完備時再做。若坐功不停，則跳動亦不停。跳動得厲害，又要往上冲，冲起來你又招架不住。徒然不理，也無濟於事。』總答：『接第一次來函之後，我即仔細審察，認爲此種現象既非伍柳一派，又非黃元吉一派，疑是從閔小艮的方法入門者。但不敢決定，故致書相詢。嗣接第二次來函，觀所說下手工夫次序，方知確屬金蓋山一派無疑。此派有一種專門術語，叫作「中黃直透」，與來函所說的作用相似。這種工夫最要緊者是「虛寂」二字，若自信工夫真能到此境界者，儘可放膽做去。倘或未能，則不免「後天闢黃」之弊。你現在有公務縈心，白晝奔波勞碌，夜間伏處小房中勉强習靜，地點又不適宜，「虛寂」二字，當然談不到。因此未得利而先受其害。再者，此炁發動，多半是由中間直冲上來，並不需要用神意去引導。你若使他改變道路由督脈上升，則非引導不可。有些人雖引導亦不聽命，仍是由中直上，欲罷不能。我見過數人皆如此。』」覆信未抄完，以後從略。

以上是答覆浙省平湖人某君的信。此人年齡廿幾歲，商業專門學校畢業，任會計師職務，工作很忙。

又有一湖南省人，年齡四十餘歲，喜歡學靜坐工夫，某一日靜功做得恰到好處，下丹田之炁發動，由尾閭循督脈上升，到了背脊中央，尚未升到頭頂，家里人跑來叫他趕快去聽電話，他不得而已只好下座，心内實在大不高興。等電話聽過之後，再繼續靜坐，就没有以前的順利，時常感覺那股炁作怪，弄得胸脅脹痛、頭暈眼花、四肢無力、周身難過。雖然每天出外辦事，總像生久病的人一樣，如此者拖延了五年不愈。後來有人教他一個很簡單而有效的法子，把五年以來作怪之氣化除乾淨，身體回復健康。其法如下：「仰卧在床，衣服解開，袴帶解掉，把腹完全露出，將手中指伸直，大指、二指、四指、小指皆拳屈勿伸，只用中指在肚皮上劃圈子。從肚臍中間劃起，圈子漸漸由小放大，劃到肚皮兩邊没有地位再劃時，就把手指收回，仍舊從臍中劃起，不計遍數。若右手疲勞，可換左手；左手疲勞，可换右手；時間長久了，可稍爲休息，或者就此睡着也好，醒後再劃。早晨、夜晚、上午、下午都可以照做。正當劃圈子時，身體要全部放鬆，不要緊張；思想要十分安静，不要起各種雜念；手指劃到肚皮上要輕，不要重；眼睛要閉住，不要睁開；呼吸要聽其自然，不要做什麽呼吸工夫；食量要比平時減少一些，不要吃得太飽。否則不合法度。」

又有一湖北省人，年齡六十幾歲，平日做守竅工夫已十餘年，結果做出怪病，眉眼印堂之間，自己感覺像一塊石頭壓住，非常的難受，無法可以拿掉，弄得不能食，不能睡，身發寒熱，骨廋如柴。他的親戚張某請我開藥方。我說：「凡是做工夫做出毛病，藥物難見功效，宜用精神療病的法子。」當時介紹一人給他，不到七天，就把病者頭上無形的石塊化掉，不藥而愈。這是二十幾年前的事，可惜今日那個精神療病專家已不在世間，否則也可介紹他到你院來代王某某治療。

以上所舉三例：一個是浙江省的青年，因爲環境不適宜，條件不完備，做出毛病；一個是湖南省的中年人，因爲急於聽電話，把工夫半途停頓，心中煩悶，做出毛病；一個是湖北省的老年人，因爲誤信旁門左道的傳授，死守印堂竅，做出毛病。王某某的症狀有許多與第一、第二例相似，而印堂如重石頭壓住，又同於第三例，也是因爲做工夫不合法度，做出來的病症。你們可教他用本函第二例所說肚皮上劃圈子的方法，長久做下去，當有效果。他已前所做各種工夫必須放棄，切不可再做，否則無效。

劃圈子的兩種樣式：一向左劃，一向右劃，左右可以互換。中間黑點是肚臍。大約劃了二十圈，就劃到腹部極邊，可以收回再劃。

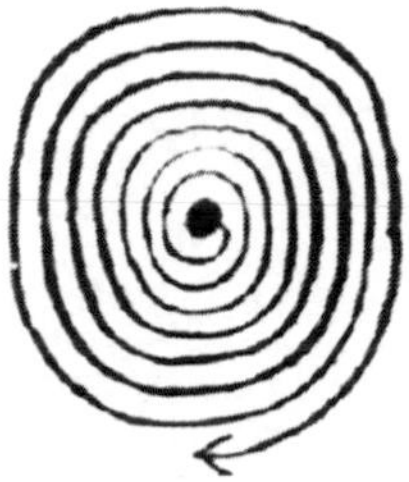

世上一切法門都是兩面性，有利就有害，不可只見其利而忘其害。譬如藥物，用得對症，即能愈病；不對症，反而添病，甚至於鬧大禍。氣功亦復如此，做得好，可治中西醫藥所不能治的病症；做得不好，無病尚且能做出病來，何況已經有病之人？請你們今後對於氣功這個法門再進一步徹底研究，必能解決許多疑難的問題，更好的爲羣眾服務。

專此奉覆。

陳攖寧

一九五七年四月十九日 二十日雙掛號寄去

陳攖寧手寫本

覆氣功療養院函

陳攖寧

貴院房屋多少間？同時能容納多少病人？住院療養的是自費還是公費？住院時間已甚長久，而病不愈，是否無期限的住下去？或到一定的時間請他出院？具備哪幾種條件，纔許他進院療養？若病人完全免費，院中常年經費出於何處？負責指導氣功的幾人？普通服務的幾人？

我在請假，尚未去就職，將來總不免此一行。道協開成立大會時，我沒有空到北京，不料他們硬把我套上。

等我到北京後，再看情形如何。倘能允許免除國際、國內一切麻煩事務，讓我專負「發揚道教優良傳統」局部的責任，屆時我決不忘記你們的要求。若仍舊要求我幹那些與學術無關的事務，一個人精力有限，就恐怕不能滿足你們的願望了。至於普通療養上所應用的氣功，你們早已懂得，無須我贅言。

特此奉覆。

陳攖寧

五月二十日

道友抄贈，當作於一九五七年

覆北京中國道教協會信稿

陳攖寧　平信投官巷口郵局大門外信筒。

各位道長惠鑒：

尊函本月六日寄到杭州，寧於八日下山返廣，捧讀再三。既感諸公愛我之深，又愧自己能力之薄。語云：「人生得一知己，死且無憾。」何況寧今日所得知己，數將近乎百。而微軀重獲生存，幸未至於死，非但消極之無憾，更有積極之樂觀。

回憶往歲拙荊謝世，喪一忠誠伴侶，當時頗覺灰心，爰由滬遷杭，隱居學生胡某家中，罕結新交，亦疎舊識，鎮日伏案，校勘黃帝内經。本欲借此終老餘年，自審樗櫟散材，實未敢獻身於社會。

不料日久被地方當局第一次發現，竟備員浙省文史研究館，從此與社會人士略有接觸，情緒尚不紛煩。更不料第二次又被中央當局發現，名義忝於道協，姓字乃登於報章。因此，各處酷嗜修鍊之人，往常鑽探我的消息沒有下落者，此刻皆知我在杭州，於是輪流來信，表示關懷。這種人和療養院不無聯繫，遂引起各處請我指導氣功等事。一函答覆，動輒千言，腦筋運用，無時或停，將來愈弄愈多，只恐難以應付。

他們的大前提，都是爲人民服務，其間自不容有偏重偏輕。他們又深悉我廿載以前爲仙學奮鬥之精神，多年不見，想我早已披髮入山，今知我依然混俗，猶未脫塵勞，自不肯放過。

寧往歲預定十年計劃，閉户著書，擬編纂中醫内經大辭典和内經白話譯文。看目下情形，這個計劃已被打破，二者不可得兼，只好捨彼而就此，勉竭一己之心力，泛應羣衆之要求，或能爲道教學術稍延氣脈他們都曉得最高氣功療養法是道教的特產，對於自身健康條件是否相宜，殆未遑顧慮矣。

俟杭州屏風山療養院事告一段落時，再往上海新辦的氣功療養所，盡些許義務，中秋節後，準備來京。北戴河療養院，俟到京以後再去。

僅此奉覆，並候道安。

陳攖寧

一九五七年六月十四日

陳攖寧手寫本

致北京中國道教協會辦公室主任屈大元

陳攖寧

託胡海牙帶去。

大元同志：

一別半載，時切懷思。最近接道協會來函，知君爲辦公室主任，本會事務，深慶得人，聞之不勝欣慰。

前次收到辦公室覆信，言及天津有道藏一部，可以請到北京，不知手續已辦妥否？此書於道教關係重大，既有這個機緣，不宜錯過，望從速進行，否則，將來研究工作無從着手。

當民國元年時，明版道藏全國中僅存數部，寶貴異常。後來商務印書館借白雲觀道藏原書，拍照縮印，只發行二百部，國內外爭先搶購一空。商務書館自己留了一部，放在上海東方圖書館中，後亦燬於戰火。原本是册頁式，縮印改爲線裝本，共計一千一百二十本，全部包含道經、諸子和道教歷史、文化、方術的一切著作，書名有一千四百七十六種之多，共計五千四百八十五卷，明朝以前的道書大概收在裏面，明朝以後的道書尚須另外訪求。從民元至今日，又過了四十餘年，迭經兵燹之災，非但原版道藏更加損失，雖縮印本亦不易得。我想天津的道藏定是縮印本，但不知完全與否。

商務書館另出一部道藏舉要，共計三百九十八本，只佔全藏的三分之一，實際上不足以應用，普通也叫作道藏。道教協會所需要的，是全部一千一百二十本的，不是三百九十八本的，這件事請注意。

陳攖寧手寫，當作於一九五七年，具體日期不詳

覆北戴河氣功療養院函

陳攖寧

謹覆者：八月廿七日接到來函，知你院準備出版氣功方法滙篇第一輯並徵求我的稿件。今年七八月間，我在杭州屏風山工人療養院爲他們做了一册靜功療養法問答，大約有一萬字左右。做成後，將原稿交與該院負責人，我即下山。現在我手邊没有別種稿子，又没有閒暇時間另做新稿，所以不能應徵，甚覺抱歉。

十月内我要離開杭州往上海去，本年内再由上海往北京白雲觀中國道教協會服務，以後請勿寄信來杭，恐收不到。

特此奉覆，並致敬禮。

陳攖寧

九月廿六日

道友抄贈，當作於一九五七年

覆某先生

陳攖寧

因服桑椹膏患牙疼，來問我，故寫此信。

節錄本草綱目第三十六卷灌木類桑：「桑椹：單食，止消渴；利五臟、關節痛、血氣。久服，不饑、安魂鎮神、令人聰明、變白、不老。多收暴乾爲末，蜜丸，日服。擣汁飲，解中酒毒。釀酒服，利水氣，消腫。」寇宗奭曰：「桑之精英，盡在於椹。採摘微研，以布攎汁，入蜜熬膏，治服金石發熱口渴及小腸熱。其性微涼故也。」

節錄中國藥學大辭典下册第三十二頁：「桑椹。性質：甘寒，無毒。效能：補腎、明目、養血、祛風。用作强壯藥。又治慢慣性便秘。」

節錄中國醫學大辭典上册第二一一〇頁：「桑椹得桑之精英，入血分，爲壯水之品。製法：日乾爲末，蜜丸用。或用新鮮者擣汁熬膏。入燒酒經年者愈佳。然能致衄，不可多食。」按：此條所謂「能致衄」，即是出鼻血。但是專指多食酒浸桑椹而言，非言桑椹膏。惟古法收膏皆用蜂蜜，不用白糖或冰糖。設若今日藥肆熬桑椹膏不用蜜而用糖，恐其性質不免改變。往年在上海時，友人送我養蜂公司的蜂蜜六瓶，只吃完二瓶，就覺得牙齦腫痛，遂停服，過了幾日方愈。次年浙省黃巖縣人又送我農村土產蜂蜜一瓶，吃完後，毫不感覺牙疼。兩種蜜比較，養蜂公司的出品只有甜味，沒有香味；農村土產的蜂蜜，則香甜俱備。因此斷定土產蜂蜜是真的，養蜂公司的蜜是人工製造的，是用白糖加入別種化學藥品做成的，所以吃下去就動火。胃腸有熱，每致引起牙疼，可於每飯後服大黃蘇打片二粒。

拙著黃庭經講義是民國十年爲四川人王聘三君而作；女丹詩註是民國五年爲皖南人呂碧城女士而作。當時本無意公開問世。至民國廿三年，偶遇一種因緣，將舊稿無條件的送與某書局刊版流行，每種銷去數千部。解放後該書局停業，此等書遂無購買之處。昨蒙送還的三册，乃是由兩處借來的，否則早已奉贈了。

黃庭經、孫不二，在道功學術上算是兩大派。此外尚有別種高低不同的法門甚多，除去旁門左道不算，就是正宗也不止一法。已往我訪道數十年，遇見此道中有程度的人，他們每一人只懂得一法，以之自修則可，以之教人，則嫌其法不够應用。今日這樣人更爲稀少，訪求亦更覺困難。鄙志本想搜集歷代前賢的著述，參合自己數十年的經驗，作有系統的整理，分類編纂，俾成一部完善的仙道叢書，流傳後世。無奈生活環境不容許做這種工作。北京中國道教協會諸同志雖希望我將這門學術發揚光大，可惜他們把一個秘書長的名義叫我擔任。凡各種組織所謂秘書長，都是管行政事務，對於研究學術，可謂背道而馳。用非其材，等於「拉着黃牛當馬騎」。又如幾處氣功療養院，雖也有望我去作指導，但是他們宗旨僅在療病，不需要小題大做。若接受他們的邀請，又等於「割雞焉用牛刀」。弄得進退兩難，情緒苦悶。先生將何以教我？

此上，並頌健康！

陳攖寧手寫本，當作於一九五七年，具體日期不詳。原無標題，係蒲團子所加

致浙江文史館

陳攖寧

去冬曾由上海寄奉一函，諒邀惠察。當時本擬在滬度陽曆年，但因北京方面迫不及待，派人到上海接我，並代爲包紮裝箱的書籍、行李共二十餘件，送到車站，辦好託運手續，忙了一個星期之久，纔能動身。於十二月卅一日下午到京，次日即是五八年元旦。偕來者有胡海牙、舍甥女二人。初到時即患咳嗆多痰，晝夜不止。更加情形不熟悉，購買不方便，生活不安定，氣候不適宜，處處感覺困難。幸得舍甥女照料飲食起居，胡海牙相幫奔走，纔漸漸把困難克服下去。自己工作頗爲忙碌，很少空閒。如修改重要稿件，閱批來往公函，討論會務進行，酬對外客訪問，指正氣功錯誤。每日光陰就這樣消逝，轉眼已過兩月。三月半又將召集道協全國理事擴大會議，預計到四月底纔可以結束。工作當然緊張。此後需要進行的事項甚多，如出版道教刊物、搜輯道教史料、整理道藏全書、編纂目錄提要、成立學術研究機構、精密考訂氣功療病法、系統的發揚歷代長生術等等。任重道遠，綆短汲深，獨木孤擎，益增惶悚。回憶居杭五載，每值良辰美景，與諸君懽聚一堂，聽琹觀弈，說古談今，賞心樂事未知何日方能再得。故於忙裏抽暇，寫數行書報告近狀，兼敘契闊。馬館長處久疏箋候，請安期君便中轉達是荷。吳敬生先生同此問好，恕不另簡。若赴蔣莊，亦請代述鄙況。本館同仁，均此致意。敬禮。

陳攖寧上

五八年二月廿八日

胡海牙老師手鈔本，原無標題，係蒲團子所加

關於辭海道教詞目覆上海市道教協會籌委會

陳攖寧

寄來複印的道教詞目已收到。我的工作忙碌異常，每天没有片刻閒暇。來函要我代寫詞目釋文或提供資料，若期限放寬些，我擬於每天半夜裏少睡眠時間，勉盡微薄之力；若期限短促，急於交卷，那就束手無策了。我們只能提供資料，不能代辭海做釋文，因爲恐怕不合他們的格式。

一九六〇年一月二十七日

載上海辭書出版社二〇〇五年九月出版吴亞魁著生命的追求——陳攖寧與近現代中國道教第一二九頁